JN048172

昭和天皇拝謁記 4

昭和天皇拝謁記

初代宮内庁長官
田島道治の記録

拝謁記4
昭和二七年七月～二八年四月

岩波書店

〔「拝謁記」翻刻・編集〕田島恭二

〔編集委員〕古川隆久・茶谷誠一・冨永　望
瀬畑　源・河西秀哉・舟橋正真

〔編集協力〕ＮＨＫ

「拝謁記」1953(昭和28)年1月14日

凡例

一　原文は、冒頭から一九五一年七月二七日までと、一九五三年三月一四日から七月二五日は横書き、それ以外は縦書きであるが、本史料集においては縦書きに統一した。

一　原文にある、見せ消し、見出し語（一九五一年一二月一七日から一九五二年四月二〇日の上部にあり）、記事の途中で離れたページに移ったり、別の日記帳またはノートに変わる場合の注記は省略した。

一　原文のルビや傍点、傍線、下線は残した。

一　漢字は人物等固有名詞の一部をのぞき、原則として常用漢字に統一した。

一　原文のアラビア数字は、原則として漢数字（十を用いない）に統一した。

一　原文のかな表記は、冒頭から一九五一年六月一日までは原則としてカタカナ、同年六月四日から最後までは原則としてひらがなであるが、すべてひらがなに統一し、変体がな（漢字をかなとして使用）はひらがなに開き、適宜濁点を付加した。ただし、語尾や擬態語、間投詞が原文でカタカナの場合、その他意識的にカタカナが使われていると判断できる場合はそのままとした。

一　解読できなかった文字は■で示した。

一　明らかな誤記、脱字、文字の重複は断りなしに修正した。ただし、「自働車」など、当時慣用されていたものは残した場合がある。

一　原文は句読点が少ないので、編者の責任で適宜追加した。

一　段落分け（原文では「」で表記）はおおむね原文に従ったが、段落が長すぎる場合や、話題が続いているのに段落が分けてある場合は、編者の判断で分けたり、つないだりした場合がある。
一　編者の注記は〔　〕で示した。誤記かどうか判断が難しい場合は〔ママ〕と注記した。
一　編者注記を〔　〕で示すこととしたため、原文で〔　〕が使われている部分は（　）に変更した。原文の注記や会話文における（　）や「　」が片方のみの場合は、編者の判断で、削除するか、もう片方も付加するかの処置を適宜施した。
一　文中には、現代の視点から見て差別的な語句や蔑視的な表現が見られる場合があるが、歴史研究の材料（史料）としての意義に鑑み、そのままとした。ただし、個人のプライバシーや名誉を著しく害する恐れがあると考えられる場合に限り削除し、〔○文字削除〕と注記した。

目　次

一九五二(昭和二七)年

七月二日〜一二月二六日

七月二日(水)　御召し御座所　一〇・二〇―一〇・四〇

三笠〔宮崇仁親王、大正天皇の四男〕さんが散歩してる所へ突然やっておいでになつて、仏教の会(1)〔世界仏教徒会議〕の総裁の事をやるのがいやの様で、その理由が前例になるからとか、あまり形ばかりの総裁で内容にふれぬからといふ様なことらしいのであるが、私はむしろそういふ方が皇族としてはいゝのだと思ふので、おなりになつていゝのではないかと思ふが、田島はその辺の事情はどう思つてるかとの仰せにて〔判然とはせぬも、陛下の御意思は御受けになる方がよろしいと思召の様に拝せしも〕、実はこの事につきましては、田島は相談には与つて居りますが、宮様と直接御話致して居りまするのは高尾〔亮一、秘書課長〕でありまして、先日も御邸へ御呼びになりましたそうですが、話は柳原〔博光、元海軍中将〕伯爵と長井〔真琴、元東京帝国大学教授〕といふ東大の元教授で仏教哲学の大家ときいて居ります人(2)とが、式部官長〔松平康昌〕に最初参り、後秘書課長があつてるようでありますが、要するに宮内庁と致しましては、御受けになりましても差し支えないものでありますが、是非御受け願いたいものとも申上げて居りませぬ。然るに大祓の節、田島を御呼びでありました故、宮内庁としてはどちらでも結構と存じて居ります旨申上げました処、殿下は先づ受けなければならぬといふ様な御口振りでありましたが、其際田島は始めて五千万円位募金の要があり、勿論宮様は募金には御関係なきも、募金などすんでから総裁におなりになるのでは遅いので、早くからなつて頂きたいと申して居りますことと、博善社と申します葬儀屋を事業としてる坊さん〔中山理々、日本仏教鑽仰会会長〕が事実上の主脳者といふことゝを始めて伺ひまして、宮様も自然募金の事に御関係のやうな杞憂でも心配もあり、その二点は一寸いやな事と思ひますと申上げました次第で、宮様は先方としては大会の時の挨拶と、レセプシヨンの時の主人役だけだといつておいでゞありました。宮様は仏教徒と申しますのに仏教信仰を持たぬからと此事を気にしておいでのやうでしたが、之は先方で構ひませぬと申しましたのであまり御気にしておいでないようでもありました。只、仏教を一つやると宗教の事は今後断れぬやうになるからとの御話もありました。どうもよく分りませぬが、受けるかどうか御迷ひのやうでありますと旨申上げし処、今長官からきいた話では、私も亦考をかへなければならぬかも知れぬが、私は長官の今の話をきかぬ内は、宮様の御話だけではむしろ御受けになつたらい丶と思つてた。それは宮様のいはれる会の内容にあまり立入れぬ事は名誉総裁になつてもつまらぬといふ考へ方は間違つてるので、名誉総裁に皇族がなるのはその方がよろしいと私は思つてるので、その反対の考へ方で総裁を受ける事がいやだといふのは私はどうかと思ふとの御話。但し此問題は、今田島にきいたいろ〳〵の点があればなられた方がよいといふのもどうかと思ふが、御返事をするといつてあるから何とかいはなければならぬが、私はこういつてはどうかと思ふがどうだ……つまり(一)問題の今の仏教大会の名誉総裁の現実の問題については白紙であります、(二)一般問題として筋の通らぬ事に名誉総裁でも何でも利用される事はよろしくないので避けるべきであるが、(三)いやしくも筋が通つてるものの名誉総裁的のものになられる場合は、どこまでも名誉総裁で内容や実質にあまり関係なされぬがい丶と思ふといふ事でい丶かとの仰せ。結構でございます。高松宮〔宣仁親王、大正天皇の三男〕様などの赤十字社の場合など、総裁として相当仕事に御関りがあつたようの御話[3]でありますが、之はおよろしくないかと思ひますので、只今の通りが結構でございますと申上ぐ。陛下は、皇族は責任をとる事が出来ない。たとひその総裁をやめても皇族はやめるといふ訳にはいかぬ。そうすると何かあつた時責任をとる事が出来ぬとすれば、仕事の実際に当る事はやらないやうにしなければならんと思ふとの仰せ。

昨日マクドナルド〔Malcolm MacDonald マルコム・マクドナルド、英国東南アジア総弁務官〕に御あひになりましたが如何でございましたか。田島は昨夕カナダの大使館であひましたら、い丶御話をした、約半時間斗りと申して居りましたと申上げし処、私がきいたのだよ、シンガポールでは華僑はどうかときいたら、共産党には大部分無関係だが少数は中共関係者がゐる。そしてマレー人には共産党は居ないからマレー人などに働きかけるのは此華僑？の一部に過ぎない共産系だとの話であつたが、これは参考になる事だと思ふ。吉田〔茂、総理大臣〕か岡崎〔勝男、外務大臣〕にも通じて欲しいとの仰せ。適当の時に申しませうと申上ぐ。

外にきく事はないかとの仰せ。只今別にありませぬが、今日は十一時から正倉院の評議会を開きますと申上ぐ。

七月四日（金）　御召し御文庫　三・四五―三・五五

三笠さんがさつき来て、長官がいつてた募金の事が少しいやだがとて、今日は別に受けるのをいやがる口調はなかつたよ、一寸その事をいつておこうと思ふたのだとの仰せ。左様でございますか、陛下は一昨日仰せになりましたような御持論の点は仰せになりましたかと伺ひし処、いつたとの仰せ。

実は昨日夜おそく新聞記者の訪問があり断りましたらば、今朝又やつて参りましたが、それは三笠さんが「あかはた」に何かインタヴユーで御話になりました事[4]が外国へひゞいて居るといふ事で、首相から田島に宮様に困る旨申上げてくれと頼みがあつたのではないかとの事であります。田島はまだあかはたを見ませんが、何でもロシヤに関係ある世界的の会合に日本も出席すべきだといふやうなこと、かきいて居りますが、首相から何の話もありませぬ事は申しておきました。福島の新聞の事件[5]は先達て申上げましたが、三笠宮さまは一部的に真理と思はれまするし全体的にどうかと思ふ事もドン〳〵いはれますると申上げし処、陛下は、地位を考へない、其影響がどうあるかといふ事を少しも考へない。困る。それは高松さんも秩父〔宮雍仁親王、大正天皇の二男〕さんも内容は違ふが、影響如何といふ事、御地位といふ事の御考がどうもどうかと思ふとの仰せ。陛下はそういふ事ばかり御考へで御不自由に御暮らしでありますが、田島でも在職中は余程不自由であります。宮様方は田島などと比較になりませぬ事で影響力が大きいので余程御慎重に願ひませぬ〔と〕と存じます。高松宮様は御言葉は中々御利口に仰せになりますが、御行動は必しもそうも参りませぬようで、平和になつたといふ御気持ちが多少関係あるかも知れませんと申上げし処、イヤ、平和になつた今日、益〔ますます〕世界の眼が光るから慎重の要があるとの仰せ。三笠さんにつきまして、〔田中栄一〕警視総監が〔宇佐美毅、宮内庁〕次長に話したい事があるとか申して居りました由、これは騒擾被告釈放の事と存じまするが、何かチヤンとした、宮様も御一言ないような事を以て、場合により御忠言申上げようと存じて居ります。私がいふべきかといふ旨の仰せあり。よく〳〵の事でない限り陛下御直きの仰せは願はぬ方よろしいと存じます。田島も老人の為、却て非効果的の事もありますので、一番有効な方法で申上げますつもりでおりますと申上ぐ。いつて貰はうとの仰せ。

昨日部局長会議で、皇太子御肖像の切手意匠の問題(7)は中々保守的の意見もありますので、今少し慎重に考へた末と存じて居ります。兎に角、郵政省に頼んで、是非とも皇太子様の御肖像を意匠にと頼み、積極派のものは一人も居りませぬ。さすれば郵政省の来示を断つて開け〔ママ〕ぬといはれはせぬかといふ心配といふ問題故、今一応慎重に考慮致しますと申上ぐ。

そう、それはそうだ。外にないかとの仰せ。只今別にありませぬ。結論に達したものがありませぬ故と申上ぐ。

七月八日(火)　御召し御座所　一〇・一五―一一・〇五

鈴木一〔入国管理庁長官、前侍従次長〕にあつた(8)のだがネー、侍従次長をしてると外の人と接触が少いが外へ出ると接触が多いためか、物事をよく一方からのみ見なくなつたやうに思ふとの仰せ。宮内庁の仕事、特に侍従職の仕事に比しますれば出入国管理のやうな仕事はずつとあちこちに気を配る仕事でございますからと申上げし処、矢張り仕事の上から人も少し練れて来たのかしらとの旨の仰せ。左様の点もございませうが、侍従次長は自分で仕事を致しませんければなりませぬし、入国管理庁長官とすれば相当の部下がそれ〴〵ありまする故、その人達は練達な外務省系のそれ〴〵の人が配してありますので、うまく乗つてればよろしいかとも存ぜられますと申上げし処、評判はきかぬかとの仰せ。当時吉田総理の命令でとつてくれました外務省では次官がとても永くはやれまい。又外に何か代つて貰ふと太田〔一郎、元外務事務次官〕でありましたが申して居りました。其後次官は二度も代りましたが、別に鈴木について何もきゝませぬと申上ぐ。

その鈴木が最近北海道へ行つて来たが、新聞には浮遊水雷が出るので夜間航行はせぬと出てる[9]が事実は然らずで、危険手当を船員が貰ふ為に水雷があるといひふらすので、実際は何の危険もないとの話だといつてた。世の中は裏のあるもので随分おかしな話だネー。一部の人間が給与を多く得たい為に、運搬上多くの人や社会に迷惑をかける事になる道理で、おかしな事だとの御話。エ、エと同感を御求めになる。世の中は左様な事が多く、口には立派な事を理由に申しても、案外自己の利害で社会国家に害をしてるものも中々あります。嘆かはしい事ですが、世の中は六ケしいものでございますと申上ぐ。世の中は六ケしいネーとの仰せ。

　北海道内地の治安の問題は鈴木は何と申して居りましたかと伺ひし処、それはきかなかつたとの仰せ。

　先達て一度拝謁致しました下村〔定、元陸軍大臣、元陸軍〕大将[10]が先日参りまして、三ヶ月程の短い期間〔東久邇宮内閣〜幣原内閣陸相〕であつたが陛下に咫尺（しせき）し得る事が出来て誠に仕合せであつたと申して居りました。東久邇〔稔彦、元総理大臣〕さんの会合の度にあひまするが、陸軍としては誠にいゝ人のやうでありまするが、既に追放解除にもなりました事故、又一度いゝ機会に拝謁を御許し願いたいと存じますと申上ぐ。御異存なきに拝す。

　あれは陸軍省に居なかつたからよかつたのだよ。陸軍省に居ると色々の関係が出来て、自分はいゝ人でもその通り動けなくなるやうだ。寺内〔寿一、元陸軍大将、元陸軍大臣〕も二・二六事件迄は陸軍省には居りませんようでしたがと申上げし処、寺内もそうで、竹を二つに割つたやうないゝ人だが周密にものを考へるといふ事はどうかと思ふ。永野〔修身、元海軍大将、元海軍大臣〕も一寸竹を割つたやうなものだから衝突したとの御話。それから畑〔俊六、元陸軍大将、元陸軍大臣〕も、参謀総長又は政治性なき軍司令官なら理想的だが大臣としてはどうも……寺内が大臣としてよかつたのは、一つには梅津〔美治郎、元陸軍大将、元陸軍〕次官の御蔭だ。梅津は最後の終戦の時には私の意見に反対したが、あれはあの地位〔当時参謀総長〕上已むを得ずあゝいふ態度をとつたので、本心はよく分つてたと思ふ。其点海軍の豊田副武〔元海軍大将、元軍令部総長〕とは違つてたと思ふ云々、陸軍の人々の御話あり。

又鈴木一の話に戻り、こんな事もいつてた。朝鮮人は仕方がないので七回位送還したが、第八回目から受付けず送り返してくる事になつた。之は李承晩〔韓国大統領〕の選挙政策に関係があるやうだ云々(此意味余り判然せず)、又千葉とかでどぶろく(どくろと御発音になる)を密造してる朝鮮人部落へ署長一人でふみこみ、納得行くやうに話して正業につかしめたといふ話もあるとの事だとの仰せ。

軍人の話の序(ついで)に、先日緒方〔竹虎、元情報局総裁〕が申して居りましたとて、中村明人〔元陸軍〕中将の事も御話申上ぐ。陸軍にも個人的には割とい、人も居るよとの御話。

東久邇さんは感情にほだされになる御癖があるが、物の分つたお人だとの御話。ブラジルの〔多羅間〕俊彦〔東久邇稔彦の四男〕さんの為におよめさんの話は別にきかぬかとの御尋ね。別に伺つて居りませんと申上ぐ。

外にないかとの仰せにて、退下の時、別にありませぬが、治安状態に格別の変化もありませぬ以上、十一日葉山行幸啓を願ひまするを申上げし処、警察が一本でなくて困る(11)ネー、早く吉田も之をやらなければ駄目だとの御話。

七月一一日(金)　願出葉山御座所　一・一五―一・四〇

昨日引揚未済者の大会のあと奉拝を願ひ、御言葉を頂き大変皆難有(ありがた)がつてたといふ事で、結構な事と存じて居ります。新聞で御覧かと存じますが(12)、日比谷の会場で首相が病気といふ事で出ませんでした為め、一寸騒ぎましたやうですが……と申上げし処、箱根へいつたのはわるい、東京に居て公務差支で出られないならまだいゝが……との仰せ。結局吉田も損だと存じます。参議院の先達ての議事のもつれ(13)も、参議院議員個人〳〵の行動は兎に角として、参議院といふ国の機関に対しては敬意を払へば、あれ程にもならなかつたと世間では申して居ります。きつい所はよろしいが中々六ケしいものであります。自由党も、鳩山〔一郎、元自由党総裁〕の病気は兎に角として、鳩山を立てねば自分の都合のわるい人があるとの話もあります。その顕著なものは、新聞にも見掛けまするが石橋湛山〔元大蔵大臣〕との評判であります。相当の野心のやうとの事であります〔緒方にきゝし事ながら緒方の名など少しも申上げず〕と申上げし処、野心のない人間に政治などやつて貰ふとい丶と実際思ふけれども、本当は実際組閣といふ事になると野心のあつた人間でないと却つて困るよ、その準備が少しもない、野心のない人は。之に反して野心のあるといふ事は望ましくないけれども、準備のある点はよろしいとの仰せ〔陛下はすべて実際的の御体験上の結論を遊ばすと思ふ事一再ならず〕。

先達て戦犯処刑者の未亡人等の話をきゝました事を申上げましたが、実は巣鴨の戦犯連中が釈放問題で中々八釜しいとの話でございます。之は有りのまゝに申上げますが、御腹の中に御参考迄に御入れ置き願いたいと存じます。先日山梨〔勝之進、元学習院長、元海軍〕大将が田島訪問の節の話でありましたが、巣鴨戦犯の問題につきまして一度行つた事のあるやうな連中、藤原銀次郎〔元軍需大臣〕とか郷古〔潔、元三菱重工業社長〕とか、井野〔碩哉、元農林大臣兼拓務大臣〕、岸〔信介、元商工大臣〕等が世話をして何か会を作つたとかいふ事であります。海軍側としては山梨、野村〔吉三郎、元海軍大将〕、小林〔躋造、元海軍大将〕と出て、過日海軍関係の人で巣鴨を訪問し、山梨が最年長者で、先方は嶋田〔繁太郎〕元海軍大臣が筆頭で、型の如き面会をして参りましたそうでございますが、その時山梨は、旧友の荒木〔貞夫、元陸軍〕大将と木戸〔幸一元内府〔内大臣〕に面接致しましたそうですが、荒木の方は何でもありませぬが、木戸は、六十以上の人は兎に角、若い連中には中々激しいのが居り、占領中は已を得ぬも、平和後は最早甘すべきでない、政府の外交が軟弱だといふやうな空気があるから吉田首相に伝へて欲しいとの話でありましたそうで、山梨は手紙を慎重に書き、又後に慎重にといふ手紙を吉田にあて書きましたそうですが、第一信は岡崎外相に渡されて、岡崎が山梨を訪問するといふ様な事もありましたそうです。破獄でもすれば国際的にもまづい事になりますしといふやうな事でありましたが、今日山梨からの手紙によりますると、外相が巣鴨を訪問し、山梨も同行するとかいふ事であります。対内的にも対外的にも戦犯釈放の問題は六ケしいデリケートの問題でありまするが、戦犯にも色々ありまするとしましても、日本人が早く出獄出来るのは結構と致しましても、外国の感情の関係もあり六ケしいと存じます。近く或は首相は天機奉伺に出るかとも存じますが〔三谷〔隆信、侍従長〕に、陛下、吉田御会談御希望御洩らしありし為、連絡があつた為、吉田に手紙にて拝察する旨申入中になれども何とも申上げず〕、其節山梨の事は抜きで、新聞に出てるが戦犯問題の経過[14]はどうなつてるかと御下問になりましてもよろしいかと存じますと申上ぐ。

それから、印度大使チエトウール〔K. K. Chettur K・K・チェトウア〕帰国の由でありまして、勲章は受けられぬ国柄との事で陛下より品物を賜ふとの事でありますが、銀の花瓶御紋付がよろしいかと存じます。官長、侍従長とも相談致しましたが、一尺位の高さのもの一対賜はるのがよろしいかと存じて居りますと申上げし処、それはよろしいが、拝謁の問題はないかとの仰せ。ハイ、離任の大使は御陪食あるべきでありますが、今回は特別で、頃日信任状捧呈後の御陪食がありました直後でもあります故、なくてよろしからうと首相とも打合せ済みでありますが、単に拝謁は或は願ふかも知れませぬが、葉山と那須との間の御都合よろしい時であれば、御願するといふ程度かと存じて居りますと申上ぐ。

それから、昨日石黒忠篤〔元農林大臣〕が参りまして、陛下も先年御あひになりました、北海道釧路の輓馬(ばんば)の功労者を表彰したいやうな話で、今回その品評会に天皇賞といふやうな希望はありますが、それは駄目といふ事にしまして、永年一生をかけて一事に骨折つた人の苦心談はおきゝになるのは結構と思ひまして、機会あれば御進講は結構と思ふ旨石黒に申しておきましたが、若し上京致して御都合のよい時に御許しを願ふかも知れませんと申上ぐ。あゝあつた、輓馬に一生をやつた人[15]で話もきいたが、ひどいズーズーでとても分らぬ事があるよとの御話。

それから些事でありますが、久邇さんの大妃〔久邇俔子、朝融母〕殿下の為の建増は近く着工致しますそうで、或は一時一寸温泉へでも御出掛願ふ事があるかも知れんとの話でありました。それから、あの〔二文字削除〕といふ婦人と関連ある久邇さんとの話は久邇〔実栄〕侯爵の方の間違でありましたと申上げし処、その話はきかぬとの仰せ故、家を貸すといふ問題で〔三文字削除〕といふ人と西洋人とごた〳〵して居ります事をきゝ、〔三文字削除〕が婦人で皇后様の御兄弟と関係があるときゝました故、心配して調べて貰ひました処、久邇侯爵のあとで三条西〔公正、久邇実栄の実父〕さんの御当主の家の事といふ話で安心致しましたと申上ぐ。そう、それは良宮〔香淳皇后、昭和天皇の妻〕といとこ〔甥〕になる(16)……とか云々仰せあり。

それから突如として、あの吉田の考へがよく分らぬが、吉田の意見として、アレキサンダー〔Harold Rupert Leofric George Alexander ハロルド・アレキサンダー〕英国防相に話したといふのをアレキサンダーからきいたのだが、朝鮮の休戦会談が少しも進展せぬのは、中共の人民(兵)を余計殺したいからだといふ話だが、どうもどういふ意味か分らぬとの仰せ。田島も一寸その意味は何だかよく分りませぬように存じますと申上ぐ。

私は、支那人といふのは面子の為か何か知らぬが、真正面から話してはうまく行かぬ国民と思ふ。満洲事変の時の馬占山〔中華民国の軍人〕でもそうであつた(17)し、錦州で長城線を越す越さぬといふ時もそうであつたし、又〔第一次〕上海事変のある時機もそうであつたが、いつでも停戦とか休戦とかいふ時にはこちらが強く出なければ駄目で、休戦の相談故余り軍〔戦〕せぬやう仕向けてゝは迚〔とて〕も見込なし。逆に戦はぬつもりをいゝ事にして攻めて来るといふ様な事がある。そこで支那の軍隊と停戦するには左に匕首を擬して右で平和の手段を講ずるの外はないと自分は経験上そうだと思つてる。但し一方的情報によつてそうだと結論してるのだから或は間違つてるかも知れぬが、どうも私には確かにそうだと思ふ。吉田は軍事の智識は少しもないが、軍事的に見ると中国との関係に於てはどうもそうではないかと思つてる。今度休戦の話合がやゝよくなつたのは、水豊発電所爆撃と時〔ママ〕の関係(18)はどうかと松井〔明、総理大臣秘書官〕に聞いたのよ。そしたら確かに水豊爆撃のあとで休戦の気分が出て来たといつたが、そうすると私の所信を愈〔いよいよ〕固めると思ふとの、御得意の御議論らしく繰返し仰せあり。

林〔敬三、警察予備隊総監〕にでもいづれあふだらう。昨日の皇居へ来た時の感想をきいておいてくれとの御話。ハイ承りました。五月二日の戦没者遺族の時は御煙草を賜はりました故、生死不明のやうな気の毒の人の家族故、同類として御煙草を願ひました。又宮内庁とは無関係に、厚生省が、今年新年かに御発表の戦犯に対する御同情の御製(19)〔天皇の和歌〕を入江〔相政〕侍従に執筆して貰ひ配布するとか話をきゝましたと申上ぐ。

七月一八日（金）　願出葉山御座所　四・二〇―五・一五

立太子礼、東宮〔明仁親王、皇太子〕様御成年式の愈迫りまするに付きまして、昨年大宮様〔貞明皇后〕崩御前に一応調査の上結論を得て居りました事が、御喪明けの今日は平和克復して占領治下でありませぬ為、いろ〳〵再検討の必要がありまして、先達て来、それを致して居りまするが、実は明治四十二年に定まりました儀制令〔立儲令〕(20)は失効を致して居りまするが、当時研究の結果の結論と存じまして、大体之を基として新憲法の趣旨、及賢所(21)の事は国事でなく、皇室の御信仰による私事といふ建前で検討中でまだ結論を得ませぬ故、案についての御許しを得る次第ではありませぬが、儀式につきまして、賢所大前で壺切御剣（つぼきりのぎょけん）(22)を御渡し願ふといふ事は絶対に変更ないやうといふ掌典側の考へと、式部側としては国事として賢所大前で遊ばさなくてもよいといふ事で意見の一致を見て居りませぬ。何れにしましても一般の批判を受ける場合、世上にも両方の議論ある事を予想せねばなりませぬので、田島も一応掌典の意見の根拠はどこかと段々問ひますると、矢張り感じの上から賢所以外の処ではどうもといふ事になり、現に明治天皇が大正天皇に壺切の御剣を御渡しになりまするのは、徳大寺〔実則、元〕侍従長が花御殿〔赤坂離宮にあった東宮御所〕へ持参して大正天皇〔時の皇太子〕に差上げて居りまする故、それはどういふ事だらうと申せば、それらの事を御改正になつて儀式がきまり、その式で今上陛下が一度遊ばしたので之でずつと今後願ひたいといふ様の意見でありまする。大体国事としては、従来皇太子様が典範で御生れながら極まらぬ御世としては決定を布告宣命する事に重点がおかれてあります。今の御世はそれは必要ないのでありますが、国事として典範できまつてる事を大に宣布するといふ意味として宣命するといふ事のやうでありますが、ある時代からの長い習慣である壺切御剣御渡しが此機会の一つの事でありまする以上、国事の席で願つてもわるくない。どうしても天照大御神の御前でなければならぬといふ事はないといふ理屈になります。又加冠(23)の御成年式の方は掌典側も左程に申しませぬが、其辺の陛下の御考へは如何でございませうか。田島が両者の意見を調整して御許しを得たいと存じまする。決〔結〕論をまだ得ませぬが、若し御思召の程が伺へますれば……と申上げし処、私が壺切を受けた賢所の儀は私が始めてで、明治の時は侍従長が持参したといふ事になると私の考へも大変違つて来る。歴代はどこで行はせられてるか、それを調べて貰ひたい。若し歴代の多くが賢所の前でといふ事でなくば、私はむしろ国事として国民の各層の人の居る所でやつた方がいゝやうに思ふ。要は歴朝の事実を調べる事だとの仰せ。調査中でありまするが、大体多くは神前ではないやうに存じまする。それならむしろ、私は式部の考への方がいゝかと思ふ。外国人は日本人は感情で物事を判断する癖があると思はれてる節もあるから、理屈の大してない事を感じだけでやる事は避けた方がよいと思ふ。それから外人大使など今度来るのか、それは一寸違ふなーとの仰せ。ハイ、神前で儀式のありまする時は、旧憲法下では案内は致しまするが、事実上参りませんでしたそうであります。今回国事として式典を正殿で挙行しますれば、大使は参列すると存じますと申上ぐ。

加冠の方はどうなるか。それにしてもモーニングではどんな風になるだらうかとの仰せ故、ハイ、斯様な所作が儀式の内に入りますれば御召物は御装束に願はねばといふ事になりまする。其節皇太子様は勿論と致しまして、大夫侍従一人位は装束が入用でありますし、両陛下も御装束となりますれば、矢張り侍従長等若干装束といふ事になります。実は式典になりますると、結局御召物は大切な要素になりまする訳でありまするし、陛下が政務から御離れになりました今日、象徴として儀式を遊ばす事は重大な御仕事で、其際は御服装といふ事が荘重とか威厳とかに関し重大な事と存じまする。その点にも関連してまだ研究中でありまするが、大体御感じ御思召を伺ひました次第でございます。よく研究致しまして其結果改めて御許しを御願致しますと申上ぐ。延喜式(24)はどうとか歴代の事実を調べてくれとか、或は掌典と妥協して加冠の儀の方は神前にするか？等の旨の御話あり。猶、此両式は昨年十二月二十三日の御成年に御達しの日に行ふ建前上、年末に差迫りまする故、成年式を後とし、其前に立太子礼を願ふ立前でありましたが、最早事実上成年に御達しになりました以上、立太子礼の時童形の御召物といふは不合理のやうでありますので、先づ成年式で……之は既に成年に御達しの上ではありまするが気持は未成年から成年におなりになります式故、矢張り御童形の御召物で、加冠後成人の御服装におなりになります。そして其後に立太子礼行はれますれば、其際は成年の御服装は立前でよい事になりまする故、そうお願したいと存じます。此件は確定故御許しを得たいと存じますと申上ぐ。よろしいとの仰せ。

それから、御講書始の儀(25)が、従来は一月六日頃に明治時代など行はれて居りまして、政事始めと同じやうな御進講始めのやうな意味かと存じまする故、最近の一月中といふのでおそいのは昔に返した方がよいと存じまするとと申上げし処、宮内官僚は一月中を一月三十一日迄ならいつでもよいと解し、清水澄〔元東宮御学問所御用掛、元枢密院議長〕は一月中旬と解してたが、田島の御講書始の意味がそうだとすれば早い方がよい。現に私も早くやつてた時がある。私の健康上を思つて葉山行の事からか何から今のやうになつたらしいが、それは早くしてい、と思ふ。然し、一つは御進講の学者の都合もあつたかと思ふとの仰せ。その学者の事でありまするが、和漢洋書といふ区別は漢書が和洋に比して多くなりすぎ権衡を失しまする故、学問を自然科学、人文科学、但し人文科学を二つにして、文科、歴史、哲学的のものと、法律、経済のやうなものと二つに分けて三部としまして致しまするか、或は自然人文の二種と致しまして、或年は自然二人、人文一人、或年は人文二人、自然一人と致しまするがよろしいか、其点も学士院の幹部の人及文部省と相談して改めたいと存じます。今後御進講者の人選も従来の文部省推薦のみによるを改めまして、学士院の幹部、文部省等と相談して、宮内庁の責任で定める事にしたいと存じて居りますと申上ぐ。それはその方針がよろしいとの仰せ。

猶、御歌会(26)も一月下旬で、場合により流れまする事のありまするは残念でありまするし、是亦従来は十七、八日頃かとも思ひますするので、研究の上最近の例よりも早くしてはと存じますと申上げし処、題の発表等を早くしなければ……との仰せ故、それは昨年あたりから御歌会がすみますれば、非公式にすぐ翌年の御題を発表して居ります故に、その点はよろしく、撰者の手順も旧年内といふやうな風にせねばならぬかと思ひますと申上ぐ。この事も別段御異議なし。

次に、先般伊勢の内宮の神路山に鉱山の採掘権の問題が起きた事がありますが(27)、鉱業権の改正で陵墓の御処在との距離問題が法文から抜け、目下研究調査中でありまして、宮内庁側としては、凡そ幾米突〔メートル〕距〔へだ〕つればよい意見かといふ事を、単に鉱業権関係のみでなく一般に土地の権利に関する限界の研究をなす我妻〔栄、東京大学教授、民法学者〕博士会長の会〔土地調整委員会〕が政府の設立せるものでありまして、昨日あたりから京都で会合を開いて居り、公聴会とかも致しますとか故、管理部の並木〔四郎、監理〕課長が参つて居りまするが、具体的に何米といふ事を当方からは可成〔なるべく〕切り出さぬ方がよろしいと存じまして、治山治水灌漑等諸種の事情の異る場合多く、一般的に何米ときめるは妥当でない旨を申して置きましたが、現にマンガンの鉱業権と御陵の敷地との距離の問題で出て居りますとか申します故、田島は三十日の明治天皇祭に参列の序に京都へ参りまして現地の実際を見たいと存じますし、又三十一日は亡父の命日でもありまするので帰途墓参の儀御許し願ひたいと存じます。従つて二十八日御迎へに参り、一日那須へ御供致します迄の事は次長に代りまする事御許しを願ひたいと存じます。二十九日の明治天皇の御事蹟の御進講(28)、午後ブラジルの信任状捧呈はのびましたが、チエトウール〔チェトウア〕の拝謁がありますようで、三十日御祭、三十一日明治神宮御参拝、一日那須といふ御予定と存じて居りますと申上ぐ。鉱業権の問題は申上げし通りにて別に御異議もなきに拝し、京都出張及帰途休暇の事は御異議あり御許しなきにはあらぬも、御返事余りよきようにも拝せず。

それから、侍従長を経て首相一度拝謁致しまする様御思召を拝し、書面で二度、首相に田島拝察すとの書き方で申入れましたが、一度は党内問題でも申上げるやうに誤解致しました故、共産党の動き及戦犯の問題等新聞に出てる時局問題(29)と更めて申しました為か、法務総裁〔木村篤太郎〕が出ました由(30)で、大体共産党の事はおき丶になりましたかと申上げし処、きいた。大体分つた。それから戦犯の事もふれてた。別にきかないうちにいつてたとの仰せ故、戦犯は一面法務府と、他面外務省と両方の関係事項でありまする為に、多少仕事の上にスキがあるかも知れませぬが、法務総裁も巣鴨へ参りましたそうでございます。そのあとで岡崎も参りましたそうですが、BC級は委員のやうなもの、A級は全部と話合ひましたそうでございますが、実は進駐時代の方が戦犯にとりましては仮出獄と減刑とかが行はれ、平和後はScap〔Supreme Commander for the Allied Powers 連合国軍最高司令官〕のない為、列国間の話合が六ケしくなり、一人も出られませぬ為に不平だとの事であります。A級は全然釈放でなければといふやうな旨を一寸仰せになる。

戦犯問題は左程多く御話なく、法務総裁に質問しようと思つたけれども、外交全体の方針とか治安の一般とか、首相でなければ駄目だからきかなかつた。そして法務総裁は連立政権がいかぬとしきりにいつてたが、私は自由党は重光〔葵、改進党総裁〕のところなどとは連立すべきだと思ふが……との仰せ故、陛下の仰せのような連立はわるいとは存じませぬが……と申上げし処、ア、フランスのやうな少数党多数の場合のやうなのがいかぬといふのか。それはいかぬとの仰せ故、それを只今心あるものは心配致して居りますやうで、左社〔左派社会党〕のやうなものでも連立で政府の一部に一寸入り込みますると、すべて六ケ敷なる為に、保守党が大きく多数を制せぬとわるいといふ事かと存じますと申上ぐ。

吉田は、大公使の認証式の為には何れ内奏に参上致しまする故、此際別に天機奉伺を促しませぬつもりでございますが、実は認証式はいつかそれはまだ見込はありませぬが……と申上げし処、吉田の参上を此上田島がつ丶く事はやめよとの御心持に拝す。

湯川〔秀樹、京都大学教授、物理学者〕博士帰朝中一度御進講の事は、侍従長と相談手配致しまするが、鈴木大拙〔仏教学者、日本学士院会員〕が米国の大学で講義して只今帰朝中で、九月中旬又渡米致しまする由で、六ケしい話でなく、米国大学大学生の話といふ様な事を東宮様に申上げるやうな手配になつて居りまするが、文化勲章拝受の時も在米でありました故、若し時間の御都合よろしくば陛下も御き丶遊ばすやう如何と存じて居りますと申上ぐ。大して御希望も御異議もなきやうに拝す。

拝辞せんとせし処、三笠さんのアカハタの事は其後どうかとの仰せ故、別にその影響等何もき丶ませぬが、大体三笠さんのあまり御慎重でない事が世間にも広まり、段々重きをおく事がないやうになる傾向があるやにも存じます。此度予備隊へ参りました元侍従武官の吉橋〔戒三〕が申して居りましたが、士官学校時代から同じ御性格で、どうもチヤンとしておいでにならない点御性格といふ様な事でありましたと申上げし処、三笠さんは御子様も四人もおありであり、そんな風は困るから、田島でなくとも誰でもい丶から、何か御注意申上げる方がよいと思ふネ……との仰せ。老人よりは御同年輩の御信頼あるもの丶方が有効でありますから、そういふ点は今後も心懸けまするとと申上ぐ。

仏教大会はどうなつたらうとの仰せ故、何れとも伺つて居りませぬと申上ぐ。

八月二七日（水）　願出那須御座所　五・四〇―六・二〇

葉山にて拝謁以来月余、桃山〔明治天皇陵〕参拝に出発の日御帰京。御祭直後那須へ行幸啓。其頃より発病静養にて天機奉伺後れ。又可能となりても二十五日天野〔貞祐、元文部大臣〕、日高〔第四郎、元文部事務次官〕招待会、二十六日アルゼンチン大統領夫人〔María Eva Duarte de Perón マリア・エバ・ドゥアルテ・デ・ペロン〕追悼式等の為め遂に此日となる。偶〔たまたま〕大野〔伴睦〕衆議院議長新任に際し天機奉伺の為め参邸。五時拝謁（五分）の後拝謁。明朝にても結構にてと申上げし処、今日あふとの仰せにて拝謁す。病気の為長期欠勤。又御尋ねの御言葉御品賜ひし御礼言上。まア早く直つてよかつた。もうすつかりい丶か、大事にせよとの仰せ恐入る。それより椅子を頂き、立太子礼御成年式の事につきましては、既に侍従長を経て御許しを得ました次第でありますがとて、同一日に行ふこと、神様の儀は新たに考へ定めること等申上ぐ。

次に、順宮〔厚子内親王、昭和天皇の四女〕様御婚儀は、既に書面を差出しましたる通り、九月十六日告期の儀、十月十日御挙式といふ事に御願ひし、万般孝宮〔鷹司和子、昭和天皇の三女〕様の時の例に従ひまするが、今回は岡山へ御輿入の為め、その時は池田〔隆政〕夫人の御資格ではありまするが、岡山県市民の考へ方は、その時内親王様御降嫁のやうな観念もあります故、之に対応して東京駅御発の時に宮内官の御見送り等、内親王様でおあり丈けの事を適当に考へなければならぬと存じて居ります。

それから、東宮様の御祝典の場合も、順宮様の光輪閣(31)へ御出での場合も、独立国としての晴れの御列が儀装馬車かどうか研究中でありますが、万歳の声などに驚きませぬやう訓練よろしきかどうか、時間の点等、研究致して居りますと申上ぐ。

九月は大してございませぬが、十月は国体〔国民体育大会〕が十九日でありまするが、開会式場は福島でありますが、仙台、山形も重要競技場でありますが、只今の処、十月下旬を東宮様の御祝に予定致しまする以上、行幸啓の御日取は兎に角として、御準備の都合上到底無理と存じまするので、今回は福島だけに御願するより致方ないかと存じますと申上げ、此点御異議を拝せず。次に十月は、赤い羽根の期間で、従来東京都内、又近県の社会事業施設を御覧頂きました(32)が、之は全国的の運動でありまする故、或は今後の例となりましても結構と存じまする故、福島で開会式後、二、三の競技の外、社会事業を赤い羽根の意味で御覧願ひましてはと存じて居ります。之も御異議を拝せず。

それから、東宮様の御祝に際して献上の問題は、此際一切御受けになりませぬ方がよろしいといふ事で御許しを得まして通牒を致しましたが、竹田宮〔恒徳、日本馬術連盟会長〕さんが、馬術オリンピック出場の馬が逸物であるため東宮様に御献上になりたく、去りとて馬術の方には其資金がなく、〔安井誠一郎〕東京都知事に話込み、都よりの献上品といふ事で最初知事から話がありまして、皇室経済法の話を致しまして到底駄目と申しました処、宮内庁へ寄附といふ事ならば結構、但し献上一切やめの例外を東京都によろしいとすれば全国各府県皆それぞれに致す事となり、通牒の趣意に反しまするので、全国の府県全部で馬一頭を宮内庁へ寄附し、自然東宮様御乗用といふ事になりまするといふ事で内閣の方とも話合ひまして決定致しました。又首相は、政府の代表といふ意味かで何か例外を認めて欲しいとの事でありまして考慮中であります。何れも大して御異議を拝せず。

又侍従長より既に申上げましたが、野村〔行一、東宮大夫兼東宮侍従長〕が大夫辞任の申出でがありまして、小泉〔信三、元慶應義塾長、東宮教育常時参与〕も已むを得ぬとの考でありまして、いろ〳〵物色致しましたが、小泉とのコムビ上、或は後藤光蔵〔元陸軍中将、元侍従武官〕あたりがよろしいかと存じましたが、首相は已むを得ねばであるが軍人はまだどうもとの事でありました（一般的に軍人としての意見をきゝましたが）ので困りましたが、結局天野と同時にやめました日高〔第四郎、元〕文部次官が適任と一致した意見の下に、侍従長を経て御許しを得まして既に申入れましたが、まだ承諾を得る処に到つて居りませぬ。それから、〔国会〕開会式は三十日といふ事で、二十九日還幸啓願ふ事で手配を致しまして供奉致すつもりでございますが、或はそういふ事がなくなりますやうな場合（三谷、官房長官〔保利茂〕より明日解散[33]との電話ありし事極秘に承知せるも明白にはふれず、陛下は勿論、三谷経由の内閣の上奏御承知なれども、何とも御言及なし）になりますれば明日帰京致しまする。実は、ブラジル大使信任状捧呈式の問題がありまするが、実はまだ営繕が最中でございまする故、之は開会式で還幸になりましても御止め願つた方がよろしいと存じます。御文庫の電燈配線の修理は二十八日中に必ず完了致します故、二十九日の還幸に何等差支なく出来まするが、二期庁舎の方は只今最中でありまして、新オトウ〔御東、御所用語でトイレのこと〕場の落成が明日位かと存じまするが、万事九日迄に終了の予定で致して居りまするので、此際還幸啓ありましても二期庁舎へは御出で願はれぬと存じますと申上げし処、あゝいふ事は後れ勝ちだ。九日迄もどうかなーとの仰せ故、其点は確めましたが大丈夫との事でございますと申上ぐ。

それから、三笠宮様の仏教大会の問題は、陛下御散策中に迄御伺ひになりましたやうな事でありましたが、結局御断りになりましたそうでございます。三つの理由をおあげになつて居りますが、第一は仏教寺院で出す御礼といふものが非常におかしなものだといふ事でありました。第二、第三の理由も一寸おかしな理由で、きゝまして忘れまするやうな事でありましたが、高尾秘書課長記憶するかと尋ねました処、高尾も失念致して居りました。何れにしましても、自分は仏教徒でないとかいふやうな事でなき小さな理由で今になつて御断りになりました事は少しどうかと存じますし、こういふ風で外国へなど御出になります事は皇弟として如何なものか、一寸考へさせられまする故申上げる次第でありますと申上ぐ。

次に、久邇朝融王(34)には、其後御目に懸りませぬが、新聞に出ておりまして既に御承知かとも存じますが……と申上げし処、近頃新聞は余り見ないからとの仰せ。日印文化協会の総裁になられたとありましたが、其発起人は例の印度人ムルチ〔極東貿易会社社長〕らしくございます。何か又わるい影響はないか青木〔一男、元大蔵大臣、久邇家経済顧問〕にも相談して見たいと存じて居ります、と申上ぐ。大体何を申上げても御在京の時と違ひ、御質問等殆んどなし。大体は三谷経由申上げ済みの為もあれども、後に侍従職の話をきいても植物御採集に日夜御関心の為かと拝せらる。但しこの後に仰せありし事は、二十五日首相内奏に関する事にて、いつもの通り熱心に仰せあり。

一昨日吉田が内奏の時にいつてたが、私の住居は二十八年度に計上したいといつてたから私は何ともいはなかつた。何か政治上の理由もあるかも知れぬが、終戦後衣食住何れも不足した処、食から衣と段々安定して来たが、住はまだ安定しない。それだのに私の住居を作るといふ事はどうかと思ふし、之はよく長官で考へて貰ひたいとの仰せ。陛下の先憂後楽の御思召を体しまして、住の問題は国民がまだ〳〵でありまする故、宮内庁としては時期尚早の考へでありまするが、御文庫の湿気の問題で鈴木〔一、前〕侍従次長の時に予算を組みました際、陛下が科学的に立証せよ、その上の事だとの事故、実は既に申上げました通り、佐藤〔久〕東宮侍医の弟〔佐藤鑑、横浜国立大学教授、建築衛生学〕の、此方面の建築学の専門の調査が近く終りまする由で、その結果不衛生といふ事になりますれば何とか御願をしなければならぬと思つて居りまするが、若し調査の結果があれでよろしいとなれば、矢張り陛下と遊ばされましては、又宮内庁と致しましても、従来通りまだ其時でないといふ立場でよろしいと存じます。吉田が今度そういふ事を申上げまするのは、或は松本学〔日本港湾協会会長、元貴族院議員〕などの宮殿再建論者と政治的に何かこういふ必要があるのかも知れませぬと申上げし処、私もそういふ何か政治上といふか立場上吉田がいひ出したのと思ふが、私〔に〕は何ともいはなかつた故よく考へてくれ。松本等の人は満足するかも知れぬが、一方戦争犠牲者恩給問題とか巣鴨戦犯の問題とかもあつて、それをきいて不満を感ずる人もそれ以上かと思ふとの仰せ。その方が大体多いと思つて、首相に係らず宮内庁側は消極的態度でよろしいと存じますが、先程も申上げました宿題の、科学上見地の専門家の結論等により考へまして又申上げますと申上ぐ。

重光も個人的にはいゝ人だが、何分東条の閣員〔当時外務大臣〕であり、先程後藤中将のやうな人でも考慮するといふ立場上は、現在は重光が出るのは今少したゝねばどうかと思ふ。吉田は老人で気の毒だが、矢張り此人に続いてやつて貰はなければならんと思ふとの、解散を前提としての御述懐あり。又赤十字社法の制定の為め、皇后陛下の名誉総裁各宮様の〔名誉〕副総裁といふ事が更めてきまるとか非公式に一寸きゝましたと申上げし処、愛国婦人会などそうだつた。御名代などに都合がいゝとの仰せ。

九月八日（月）　願出那須御用邸　二・三〇—三・三五

御帰京後の東宮様始めの御様子申上ぐ。東宮様少々御なか工合御わるき旨申上げし処、明日晩食事に来るといつてたがとの仰せ。尤も昨日は殆んど御全快に近いと承り居りましたと申上ぐ。

解散[35]に伴ひまして東宮様式典の期日の目途が変りましたことは電話で侍従次長〔稲田周一〕を経て御願ひ致しました通りでございますが、十一月十日に始まりまするのと、十二月二日に始まりまするのと二つを内閣側へ申しました処、十一月十日に決定願ひたい旨申して参りました故、それで御きめ願ひたいと存じますと申上ぐ。

此為一応十月下旬を予想しましたより十月は余裕を生じまするので、国体を仙台並に山形にもと一寸考へられまするが、国体内部の関係もありまして、福島の開会式の参列者の具合等もありまする故、今少し研究致しませぬと、福島以外迄御出掛を願ひまするや否やは、今日では申上げる時に達して居りませぬと申上ぐ。

　それから、順宮様の臣籍に降下の為めの資金の為、皇室経済会議を開きまする必要がありまして、十二日午前十時半と定まりました。又十二日は、既に御許しを得ましたブラジルの信任状が十一時半、メキシコが三時半でありまする。猶、博物館八十年記念の催がありまして、式典には御願致しませぬが、会期中に一度行幸啓願ひたい旨浅野〔長武、東京国立博物館〕館長より願出がありました。又、東京都復興展示会が三越で十月二日から八日迄行はれまして、内々願出がありまする。両方とも行幸啓願つて可然(しかるべき)ものと存じて居りまするが、日時の点を又具体化して更めて御願致しまする。

　それから、東宮様の式典にVining〔Elizabeth Janet Gray Vining エリザベス・J・G・ヴァイニング、元皇太子家庭教師〕を御招きになりまする云々の御話につきましては、国事として行はれまする以上、内廷関係で格別な優遇といふ事とは違ひまするので、又従来は此上ない御優遇でもありまするし、実は元皇族方の式に御参列も問題になつて居ります様な次第で、田島は最初秩父宮様の御考へで Vining を招いたらばとの御話のありました際、問題にならぬと存じて居りました処、今回皇后陛下からのどうかといふ御話で御下問がありましたに付、熟議の結果御招き頂かぬ方に願ひたいと存じ、又御急ぎかと存じ、結論だけは侍従次長を経て申上げました次第でありますと申上げし処、陛下は理由をきかぬから、まだ多分高木〔多都雄、御用掛〕から返事を出してゐまいとの旨の御言葉あり。実は吉田首相の考へもきいて見ましたが、矢張り願はぬ方よろしいとの意見でありましたと申上ぐ。余り御納得でもなきやうに拝するも、結論に御異議も拝せず。

　それから、野村大夫辞意のことはかつて申上げましたが、小泉とのコンビの点を考へますると中々詮考が一層六ケしくなりまするが、その為め軍人のことも考へましたとのみ申上げましたが、実は後藤光蔵を考へました。陸軍省軍務局、参謀本部等には無関係で、教育総監部に在り、又侍従武官として陛下も其為人(ひととなり)を御存知であり又御認め故、よろしいかとも考へましたが、吉田首相は軍人はまア成べくやめてくれと申しまする上に、本人は申分ないものとしましても、友人たる軍人が東宮職に訪問する事はあり得ますし、それがよからぬ誤解を生みまする事は避けなければなりませぬので之はやめました。日高はよろしいと存じまして、安倍〔能成、学習院長〕も三回程説いてくれましたが、結局辞退致しまするので思切りました。

先日小泉が、東宮様が dutiful〔本分を守る性格〕であるといふ事を申上げまして陛下が御満足遊ばしたといふ事を書面にして東宮様に差出しましたそうですが、先般の長野県二泊の御旅行(36)の際も大変よく遊ばしたといふ事で結構な事と存じて居ります。それは大変よかつたとの仰せ。そういふ訳で、すべて御人気と申しますか、大蔵省なども此度の貯蓄債券の第一号を御買ひ願ひ、それを御持ちの写真をとらして頂きたいといふ様な、事柄宣伝の為に御願するといふ様な風で、之れはやめて貰ひました。尤も貯蓄奨励の意味で、内廷費で若干枚御買上げの取斗は出来ませうと申しましたが、それは依頼致しませなんだと申上げし処、それは少し行過ぎのやうだが、評判がい丶のはい丶事だとの仰せ。

之に続いて、それにしても宮様方は……との仰せに付、又肯定も否定も一寸困難に付、恒言をさけ、皇居前広場をメーデーに禁じ警視庁の練習に許すのはどうかといふ事を厚生大臣〔吉武恵市〕にお話しになり、それが警視庁に伝はり、警視庁では皇居内の一部を貸してくれとて申して参りました。きいて見ますれば、三笠宮以外にもそんな事をいふものはありますそうですが、厚生省がそれを警視庁に申しまする時は三笠宮様……として申します。甚面白くないのでございます。御意見は宮内庁のものにでも一寸御洩らしになればと存じますが、直接政府の役人に仰せばまづい場合を生ずると存じますと申上げし処、常に政治向きの発言なきやういつてあるのだが……との仰せ。右のやうな次第で東宮様御成年とおなりになり、御名代等に御出ましの場合も多く、大夫の選任はいよ〳〵六ケしい事かと存じて居りますと申上ぐ。

それから、御住居の問題でありますが、佐藤〔鑑〕工学博士調査の結果は一寸複雑でありまするが、予想よりよろしいとも思はれまするし、又勿論よろしくない点もありますので、温度は比較的一定でよろしいようでございますが、湿度が一定で相当高い為に御よろしくないそうで、御寝具等に湿気が多ければレウマチス〔リウマチ〕等を誘発するといふ事も考へられますので、矢張り田島と致しましては御健康上の理由で何等かの改造又御増築等を考へさして頂かなければなりませぬと存じます。両陛下の御住居の外に、侍従候所の如きも今少し快適のものになればとも存じまして、何とか考へたいと存じます。御文庫の若干改造と空気をよく致します装置をするといふ案が先づ考へられます云々と申上げし処、此際予算を計上して何とかするといふ事については原則的に御許しあり。但し、政府には、衛生の見地からと申した処で、世間一般に形になつて表はれ、世の中にうつる事は、天皇の住居が増築改築されるといふ事故、従来の経過は心持などは分らず、外見の事柄から人は批評するもの故、余程注意を要する。戦後七年で復興成つたと考へる側の人があると共に、自分の境遇が必しも順調でない人は不平不満を持つは人情であり、そういふ人は常にあるものだが別して、戦争によつて不幸となつた人に対する政府の施設の予算は、之を充分計上した上でなければ御住居再建予算を提案するはよくないと思ふ。具体的に案をきかねば何ともいへぬが、吹上で平面的に拡張される事は困るとの御話。植物移植の為と拝察するも、非常に強硬な御意見なり。具体的に御思召を伺つてから案を立てますが、第一は地下の設備をする事、第二は鈴木次長の時の案の屋上木造増築、第三は横に平面的に奥殿あとといふ事になりますと申上げし処、第四に元奥御殿あとの新築といふ事も考へられるとの仰せ、吹上げに建築がふへる事は非常に御いやの御様子に拝す。

それから小さい問題だが、鈴木大拙が葉山で話してた[37]が、東洋、西洋の差といふものはどうもある。日本人の様に月を見、又雨だれの音を聞く事に興味を持つ人は西洋人にはないとの事。勿論、西洋館では雨だれの音もよくないかも知れぬが、大ルーズベルト〔Theodore Roosevelt セオドア・ルーズヴェルト、第二六代米国大統領〕がエドワードグレー〔Edward Grey エドワード・グレイ、元英国外相〕と共に林間に鳥の啼声をきいたといふ事はきいて居る[38]し、又此話をマクドナルド総督〔英国東南アジア総弁務官〕にしたらば[39]、チヤンバレン〔Arthur Neville Chamberlain アーサー・ネヴィル・チェンバレン、元英国首相〕が閣議室に入つて啼いた鳥の音が分らぬと先づ鳥の本を先に調べるといふ話をして私は驚いたのだがネー。日本の閣僚にはそんな人は居ないやうだ。自然愛〔自然の動植物を愛し、興味を持つといふ意味らしく拝す〕は日本人よりも西洋人の方が多いともいへる。私は、自然に或は杉浦重剛〔昭和天皇の東宮御学問所御用掛〕の影響を受けてるのかも知れぬが、儒教の仁も仏教の慈悲も基督の愛も、畢竟同一物の解き方の相違だと思つてるので、真理が洋の東西で違ふといふ考へはどうもよく分らぬ。一寸鈴木にも質問したが、余り分らなくて止めたとの御話。月とか雨だれとかは俳句趣味で、之は日本人の方が多いかと存じますが、動物に対する興味は、或は西洋人の方が多いのではありますまいか。生活保護法を受ける老婆が七疋の犬を飼ふのが問題となりました処、ガスコイン〔Alvary Douglas Gascoigne アルヴァリ・ダグラス・ガスコイン、元駐日英国大使〕夫人等が熱心でありました〔日本動物愛護〕協会[40]で二疋の食料は負担し、五疋の犬は引取つたと新聞にありました。思想の点で東西一か二かは中々六ケしい事と存じますと申上ぐ。

此日もうよいかと御尋ねに恐入る、両陛下の御健康、久方振に拝して非常におよろしき様に拝し、毎年那須に御出掛の事、御健康上およろしきかと存ずる旨申上ぐ。

九月一〇日（水）　願出御座所　一一・三〇―一二・〇〇

昨日御供して帰りました処、留守中外務省から連絡がありまして、愈英国女王〔Elizabeth II エリザベス二世〕戴冠式に陛下の御名代が御出頂けるか、又それはどなたかを適当な時に御通知乞ふといふやうな旨の申入が東京駐在同国大使〔Sir Esler Dening エスラー・デニング〕から外相宛にありました[41]由とて右文章を翻訳して申上げ、注意事項四項、ミツシヨン〔使節団〕の方は三人以内とか、一行も最小限度とか、賓客待遇は六月二日中心の土曜から土曜迄の一週間といふやうな項目も一々申上ぐ。陛下は三人の制限が一行の事でなければそれでよろしいとの皇太子様の御名代の御意思御変りなく拝す。交通に関しては、往路カナダ経由、帰路北米合衆国の御希望あり。フランスは共産党強きが如何等の御話もあり。

陛下より御文庫に関し、長官は侍従候所を今少し快適にしたいといふ話があつたが、あれは侍従が窓を開けすぎたり、電気ストーブを点け過ぎるので女官候所の方はよくいつてるよとの仰せ〔侍従候所と申上げしは一例にて、女官、女孺〔宮中の下級女官〕の部屋一括改善の意味なりしも、現状で両陛下とも余り御不満なき為か、侍従の部屋の使ひ方あしとの意味の仰を拝す。曽て御自分の命により、窓の開閉につき、女官がよく命通りに行ふ故、調節最もよろし。夏など屋内だけならば葉山より涼しとのたまひし事もあり想起す。御住居問題は具体化する事、直接両陛下の御都合に関し非常に六ケしと思ふ〕。

九月一三日(土)　願出御文庫　一・〇〇―一・三〇

英国戴冠式の招待が参りました為に、一昨日首相参内内奏の帰途、首相と打合せました処、閣議に此際之を附し原則的にはきめるとの事でありましたが、閣議は機密が保たれませぬからと交渉を重ねまして、昨日の閣議で原則として御名代は御差遣に相成るといふ事だけきめましたが、極秘扱で議題からも消し右の書類も回収致しました由で、信任状呈出式の参列の岡崎外相と話しました処、今月一杯位に右の原則的の事を外務省としては返事を致し、どなたが御出掛になりますかといふ事は今年一杯位と申して居りました。英国女王にどなたといふ事が分るまでは秘密にといふ事の英側希望も、他国の招請に応ずる具体的返事など公表されますると、新聞社の問合せもありませうがと心配しますが、外相は no comment と申して居りました。秩父宮様の時は、十月上旬の招待で十七日御返事でありますが、今日の政治上の状態を先方も御承知故、これ以外の方法はないかと存じます。但しこれには御聞流し願ひたいのでありますが、憲法の条文のみにとらわれて読みますると、天皇の内閣の助言と承認によりなし得る事に、国事の範囲が第四条第七条と限定せられてゐる感がありまするので、事実問題で御名代の御差遣は既定として、其法律無根拠又は憲法違反でない一応の理論を用意する要があるといふ事でありまするが、之は単純なる法律論の結果にまつ意味ではなく、常識的には何人も御名代御出しになりまする事は認めて居りまするが、法の文理のみからは一寸つつ込まれるやうにも思はれまするので、其理論を考へて貰ふ事に致してあります。地方御巡幸も事実上の行動としての天皇の国事でありますと同様、象徴元首としての常識でありますが、為念研究する事と致しました。陛下は「儀式を行ふこと」には入らぬかとの仰せ。「儀式に参加せられること」でぴつたり該当いたしませぬ。然し何れ勲章御贈呈になりますれば、栄典の授与の方でよろしいとの話もありました。此点は陛下に於て御考慮願ふ必要のない事でありますが、一応申上げて置きます。

次に、予算の裏付けのないのは困りまするが、之は総選挙後の国会の補正予算以外に手はなく、場合によつては首脳者の変更も予想致されますが、之は此方法よりありませぬので、予算を作ります為には、日程供奉員御巡遊国々等一応目安を宮内庁で秘密に立てませぬと大蔵省へ要求も出来ませぬ故、之に極秘でかゝつて貰つて居ります。一昨日、陛下の御下問の三人以内の問題は外務大臣にも〔渋沢信一、外務〕次官にも確めましたが、一行の御人数の意味ではござりませぬ以上、陛下の御意思は御決定と拝しまするが、皇太子様は既に御了承でございませうかと伺ひし処、陛下は招待状なき以上まだ少しも話してないとの仰せ。東宮様との了解の許に万般総理とも打合せ致し居りまするし、既に招待状の参りました事は東宮様に御承知願ふ必要があるのではないかと存じますが、長官からは申上げた事はございませんと申上げし処、どうしたらいゝか、私がいふか、良宮にでもいつて貰ふか、長官の方からかとの仰せ。まだ秘密で国事的には確定でもありませぬ故、両陛下から御内話願へばよろしいかと存じます。話さうとの仰せ。

それから、秩父宮様からラグビーの御手紙の御返事は侍従長からの話で昨日申上げました。そして結果も既に侍従長を経て申上げました通りでございます[42]。ケント公〔Prince Edward〕の事なども秩父宮様はかつて仰せになり、吉田に一寸話し、陛下に申上げる迄もなく、ケント公の東洋御来遊に東京迄の御招待など、日本の今は出来ませぬ御話も出ました処、秩父宮様は昨日は「私が金持ならよぶが」といつておいででありました。

それから、皇室経済会議は全員出席で、順宮様の一時金七、〇〇〇─〔、〇〇〇〕円は満場一致で決定致しました(43)。吉田首相から、絵のかゝってるのが宮中に少い話から献上の話、その制限の話が出ました故、それは法律の規定故、立法府の皆様で直して頂きたい旨申しました話、又、一五、〇〇〇─〔、〇〇〇〕の基本財産の額は終戦直後の感情と計算でありまして、今日としてはインフレの結果七五、〇〇〇の戦前の価しかなく、それも七〔六〕(44)方分である事の不合理も序に申しておきました。又、今朝蔵相〔池田勇人〕から御聞取かと存じますが、池田はメキシコの大統領邸の立派な事を申し、宮殿建築の事を一寸申して居りました。吉田の御住居予算計上の事は右様の有様で、今回はどうしても已むを得ぬかと存じます。但し一面には、其の予算に先立つて、政府は吾々の為に施政すべきだといふ戦争犠牲者のある事も忘れてはなりません。宮内庁の仕事は何れもから必ず批難されますが、余り極端でない事を必要とし、極端でなければ両方の批難攻撃もまづ大した事ない事かと存じます。昨年の大宮様御大喪につきましても、御粗末といふ説と御贅沢といふ説とありましたが、中間適当の事故、両方の批難も左程強烈でありませんでした。万事批難は免れませぬが、強烈にはならぬ常識的中正な立場を考へねばなりませぬ。今朝の新聞にありました東宮様の切手問題(45)などは、御思召も伺ひ、首相の考もきゝ、どちらでも大きな過ちにはならぬと思ひましたが、部局長会議の結果、田島などの老人層以外の若い人で之を否とする空気が相当ありましたし、先日の大蔵省の債券のやうな程宣伝本位的でないと致しましても、必しも郵政省一般の熱望でもないようで、主務者の熱望で成功すれば大成功といふ様な空気もあるやうに存じました。是などは時の問題で、将来はよろしい時期となると存じます。

鳩山の昨日の演説(46)は到底同一党派とは思へぬ言葉もあり、吉田も売られたけんかとなりますと余りいゝ結果にならぬかと思ひますと申上げし処、政策中、再軍備などは兎に角として、未約定国と〔の〕交戦状態を片付けるといふのは非常にまづくなる可能性があり、いはん方がいゝやうに思ふ云々の御話あり。

東宮様御名代の事は、勿論正式確定ではなく又極秘の事でありますが、秩父宮様の御発言によつて参りました事故、秘密さへ保たれますれば、招請のあつた事位、極秘に陛下から秩父宮様と御話になりまする事は如何と存じました次第でありますとも申上ぐ(鳩山の話の前)。別に何とも仰なし。

九月一五日(月) 御召し御座処 一〇・〇〇—一〇・五〇

東宮ちやんには日曜に話した。只御名代の事だけ、外国を巡るといふ事にはふれなかつた。内閣との関係で極秘であるから誰にもいつてはいかん。只、小泉だけは従来も話してあるから、小泉だけには何か相談しても話してもいゝといつて置いた。東宮ちやんは別に何ともいつてなかつた、との仰せ。

一昨日土曜日に、〔村山道雄〕山形県知事と宮城県の総務部長等が参りまして、福島迄行幸啓の御序に両県にも御願致したいと申出でありましたが、先方も幾分駄目かとも思つて居りまする様子もありまするし、事務当局の方には下検分等の関係上、侍従の人員に少々困る事も生じまするし、又東宮様の式典が十一月でありまするが、準備等の事に相当人手が要り、その働く人が同一の人にか、る傾きもありまするので、可成福島だけに御止め願ひたい希望もあり、尤もと存じまするので、私もよく考へますると返事はしましたが、御希望通りになりませぬかも知れぬとも申して置きました。実は、立太子礼等もきまつた通りと致しますのでなく、古礼と新制とを参酌して時勢に合はせる方法でありまする為中々六ケ敷、一昨日も講堂の普請中の処で予行演習を致しましたが、一つ書きの通りで実際に臨みまするると、疑問や所作を如何にするか皆迷ふ点も出て参りまする。例へば雲紋べりと申しますか奇麗な「ヘリ」が畳の台のふちについてありまするが、私共百人一首の絵では公卿様は全部あれかとも存じて居りましたが、陛下方でなければあの「ヘリ」は僭上といふ説も出て参りまして、殿下用には如何といふやうな事もありまするし、中々二十日に御帰りを願ひましてあと準備の点、両陛下は兎に角、臣下の方はそれに専念致したいとのやうでございますと申上ぐ。陛下は、最初十月下旬に東宮ちやんの式典がある筈であつたとすれば、そんな準備の時が入れば一寸不思議といふ事だネーとの仰せ。正に御尤もの仰せでございまするが、段々具体的に致しまして容易ならぬ事が判明しましたやうでございますが、再度研究を致しまする、と申上ぐ。

序でだが、あの住居の問題、総選挙後吉田の立場上、どうしてもするといふ事ならば已むを得ぬ事と思ふが、世の中は兎角表面、形に表はれたものだけで批評をするもので、宣戦の詔勅の如きも、宣戦した詔勅と単純にいふていろ〳〵いふが、其内容をよく見、又それに至る経緯又苦心したものゝある事などは少しも考へない。只形式上表面的の表はれた結果について批判する故誠に困る。それと同じく、経緯を経た事は表面には分らず、国民の住の問題がまだ解決せぬのに、又戦争犠牲者の対策が確立せられぬのに、住居再建といふ事になつて批判せられるのは困るとの仰せと、又地下室丈け又は壁紙等の改造だけでは駄目となれば増築となる。お文庫は、建坪は相当広いのだが、部屋が少くていかぬ為め自然建増しとなるが、上へ建増す鈴木一の案のやうなのがいけなければ平面的に建増しとなると、場所によつては坪数によつては私は困るが、地面を余りとらぬ為に二階建としたらばどうか。又それでも具合があしければ、又長くどこかへ行く必要が起きる事を思へば、一層義宮〔正仁親王、昭和天皇の二男〕御殿の前の処へ作つてはどうか。目立つてわるければ別だが、私はむしろこれがよいかと思ふとの仰せ。又田島に既にいつたかと思ふが、明治天皇が奥御殿をお建てになつた時の柱と、大正の時に又少し御直しになつた時の柱と、又私が昭和に少し直しての柱と、段々に小さくなつてるが、そのお金はむしろ段々高くなつてる。それ故、今比較的よくない家でも金額にすれば大きく聞えるとの仰せ。誠にその通りで、昨日も皇室経済会議の時の事を申上げました通り、七百万円の一時金も二万弗(ドル)で平価四万円にすぎませんと蔵相も申しました通りでございます。奥御殿跡に新築となりますれば、将来の宮殿計画との関連を一串して考へまする必要もありまするし、兎に角、那須の御用邸程度のものを調度迄入れて大体坪いくらかザツト調べて貰ひましたが、三十三万五千円とか申して居りました。之は木造でも鉄筋でもあまり差はないとの事でございました。外の事は田島等熟議の上、御許しを得まして御決定願ひまするが、両陛下の御住居の事は、御住居になりまする両陛下の御考を伺ひませんではいけませぬ故、先回も申上げました通り、御思召を伺ひ乍ら、具体的の案を立て、それらを又研究して御きめを願ひたいと存じて居ります。

順宮様御婚儀の為め、三宮様御主催の光輪閣の行幸啓の御話あり。御警衛困れば五日にして貰ふ云々の御話。

九月一五日(月)　願出御文庫　五・一五—五・五〇

福島へ行幸啓の御序に二県へ行幸啓の件は、今朝程陛下の仰せ御尤で御座いまするが、重ねて次長、侍従長等とも相談致しましたが、午前に申上げました理由以外に総選挙後の政局として、丁度国会召集の頃と存ぜられまするので、旧憲法程でもありませぬが、開会式、又は首相親任式、又は大臣認証式等国事に関しまする事が起る可能性のありまする時故、福島のみで御在京の方がよろしいかといふ事由が大切かと存じました次第であります。又午前に仰せになりました役所の人の準備の点は、十月下旬だつたらどうだつたかとの仰せは誠に御尤でありまするが、事実多少誤算もありましたようで、案外細かい点で準備又は検討を要しまするやうでありまする。又之は別に来年は来年として御考頂きまして結構でありまするが、明年四国は愛媛県でありまするが、高知以外は皆競技場を香川も徳島も持ちまする故、今年の前例で三県御巡りといふ事になり勝ちな事も考へられますので、矢張り福島のみとおきめ頂きたいと存じますと申上ぐ。よろしい。然し、四国は松山へ行く為め高松は通過故、どうしても……との仰せ故、ハイ、其辺は国体は中々注意周到でありまして、松山に決定の際高松は御通過のみと一応きめてあるとの事でありましたと申上ぐ。そうかとの仰せ。

それから之に関連しましては、独立後初めての秋でありまして、往年の観菊観桜の御召の園遊会を致しますやう計画し、予算もとつて参りましたが、今年は東宮様の饗宴と相去ること遠くない事になりまして、少しクドい感もありますので、今年秋の分は御取止めに願ひたいと存じます。又国会議員の地位の向上、官吏一般の数の増加の外、主権在民の立場上、御召しの人の範囲も変つて参りますので、来春迄によく研究して、来春から始めたいと存じます。その為め、或は年一度といふ事になるかも知れませぬので、外交団に対しては御陪食はありまするが、之はやゝ堅い気分でありまする故、少し御打解けの御気分で、従来は賜餐の如きものでありましたそうですが、或は鴨猟へ只食事の時だけ臨御になりますといふ事は、或はおよろしくないかと式部官長とも話合ひました。勿論、略の略服で御出まし願ひまする御気軽な御催しと存じまするが、之は充分御考へを願つて結構な事でございますと申上ぐ。

それから、今朝の四日の光輪閣の行幸啓の問題は、御警衛の方も承りまして御座いますから、教育委員選挙の前夜ではありまするが、御引受けとの事でありまする故、左様御きめ願ひ結構と存じます。

次に、救癩資金二億円募集の為の慰労の為、御茶に御よび願ひまする件、二十六日と御許しを得ましたが、曽て申上げました際、両陛下と或は申上げたかも知れませぬが、直宮三殿下に御願致し、出まするものも男子と存じまする故、陛下御一方でおよろしいかと存じまする。そうかとの仰せ。

カナダのフイルムの事は……二十一日ときいたよとの仰せ[47]。

それから、侍従長へ御話のありました、林〔敬三、保安庁第一幕僚長、元宮内庁次長〕は旧奉仕者として拝謁の上何か申上げる事とし、斎藤〔昇、国家地方警察本部長官〕、田中〔栄一、警視総監〕には次長が尋ねました上、進講致しまするよう考へて居りますと申上ぐ。御了承。

高松宮様が蚕糸会総裁御引受の旨、特に陛下に申上げてとの仰せで、曽て御受けにならぬ旨、直接陛下に御話がありましたかと……と申上げし処、いや私はきかない。或は侍従次長にでも話されて良宮はきいてるかも知れぬ。田島だの次長だのは伺つた事がありまするが、兎に角御受けになりまして、一寸した事がありまするが、殿下から御話が出ませんければ、陛下より仰せの必要は毫もございませんが、或は御話が出ますかも知れませんがとて、恩賜賞といふもの、恩賜記念の意味にて大正五年頃よりある事、代々総裁宮の御紋をつける事、従て大宮様の時菊の御紋章なりし事、今回高松宮様の御紋と申上げし処、抑〔そもそも〕恩賜賞と名乗る事おかしく、又総裁宮の紋はおかしく、会の紋章可然、又根本的に恩賜賞といはぬ様通牒方御希望あり。それは慣行故、やゝ穏でなき事、偶貞明皇后記念盃として菊花御紋章つける事の案出で、此菊花御紋章は陛下の御許しを得てくれ、愈この制が行はるればとの御話がありました。何れとなりまするると決定しませぬが、右様の事がありましたと申上げし処、「貞明皇后記念賞」を創る場合、下賜金はいらぬかとの仰せ。それには及びますまいと申上ぐ。

それから、順宮様御降嫁につきまして、皇族〔室〕会議予備員の補欠選挙を願ふ必要がありまして、十二日菊栄〔親睦〕(48)会のお茶の直前に挙行の事に願ひたいと存じますと申上ぐ。

御文庫は映写機室の為、各室の窓をあけたので、一旦熱い空気が入ると此空気が抜け悪〔にく〕い為、外気よりも此部屋は暑いとの仰せ。

それから、文化勲章が十一月三日に例年の通りでありますれば首相も参内致しまするし、大勲位を東宮様へ親授の儀、文化勲章以前に行はれてはと存じて居ります。今回は〔菊花〕大綬章だけで、〔菊花章〕頸飾は又おあと、考へて居りますと申上ぐ。少尉任官の時、私は大勲位、そして渡欧後頸飾は頂いたとの仰せ。

それからとて仰せになりかけ御忘れになり、一度退下、再び御呼戻しにて出でし処、順ちゃんも東宮ちゃんが旧法によつて大勲位貰ふならば宝冠章を貰ふといゝと思ふ。然しそうなれば孝ちゃん〔鷹司和子〕もなければ困る。照ちゃん〔東久邇成子、昭和天皇の長女、東久邇盛厚の妻〕も貰つてるのだから……との仰せ。ハイ、其事は一度首相とも話合つた事がありまするが、孝宮様は遡つてといふ事になりましてそれが如何かと存じまする。又清宮〔貴子内親王、昭和天皇の五女〕様の時は、新栄典法によりまして宝冠章はなくなり、又其他如何相成りまするか分りませぬが……と申上げし処、それはその時とのやうな御旨に拝す。よく研究致しましてと申上ぐ。

皇后様一寸御熱の事御見舞申上ぐ。

猶此時、大宮様大理石像出来の経緯、献上申出の経路、横江嘉純〔彫刻家、日展参事〕の為人、献上不能了解の上の心構、経費支弁の事等申上げ、侍従長とも相談の上ながら、癩の人をお茶におよびの節、敬意を保ち得られるやうに御飾りしました後、天覧後本人に返却致しまする際、苦心をきいておやりになり何か賜物と成りますればと存じて居ります。何れ御願致しますと申上ぐ。

九月一六日(火)　御召し御座所　一〇・五〇―一一・二五

順宮様の御結婚式日確定でおめでとう存じますと申上ぐ。

大した事ではないが、御文庫改造をやめて、旧奥御殿跡に建てた場合、御文庫を研究所にするとかいつてたが、標本など湿気が多かつたら駄目だ。御研究所が御粗末で質素を通り越してるとかいふが、立派な事は必要なく、あゝいふ所は実用的、実際的がいい。インキをこぼしても惜くない机の方がよい云々仰せ(拝察するに、吹上の地面のせまくなるのを大に忌まれる余り、従来の経緯に構はず、旧奥御殿跡を心中いつか御希望になつて居るらしく、その結果御文庫の事を仮定的に一寸ふれた御研究所の移転をかく重く仰せになる。抑、先憂後楽の御素志を吉田内閣の立場等御顧慮、改築御承認とすれば、そして形の上で判断せられる事を困ると仰せの陛下とすれば、少しく一貫せざるやに拝せらる。一図に吹上園内に平面的拡張をいやがられる結果、一寸行過ぎてかく御発言かと思ふ)。御文庫が標本等の為不適の仰せは承りました。又研究所は、質素でも粗末でも実用第一に考へたものがよいとの仰せも承りました。然し、一昨日来四案を具体的に研究し、御思召を伺ひつゝ進みまする積りではありまするが、一面東宮様御渡欧となりますれば其経費相当嵩みまする故、御住居改築の事が政府も望むと致しまして、順序上少し後れぬとも限りませぬし、又四案の方向で具体的それ〴〵検討が必要でありまして、未だ奥御殿跡が最上案となつた訳でもなく、むしろ奥御殿跡新築は一番形の上では派手になりまするし、人の目にもつき安く、之も利害色々考へねばなりませず、仮りにそうなりますれば、御研究所も御粗末故、あそこへ御引越を一寸思付きで申しましたに過ぎませぬ。只今承りました事は、確かに承りました旨申上ぐ。

次であまりよろしくない事を二件申上げますがとて、昨日塚越(虎男、元皇室経済主管、久邇家経済顧問)にきゝし久邇さんの新しき女を追つて気がどうかなつたかと運転手が思ふというやうな事、飯野(海運)が動産を一〇〇万円で買ひし事、それは大妃殿下の為の改築に使用の事、蘭の処分（二分して）のついた事、十万円を横取りされし事、東日本開発の尻を持ち込まれた手紙のこと等申上ぐ。準禁治産にする外なしとの仰せ。それも避けたく、山梨に邦昭〔久邇邦昭、朝融の長男〕の御結婚の心配序に朝融さんにも少し注意して貰ふ事、青木等は経済の面の事等申上ぐ。

次に華頂〔博信、元皇族〕さんの再婚—急転やめの事を帝銀佐藤〔喜一郎、帝国銀行頭取〕にきゝし事、式部官長にきゝし〔徳川〕家正〔元貴族院議長〕に仲人たのみ、又中止との電話の事も申上ぐ。お子さん気の毒だネーとの仰せ。華頂さんも何も子供さんの世話焼く事絶対になく、慈父慈母の如き御様子の結果と申上ぐ（若干、両陛下の親王、内親王に対する方針を暗に御諫言の底意なきにしもあらず）。

九月一九日（金）　御召し御座所　一〇・二五―一〇・四〇

[49]あの、秩父さんに招待が英国から来たことを、私からいふ方がよいと長官がいつてたのを、一昨日いふのを外の話にまぎれて忘れて了つたがどうしようネ。私が手紙を書くのもなんだから、長官から伝へてはどうか。又ぢき来られるそうだけれども……との仰せ。ハイ、来月匆々〔そうそう〕、御上京の様でありますから其節にでも……と申上げし処、それでは大使に原則的に話をするあとになるから、まア矢張り今日長官から話して貰はう。外の話にまぎれて一昨日御話するつもりでゐたのを忘れたといふて……とのお話。承りました。電話線の代りのつもりで致しますと申上ぐ（追記、同夜、秩父宮両殿下御夕食後、書斎にて殿下お一人の節、御伝達申上ぐ）。秩父様につきまして、加奈陀〔カナダ〕映画の件は、田島が早呑込に致しました結果、陛下にも御心配をおかけし、又いろ〳〵迷惑を及ぼしましたやうでありますが、一に田島が早合点の結果でありまして御詫申上げます。御許しを願ひますと申上げし処、イヤ、あれは侍従次長や女官長〔保科武子〕が連絡がわるかつたのだとの仰せ故、重ねて、そうではありません、田島の独合点の結果と申上げし処、女官長はよくものを忘れるよ。女官長の連絡がわるかつたのだとの仰せ故、それ以上は押返さず、侍従次長でも女官長で

も又侍従でも（態〔わざ〕と入江といはず）、側近に奉仕するものは皆一生懸命に致して居るもの斗りで、人間でありますから誰しも欠点はありまするが、田島は宮内庁人事の責任者として是等の人が病気か何かで辞めると致しますれば、田島はあれだけの人達を得るのに非常に困難する事と存じます。人間故誤りもありませうが、側近の人は得難いが、皆い丶人だと御思ひの上一生懸命御勤めまして居りますことを御了承願ひたいと存じますと申上ぐ。（や丶沈痛の御様子に拝せしも、大体は今日は御機嫌非常によく此際も御元気に）イヤ、私は長官に加奈陀映画の話をきいて、侍従などが余り見当らぬといふ話をきいたので、秩父さん当り、又侍従の数を減ぜよなどいはれはせぬかと思ひ、又服装が随分いろ〳〵あつて、秩父宮妃〔勢津子〕殿下や高松さんの妃〔喜久子〕殿下など又宮廷服のやうなものでもいひ出されはせぬかといふ様な気がして、私は秩父さんは御招きせん方がい丶ときめたあとであつたので……云々（仰せなるも、之は入江が、吾々平民の社会では通用致しませんと御諫言申せし、御自分の御子さん方と共に御兄弟も御一所に御睦び相成り可然旨に辟易してか、長官にはこんな変な理由を仰せになり誠に変と思ふ。但し入江の御諫言を御採用の反証とも思はれ、又申さば御機嫌克きも多少御自分の入江に仰せありし事等御反省の結果と拝察す）。あの、それから、今後新築の時など、家具の事もよく考へて貰ひたい。御文庫は案外せまいのは椅子がすべて大きく、又柱が大きいので活動〔写真〕を見得る席は非常に少いし、活動の時に椅子を動かすにも重くて動かし難い云々（これも入江にき丶し、陛下の秩父宮二十一日夜御出を欲せず、又好まぬといはれし事に関する御弁解の如し）。はアと申上ぐ。

それから御住居の問題でありますが、従来先憂後楽の意味で御拒絶になり、鈴木侍従次長の時、湿気を恐れて屋上の事をお願しました節に、科学的不衛生を示せとの仰せありまして、やつと先頃その結果が出ました。その前に、所謂宮殿再建の声が高かつた時に内閣も宮内庁も一斉に時期尚早と申しましたが、それは宮殿か御住居かあまり判然致しませぬが、今回宮内庁三階の大修繕で、一時的に宮殿いはゞ公用の場所は臨時的には出来ました訳であります。そして御住居の方は宮殿よりも陛下としては御遠慮になるべきもので（……と申上げし時、それはそうだとの仰せ）ありますが、吉田は政治上の事由もあり、直接陛下に御願申上げるやうになり、日本は大に復興致したやうに思つて居りまするので主張が強くなりましたやうでありますが、それは簡単に吉田の言におきゝになれぬ御立場かと思ひます。消極的で御一貫になり、どうしても内閣で主張致します時には陛下は不得已といふ立場をおとりになる必要があると存じます。それはそうだとの仰せ。只今折角、エアコンデシヨン案、上層建増案、平面御文庫拡張案、外に陛下の義宮様の近くに建築する案等目下研究中ではありまするが、上述の理由の外、陛下が先日も仰せになりました、形の上から単純に国民は観察して色々批評する。宣戦の詔勅の如きもあれに至るまでに色々の人が苦労した事、又その内容等、単に形の上のみで見ると違つて、それに至る沿革及形のもつ内容等、いろ〳〵形を見て単純に考へると違ふけれども、世間が形のみに捕はれて批判するは已むを得ぬ旨の御話も御尤もと思ひまするが、それが此建築の場合に当〔て〕はまりまするると、形の上で奥御殿の焼趾へ、宮殿の焼あとは何もないに御住居だけ新築となりまするると、形の上では大変まづいのではないかと存じます。それはそうだとの仰せ。それ故、所謂第四案はまづ考へ物と存じますが、全体に御住居御増築の問題は、吉田が申しましても、陛下としては常に消極でおいでで、強制されて始めて出現といふ御心持がよろしいと存じますと申上ぐ。御了承の御様子に拝す。

それから、バーゼス氏持参のクリリウム(50)とか申す品物。献上ともつかず田島迄送つて参りましたが、御目に懸けてくれともありました故、リーダースダイゼストの九月号及六月号の記事(51)を訳して御手許迄差出しましたが、あれは植物に対する肥料ではなく、土壌の力を増すものゝやうで、価が少し高いやうでありますが、右居室案でも出来た頃は今の四倍もしてた故、其内に下るといふ様でありました。御研究所前の農作の所へ御出しになりましては……と申上げし処、あれは見ました、既にあそこへ出して研究してくれといつてあるとの仰せ。それより、ドミニカ国(52)の信任状捧呈式の時間迫るに際し、ドミニカは南米とパナマとの間かメキシコとパナマとの間かとの御質問（侍従職に話し、百科全書及地図につき奉答の事とす）。いや、あれは島でありませうと申上げ、退下す。その前に、自由党内紛の新聞記事に[53]「がつかりしたよ」との御話あり。

九月二二日（月）　願出御文庫　五・一〇—五・二五

博物館行幸啓の事でございますが、自然科学博物館〔国立科学博物館〕の方に瑞典（スウェーデン）の植物学者のがありまするが、その御序に他のものを御覧に成りまするので、国立博物館の方は何れ追ての事と致しまして、科学博物館へ陛下御一方行幸を六日と御定めを願ひましたが、時間は如何致しまして……と申上げし処、貝の方など見出したらとても切りがないから今回は貝は割愛するから、こういふ風にきめて貰いたい。瑞典の〔数文字分空白〕の標本の外は、科学博物館の当事者がこれだけといふ丈けでよろしいとの仰せ。科学博物館の当局者と協議しまして定めさせて頂きますと申上げ、よろしいとの仰せ。

次の問題は、田島が少々判断を決し兼ねましたような問題でありますが、実は国体へ御出を願ひまするのは、出来れば宮城山形へも御出を願ひたい、又御出になりたい旨拝承致して居りましたが、前回三つの理由を申上げ、一応福島のみとして御許しを得ました。第一は、例年とも違ひまして、順宮様御慶事、又東宮様の御祝典等、特別の行事がありまして、結局侍従職の人又は総務課の人に色々の任務が重なりまするので負担が重くなりまするといふ事を一つ。第二に、総選挙の結果として国会の開会式、首相の親任式、大臣の認証式等、国事の重要儀式がありそうな時機と思はれまするが、結果によれば、この日頃ではないかも知れませぬが、兎に角政情のこんな時には東京を御離れは可成短い方がよろしいといふ事。第三は、来年の四国等の場合に各国〔県〕に御廻りになる前例になる恐れを申上げましたと存じます。然し、其節陛下も仰せになりました通り、最初の予定では東宮様の御式が二十七日頃と致しますれば、十一月十日として其間十四日間の余裕が出来ましたのに、其内の二日も駄目となりますれば最初の案は余程無理であつたといふ事になりまするが……陛下そうだと思ふと笑ひながら仰せ……それはどうも違算で、お式の事をやつて見ますと、中々準備の入〔要〕る事を発見しました点もありまする様な次第と申上げる外ありませぬ。然し兎に角、十四日程延びまして二日間の余裕のとれぬ理由もないかと、稍不審にも存じ、大体疲労を致し、前途十一月十日の御祝に間違ないやうとの考に出でては居りまするが、実は今朝ヨツトなどの競争で仙台の方へ御出でになりました高松宮殿下(54)から御電話がありまして、一寸でも両陛下に御出願ふのがいゝと思つて、彼地ではそういふ事を仰せになつて来ました由で其旨仰せでありましたが、政治上の御誤解のありませぬ様何も申しませず、結局宮内庁の役人が外の御行事についても同一人の上にかゝる点もありまするので、先づ福島のみ御願致すつもりとの旨申上げました処、家来の都合で陛下の御出を左右するはおかしいとの仰せ。実は只今申上げました通り、結局は全部の皇室の行事の間違なく行はれまする用意の為ではありますが、五日間の行幸啓が不可能と申す訳ではありませぬので、その点では高松宮様仰せになりまする事も御尤もと存じまするので……と申上げし処、陛下は、途中でいつて何だが、良宮など松島は知らないのだよ。松島へ一寸いけるといゝと思ふネ。私は行つたが、外国人と話をする時には松島知らぬのではどうもおかしい。あの(大たかもり)(大高森、松島四大観の一つ)(松島が一望の下に見える処)へでも一寸行けば一望の下に出来るから、あすこへでもいくといゝとの仰せ。ハイ、その皇后様の事は承りましたが、今回は国体でありまするから、競技は福島以外、仙台と山形で行はれまする故、矢張り国体へ御出になりまする以上、それを御覧願ふ事になりまするが、多分御宿が松島かと存じまする故、御一望出来るかどうか存じませぬが、松島に御出でにはなられますると申上ぐ。(大たかもり)へ上れば一望の下だが、二日入〔要〕る……といふ様な御口吻故、今回は仙台と山形とは公平に願はねばなりませぬ故、一日づゝ願ふより外ありませぬ。只今一つ一寸顧慮致しまするのは、皇后様の御風は如何でございますかと申上げし処、それは十月になれば全治が、今日は最早服薬はやめたからそれは大丈夫だとの御話。実は皇太子様が日光へ御出ましになりまする(55)……それはまだきかぬとの仰せ……ハイそれはまだと存じます。東宮職の方から相談がありまして、学校の秋休みに同級生との御出掛との事でありましたが、其際教育上の観点から小泉が賛成ならそれで結構と存じますが、御祝典前に御健康に御風を召しませぬやうと存じまして、其注意を致しましたと申上げし処、良宮も寒い処へいつて風を引かぬとは限らぬ。それは良宮に行く自信があるかないかは知らん。今日一つ良宮にきいておこう。明日は休みだが御祭りへは田島は来るだらう。其時良宮の感じをきいて返事するが、その返事で良宮が行かぬとなれば三日となるが、まア三日になるものと今日は思つておいて欲しい。高松さんのいはれる事も道理だとの仰せ。それでは、福島は社会事業も赤い羽根で御覧頂きまするが、仙台、山形は競技を御覧頂きまする事として、一日づゝといふ事で明日更めて仰せを伺ひますと申上ぐ（感想からいへば良宮のいつた事のない処はいきたい。一寸御話の具合では、国体の事は二の次ぎ、松島御遊覧の御希望強き御意思の発表）（皇后様外套云々の御話もあり）。

九月二三日（火）　御約束御文庫　一〇・四〇―一〇・四五

昨日の話は良宮にも話したが、矢張り行くと言つてたから其積りで、三十年斗り前に松島に行く斗りの予定になつてた処、急にやめになつて行かなくなつたそうだ。大たかもりといつたと思ふが、あそこへ上れば全体が見える。若し又そういふ所へ行かなくとも、宿屋の処で見へれば結構だ。実は侍従の連直（連続して宿直すること）の話も一寸したのだが、良宮は女官は始終やつてる、男でそんな事出来ない事はないといつてたとの仰せ。それでは五日間の方の御日程に致しますが、只今の女官も侍従も連直はどうかと思ひまするので、宮内庁はよその役所と違ひ、役所と御家庭の両面ありまするので、一般に役人の事で律するは六ケしいのであります。拝命当初、松平定信は大奥へ手をつけて失敗した[56]との仰せで、手をふれぬ事に致して居りましたが、連直の場合の侍従にしても女官にしても、食事の問題など気の毒だと存じます。戦前は給食であつたやにきゝまするが、只今は自弁でありまして何とも困りますやうであります。手をつけぬやうに致して居りましたが、侍従長とも相談し、御思召をも伺ひ、何とか改良致したいと思ひますが、一般職員の方では又無理解で組合のやうなものもあり、不公平といふ声も起りませうし、中々六ケしうございます、と申上ぐるや、イヤ、それは政府や人事院がもつと宮内庁の実際を知つてくれればいゝのだよ。式部官なども何事もなければ閑だと思ふが、何かあれば定員だけではどうする事も出来ぬ。嘱託か何か認めてくれねば困る。侍従だつて多いといふが、実際見れば多くはないのと、今度のやうな時考へれば困つて了ふといふやうな仰せ。実は昨日高松宮様の、家来の都合で陛下方の御行動を云々といふ御話は、言葉通りでは誠に不都合のやうでありまして恐入りますが、実は田島も先達て一寸病気致しましたりして、この沢山の御行事を通じて無滞御奉仕出来まする為に、家来の都合の事を考へまするので、私の立場としましては、事実不可能でなくても、通じて間違なく行事の行はれまするやうに考へまするのは当然かとも思ひますと申上げし処、そう〳〵、イザといふ時病人が出来てどうにもならぬでは困るからとの仰せ(全体として、皇后様の女官に対せられる平素の御気持のやうに伺ふものと同じやうな空気の御話にて、余り御徳とは感ぜず、時を見て申上ぐる要ありと思ふ)。イヤ、長官のいふ女官でも侍従同様連直は考へ物といふ事も、大宮御所のやうに皆構内に住込むやうな組織は、所謂井の内の蛙大海を知らずといふ諺通りになる弊害があるし、住込む制度でなければ又連直等の問題が起きるし、一利一害六ケしいものだとの仰せ。

馬の病気は腸捻転(テウ)でありましたそうでと申上げし処、御承知の様にて、あゝいふ動物は人間と同じだよとの仰せ。退出せんとせし処、こうやれば来年の四国も徳島も香川も行つてやらなければなるまいとの仰せ。但し一日だけれども先例が出来たからとの御話。

九月二九日(月)　御頤御座所　一二・三〇—

皇太子様の立太子礼等の日取りは、予て十一月十日として御内意は伺つてありますが、選挙の終らぬ内に明日公告致したいと存じます故一寸申上げます。ア、よろしいとの仰せ。

九月二九日(月)　願出御文庫　五・〇〇—五・四〇

先程、十一月十日立太子礼等の日取公表の事の御許しを得ましたが、発表と同時に式次第を若干新聞社にも話しませねばならぬとの事故、予て大要は申上げてありましたが、土曜日の会議で大体まとまり、今日午後一寸実際にも試みて見ました順序につき御許しを得たいと存じますとて、案により成年式の次第及立太子礼の次第御説明申上ぐ。陛下は、加冠も親〔みずか〕ら遊ばさんでい丶事、又二つの式とも陛下のおことばなき事（先に一寸あるやうにきいたがと仰せになりながら）等御確めになり、それでよろしいとの仰せ。あの……と仰せになり、それで装束は誰々が着るかとの御尋ねあり。皇太子様の供奉者、両陛下の供奉者及所役の者だけ着用致します。そうかとの仰せ。

次に内親王様の叙勲の問題でありまするが、内閣と致しましては審議を慎重に致したい旨で、今日官房副長官（菅野義丸）が参り、七日の閣議には全員出席故、そこで謀〔諮〕りたい。それで時日は間に合ふかといふ様な意味でありましたが、時日はそれで結構でありますが、首相は御思召ならば何とも取斗申すと申して居りますが、或は実行後に世の中の一部に批評などありましても面白くありませんし、皇太子様の御身位とは一寸別であります。又順宮様御一方と参りませぬ為に、既に臣下になられた孝宮様に遡りませぬと又問題もありまするので、慎重に取斗らひたいといふのでありますが……と申上げし処、それなら順ちゃんもやめた方がい丶ネ、やめようとの仰せ。此前御主張の時の御様子とは違ひ、案外に単簡〔簡単〕にやめようとの仰せ。承る。（式参列者の御説明致せし時、夫人は或はやめて、各界代表を多くと申上げし処、婦人代表は入るネーとの仰せ。）

九月三〇日（火）　御召し御座所　一〇・五〇—一一・〇〇

あの急ぐ事ではないが、皇族〔室〕会議は元のやうな純粋な親族会議にするとい丶と思ふがねー、皇族の数も少なくなつたし、選挙といふもおかしいし、殊に良宮など皆子供で同じ事だし……（との仰せ。一寸解し難く）。憲法の建前も天皇統治権総攬から主権在民と移り、皇室典範もその影響で改正されて居りまするので、研究は致しまするがと申上げし処、昔は私が議長で皇族は全部、それに枢密院議長、大審院長が入るといふのであの方がよかつた(57)。良宮のいふ事も尤もだとの仰せ〔皇后様の御意見の内容どうも分らぬも、皇后様としては御子様は選挙出来ず、三宮様を入れる外ないといふ様な意味に拝す。一、二御伺ひし御答へあるも判明せず〕。只今としては、皇太子様の妃殿下の決定が大問題でありまするが、之は如何でございましたかと伺ひし処、皇室令の制定だネー。それに臣籍降下との仰せ。順ちやんの時のは今度は経済会議だネーとの仰せ。順宮様の場合は臣籍降下は当然でありまして、只お金の問題だけ故、経済会議にかかりますと申上ぐ。昔は皇族全部、尤も女はなかつたが今は女も入れねばならぬが、入れても少い。枢相がなくなつたから両院議長も入れねばならぬかも知れぬが、親族会議のやうにしたいとの仰せ。研究致しますと申上ぐ〔御思付きらしく拝す。殊に十二日の選挙に関し皇后様の御感想が主となりて〕。それから順ちやんの事はもういつたかとの仰せ故、此際配慮無用にしてくれと申してやりましたと申上ぐ。そうかとの仰せ。何かきく事はないかとの仰せ故、金曜の晩、外務次官、官房副長官との打合会のこと、次官、デニング〔駐日英国大使〕に通告の事等申上ぐ。

〔欄外「九月三十日より御病気。」〕

一〇月一五日(水)

願出御座所
一一・三五―一一・五〇

順宮様御慶事の事、御病気御見舞の事申上ぐ。御理髪なき為か、御やつれ御やせに拝す。

東宮様式次第の事は、先に御許しを得まして、其際参列者御範囲の事は追て御許しを得ます旨申上げて置きましたが、其後内閣側とも打合せの結果、国事といふ点に重きを置きまして決定の範囲の大体を申上げ、旧皇族は式典にも饗宴にも御出なき事、〔前官〕大臣礼遇も同様の事申上ぐ。又式典には外国人も夫人なく、日本人も皇族の外は夫人なしとの事等申上ぐ。陛下は、元皇族はその代り十一日に菊栄親睦会の内宴があるからよいが、大臣礼遇は多少道は違つたものもあるかも知れぬが、兎に角国の為に尽したもの故、憲法改正と同時に認められぬ事となつたとはいへ、内廷的にでも何か功労者である事を認めて、何かの事をした方がよいと思ふとの仰せあり。其方法は一つ考へますと申上ぐ。

次に、今回の国体御旅行御日程は既に御許しを得ましたが、御病気直後でありまする故、運動種目及社会事業とも少し箇所を減じまして、大体四時頃には御宿に御着きになりまするよう、又其後は御進講等一切取止めといふ事に致しまして、是非御許しを得たいと存じますと申上ぐ。御了承に拝す。

一〇月一六日(木)　願出御座所　三・五〇―四・〇三

朝見式の時の御服装の事で御下問がありましたそうでございますが、別段御装束に願ふべき必要はないのでありまするが、皇后様の御服装殊にお髪(ぐし)の関係で、あの儘の御装束に願ひたいと申上げました次第であります。勿論、昔は御装束でありましたでもございますしと申上ぐ。そうかよろしいとの仰せ。次に、東宮様勲章御親授は十一月三日の文化勲章の日の前といふ事を考へて居りました処、之は親授直後御佩用の上、御礼の為めに燕尾服が御必要でありまするが、東宮様は朝見式の時、御禄(ろく)として燕尾服を御賜はりになりまする事故、其以前では少しく御都合がわるいのでございます。従て、当日朝見式後に願ひたいといふ事に相成りました。勿論、皇太子様に対する親授は首相等の立会ふ式ではありませぬ故、朝見式後に御願致したいと存じまする。当日此御行事だけ従来申上げてありましたものよりふへまする為に、三十分朝見式を御繰上げ願ひました次第でございます。仮御所への御帰還が暗くなりましては御行列を拝しまするものが多い時故わるいと存じまするので、三十分御繰上げを願ひました次第であります。そうか、勲章の式が一つある為に三十分早めるのだナとの仰せ。左様でございますと申上げ御許しあり。

退下せんとせし処、昨日御理髪の為めか御元気に拝し、御止めあり。あの、松井〔明〕の話をきいても、ソヴィエツトは相変らずいろ〳〵の事をやり、平和攻勢の何のと国際的にやつてるが、米国は大統領選挙の為、多少政治上の空白があるやうである所へ持つて来て、朝鮮の戦争は共産軍が中々やつてる。勿論、国連軍の方に自信のある事と思ふが、一寸は危いといふやうな事はないかと思ふ程である。日本も選挙や首班やで一寸行政的に内外空白ではないかしら……吉田には此点は一寸いへぬが、兎に角アメリカは大統領選挙でたしかに空白である。その時に日本はソヴイエットの平和論とかいふようなものにだまされて、恐しい事になるやうな事はないかしら。心配で仕方がない。共産党の問題は余程大切だとの仰せ。御尤もでございますが、米国の大統領選挙はそのきらゐありませうが、日本の事は一寸何とも申されませぬが、今回の選挙に共産党が一名も当選出来なかつた事(58)はそれにはだまされぬといふ事ではございますまいか、又、治安問題に関しての共産党の動きも、五月一日以後ひどかつたのが、むしろ選挙の結果に鑑みて稍下火ではございますまいかと申上げし処、教育問題が根本だと思ふに、国史や何か教へぬのでは乗ぜられはせぬか。その教育の点は吉田は考へると申して居りましたが、他の人にはいくら御心配でも政治にふれるといふ事も考へますれば、仰せにならぬ方よろしと存じますが、吉田ならばよろしいと存じます故、明日認証官の任命の節内奏がありませう故、御きゝになりましては……と申上ぐ。それではきいて見よう。日本の政治の空白といふ事はいはないで……との仰せ。

退下せんとせし処、雑談的の話だが、順ちゃんの結婚式に比べると、今度の皇太子の式典の方は何だか暖かみがないやうだネーとの仰せ。ハイ、国事となりまするとご血縁の方も御出席願へぬといふやうな点多少変でありまするが、国事といふ立前はとつた方がよろしいと存じまして、そうなりました以上、今日の場合は已むを得ませぬと存じますが、英国の如き内親王様が御婚儀後も其身位を御保ちのやうに、戦争直後の定めで今日のやうな風になりましたが、将来は国事に適当に変更の結果、今少し御親族的の分子を法制的に加へ得ぬか研究する必要があると存じますと申上ぐ。

一〇月一七日(金)

御召し御文庫
一〇・三九―一一・〇〇

昨日吉田が内奏に来るといつたが内奏はないそうだ。長官から一つ吉田にきいてくれ。それは一つ聞いて見ませう。実は小泉等の参列は私的で如何と思はれ、止める方向に考へて居り、又首相もそういふ話でありました処、式に参列の方がよろしいとか申して居りますそうですが、これは宮内庁のわくの内ですればどうにかならぬ事もありませんが、そんな話があります。又、クラーク大将〔Mark W. Clark マーク・W・クラーク、米国陸軍大将、国連軍最高司令官、米国極東軍司令官〕を式典にといふ話がどこかから出ないと限りませぬが、之は田島はやめた方がよろしいと存じて居ります。大使公使の序列でどこへ入れても妥当でありませぬ故、式典はやめて貰ふ方がよいと思ひます。先達松平〔康昌〕が渡英の時調べました処では、キング〔George VI ジョージ六世、前英国国王〕はアイゼンハワー〔Dwight Eisenhower ドワイト・アイゼンハワー、米国陸軍元帥〕を御呼びになつて居りませぬが、スコツトランドの御旅先で、先方も旅のものとして御会食にはなつたとかいふ事であります(59)。之も偶然でないかも知れませぬし、又之は偶然としましても、英国が軍備をもつて米軍の駐屯するものと、又欧州を守るものと、日本が軍備なくして米国が駐留するのとは事情も多少異りまする故、矢張りある時機にクラーク夫妻を御陪食におよびになつてよろしいかと存じますが、マーフイ大使〔Robert Daniel Murphy ロバート・ダニエル・マーフィー、駐日米国大使〕も夫人着任前の御陪食でありました故、そんな機会を利用して、お式典でも何でもない時には一度願つた方がよいと存じますが……と申上げし処、そうだ、それは其方がよい。其時には北海道に駐兵してくれて難有うといふて見る。林〔敬三〕の話に早く引上げるといふのはどういふ理由か分らぬから、そんな風にいつて見やうとの仰せ。

一〇月一七日(金)　願出御座所　二・二二—二・二八

先刻御話のありました件、吉田は認証式後、直ちに前約の為帰りまするとの事で、其前にあひまして、陛下の御心配の点を話しましたる処、その点は絶対に御安心を願ひたいと申しました。第一に、チヤーチル〔Winston Churchill ウィンストン・チャーチル、英国首相〕も演説を致して居りまするが、漸次自由国家群の方が軍備が整ひ来りまして、軍備と申しましても結局軍需工業力の問題で、之は自由国家群の方が遥かに実力はソ連系を抜いて居りますが、第二次戦争〔世界大戦〕後ソ連は中止しなかつたに反し、米国等は之を中止しました為に差を生じましたのを、今又増強して益よくなりました故、むしろソ連は力を失ひつゝありまする故、色々の平和攻勢とか何とか呼号するのであるとの事でありました。日本の問題としましては、矢張り共産党議員の出なかつた事を例として共産勢力はむしろ下火である。然し情報の正確なものを国民に届けなかつた従来の政策は欠けてると思ふ故、緒方のやうな其方面の人を閣僚として(……若し再び大命を拝したならばと、吉田は旧憲法の様な事を申しましたが……)大に国民に知らせる事をやりたいと思つて居りますと、教育問題は今度は最も力を注ぐつもりで、日本の歴史日本の地理を教へますは勿論で、そうして本当の愛国心を養成しなければと思つて居りますし、治安の点は大丈夫で、少しも御心配は入りませぬと強く申して居りましたと申上ぐ。そうかとの仰せ。大体御安心のやうに拝せらる、も一寸不安らしくもあり。

一〇月一九日(日)

願出福島御泊処　皇后様行啓中
一〇・一五―一〇・二二

順宮さまの御病気は御順快で結構と存じまする。徳川〔義寛、侍従〕の報告の外に、田島へ宛て、〔三木行治岡山県〕知事から最初の時も報告がありましたが、殆んど御全快といふやうな事を申して参りました。あ、そうとの仰せ。

それから総理の申しました、安倍、小泉の問題は、宮内庁のワクなるものを各省の代表のワク同様にとります事は、内閣の事務当局で認めて居ります故、式にも御召し頂く方へ入れませうかと一応の案を立て、田島の帰京迄に用意するやう申して参りました。実は政局の為に大臣、政務次官、事務次官の更迭も考へられますので、肩書付の御召状は肩書がなくなれば駄目といふやうにし、新任命者には別に出しまするやうな事を考へて居りまするやうでありますと申上げし処、それでは小泉、安倍の二人かとの仰せ故、ハイ、之は矢張り参与四名の方が筋が立ちますので、松平信子〔秩父宮雍仁親王妃勢津子の実母〕、坪井〔忠二、東京大学理学部教授〕博士もと存じて居りますと申上ぐ。之等に関連致しまして、陛下の御召しの饗宴の儀と、東宮様のご内宴と御召しのダブりまするのがや、オカしいやうでもありますが、筋から申せばダブルべきでありまして、只今は一応ダブル考へ方で用意致して居ります。参議院の河井弥八〔元侍従次長〕、岡本愛祐〔元帝室林野局長官〕、検査院の加藤進〔会計検査院検査官、元宮内府次長〕も同様でありますとて、この問題一寸申上ぐ。別に御き丶おきの御様子。

一〇月二三日(木)

願出御座所　一一・四五―一二・〇五

御病後であります故、御日程を減じて御願致しましたが、連日で御疲労は御ありでありませんでしたでございませうかと天機奉伺す。いや難有う。長官も……との仰せ。恐入ります旨申上ぐ。

今日は一寸わるい事を申上げませんければなりませんが、久邇さんの事であります。十六日に青木が参りまして、千万円の手形を〔三通で〕顧問に無断で御振出しになり、こういふ事では辞するの外ない、塚越も同一意見だといふ事でありました。実は御引受します時に憲法を作り、手形の振出は顧問の同意を経る旨明記してありまするし、之には朝融さん両顧問及田島も立会人として署名致して居りまする関係上、辞任は尤だといふ外はありませぬ。然し、手形は普通の証文と違いまして支払義務の強いものでありまする故、若し之が支払ひともなりますれば、折角常盤松を御売りになつたのが水の泡となりまするし、此手形を渡されて代り手形をもつて居られる丈けでありまするが、之はどうしても取戻さねばならぬ、急いでやらなければならぬと青木も申して居りましたが、顧問でなく弁護士としても此問題に携はるのはいやだと青木は申しました。それで其夜官舎に池内〔治三郎、久邇家職員〕に来て貰ひまして事情をき丶ました。十四日、千代田銀行支払場所と書かれた支店からの照会に端を発し、顧問に話さんでもよいとの回答。取戻しを試みて有耶無耶の事、松平直鎮〔元子爵〕の紹介による人間に手形を渡された事等を申上げ、宮内庁の仕事といふ訳にも参りませぬ故、次長に頼んで行くもどうかと思ひまして、従来邦昭さんの事など親切にしてくれますので、山梨大将に頼みまして、十七日の日によく話し、栄木〔忠常、元東宮職事務主管兼東宮侍従〕が弁護士を致して居ります故、それに池内も家職でございますが、今回は殿下の意思に反抗して充分働き、遂に取戻したとの事を今朝山梨から電話がありました。先づ幸だつたと存じますが、今後共こんな事が頻発する恐れは充分ありまするし、其上に青木、塚越の辞任は当然でありますると今後どうなりまするか。又之に関して、只今の家職池内なども悪口をいはれたり、又両陛下の御耳に青木の事など入るかと存じまする故、済ました事ながら申上げますと申上ぐ。そうか、とり戻せてそれは幸ひだつたネー。然し今後が心配だとの仰せ。よく山梨とも相談致しますと申上ぐ。

それから話はまるで違ふが、自由党の大久保[60]〔留次郎、衆議院議員〕、前田〔米蔵、衆議院議員〕など新聞で見ると自白してるやうでもあるがどうだらう。次点は誰かとの仰せ故、これは存じませせぬが裁判確定致しますまでは一、二、三審と随分時がかゝります故、今直ぐの問題にはならぬかと存じます。斎藤国警長官の昨日の話にも、国会開会には釈放するらしくありますと申上ぐ。自由党の不安定になる事を御心配の御様子に拝す。

一〇月二四日（金）　御召し御文庫　一・三五―二・二〇

大した事ではないが、サンデー毎日の中秋号とかいふのに細川[61]〔護貞、元近衛文麿総理大臣秘書官〕の書いたものが載つてるが、長官は見たかとの仰せ。まだ見て居りませんが、細川が何か書くといふ事を式部官長がいつか申して居りましたようでございます。私も皆よんだ訳ではないが、大体近衛〔文麿、元総理大臣〕の弁護のやうな気がする。そして事実相違の点もある。木戸に対抗してるやうにも思ふが、真相と違ふ事をこういふ種類のものを世の中で信じて誤解の結果になる事は困つた事だと思ふ。それかといつて私が反駁するとか訂正するとかも一寸おかしいし、黙つて居れば誤解を人に与へるしジレンマで誠に困る。例へば海相嶋田繁太郎の辞職[62]と、朝香〔宮鳩彦王〕、東久邇〔宮稔彦王〕両〔陸軍〕大将の拝謁した事と結びつけてあるなどは事実と違ふ。此両宮とあつた事とは全然関係ない。軍政と軍令との関係の問題は既に決定済であつたし、又陸海統一の軍令の事は、私は人を得れば結構な案だが、陸海ともに自分と違つた処から出て喜んで服するといふ様な人が果してあるかといふ様な意見をいつたのである。戦争に至る宣戦布告なども〔一九四一年一一月〕五日の御前会議できめた事であるが、何か突如私が宣戦を布告したとも思へるやうな所もある〔此点少しハツキリせず〕。どうしたものだらうかといふ様な御話故、一度田島は読んで見まする。そして松平が多少あれを書く事について承知して居ります故話して見ます〔欄外「陛下此記事に関して高松宮の事は一言も仰せなし」〕。

陛下の既に御述べになりましたものもあり拝見も致しましたが、矢張り陛下御自身の御回想を残します事は陛下百年の後御真意が分る事かと存じます。小泉は喜んでその事は致しますと申して居りました故、御祝事でも済みましたら御願したいと存じます。高宮〔太平〕の「天皇陛下」といふ本(63)や、いろ〳〵のものに出てます事について御伺して、真相を記録する事であります。今直ぐ公表は到底出来ませぬが、残す事は必要と存じますと申上ぐ。陛下は、木戸日記は結論だけを突如として書いてあるだけでそれに至る経過来歴が書いてなくて物足らぬし、原田日記(64)は又経過ばかり書いてあつて其結末がどうついたか少しも分らぬとの仰せ。之は正に其通りで、原田日記は年表と対比して読む必要がありますと申上ぐ。

それから、昨日御話の大久保、前田が失格致しました時の次点は、両方とも矢張り自由党(65)であります。其外問題〔の〕佐藤善一郎(66)〔衆議院議員〕、岡崎勝男(67)の場合は次点も自由党でありますが大野市郎(68)〔衆議院議員〕、寺島隆太郎(69)〔衆議院議員〕の場合は協同派〔党〕又は改進党が次点であります(70)。又改進党の当選者が一人失格する恐れがありますが、此場合は右社〔右派社会党〕であります(71)と申上げし処、そうか左社はないネー。それならまアいゝとの御話。

次に、今朝部局長会議を致しまして、又其前に総務課長の経歴者を集めて意見もきゝまして、此度の東宮様の御祝の式についての報道関係を如何にすべきかといふ事を検討致しましたが、結局時勢の変化と新憲法の皇室と国民との在り方等を考へまして、御大典の時の事も調べましたがと申上げし処、あの時は写真はなかつたとの仰せ。当時のものは絵がありまする故なかつたかと存じますが、今回も写真班は騒々しくて迚も駄目でございます故断る事と致しまして、熊谷〔辰男、宮内庁嘱託カメラマン〕に適当に撮影して貰つて出す事に致したいと思ひます。今後正殿とか鳳凰の間とかの場合でも時によつてはこれだけの事は必要かとも思ひますと申上げし処、それはよろしいとの仰せ。次に録音でございますが、放送も多くなりました為、何本もマイクロホンのあるのは困りますが、協定の結果一本で話がつきますれば緞張の中にかくして仕込んで、東宮様の御ことばは放送させてよろしいかと存じます。大宮様御大喪の時もマイクは隠して陛下の誄〔るい〕〔貴人に対する弔辞〕も放送されましたと申上ぐ。よろしいとの仰せ。次にマイクを許しまするると取材記者を若干人入れるかどうかといふ問題でありますが、矢張り先程申上げました時勢の変化と、皇室と国民との密接を願ひまする上から、若干名が礼服を着し、取材態度其他当方の節制に同意するならばよろしからうといふ事は意見が一致しまして、御許しを得たいと存じますと申上ぐ。よろしいとは仰せなくウンとの仰せ。

それから、憲法記念の時などは、政府、国会、東京都と一所に主催者となつて皇居前広場で式を致しまするが、今回は宮中の式が政府議会の人も出席して行はれまする故、東京都単独で東宮様に奉祝の式を致したいと厚生省へ話しました処、メーデーとか此頃の保安隊の分列式とかは許可しませなんだが、今回は許されましたそうでございます。式次第さへよければ東宮様に御出まし願つてよろしいかと存じます。あそれはよろしいとの仰せ。式次第は未定でありますが、知事の奉祝の詞の外、東宮様と同年の若いものが何か申上げ、東宮様のおことばを頂くといふ事であります。一部の中には若い女の同年者に花束を差上げる行事とも申して居りますそうですが、之は妥当ではないかと思ひます。

それから、書類御覧頂きましたかも知れませぬが、瑞典が皇太子様へ勲章贈進を申して参りました。公使が帰国中故、来月七日贈呈申上ぐるとの事でありますと申上ぐ。書類はまだ見ぬが、そうかとの仰せ。

それから之は、陛下の御感じを一寸伺ふ丈けでございますが、陛下は正門から御出入でありますが、皇后様御一方の時は坂下門であります。何か昔からの事由がありますのでせうか。古い人は何か根拠を知つてるかも知れぬが私は何も知らぬ。只想像すれば、昔は一夫多妻で明治天皇も二位局〔柳原愛子、大正天皇生母〕もありしてたので、英照〔昭憲〕皇太后が御遠慮になつたのではないかと、之はホンの想像だとの御話。今は時世が変つたし、大宮様の崩御後はと申してはわるいが、道理のある事は改革してもよろしい。廉〔理由〕ある時には臣下も正門を出入する以上、良宮も廉ある時には正門を使つてよろしい。其代り、廉ない時は私もどの門でもよい。現に半蔵門は使つてるが――とした方がよくないかとの仰せ。現に、孝宮様、順宮様の御降嫁の時には正門からでありますから、一つよく研究を致す事に致します旨申上ぐ。

序でながら、皇后様御和装に関し、宮廷服についてあつた批難のやうなものは少しもきゝません。又田中千代〔香淳皇后の衣装のデザイナー〕の御洋装も分りませぬながら、およろしいではないかと思ひます。一般にもよろしいとの評のやうでございます。着付でも何でも、人柄よければ矢張り専門が結構と存じます。天子様には大場〔秀吉、理髪師〕以来海津〔昇、理髪師〕が奉仕して居ります(72)る事でもありまして……。

一一月四日(火)　願出御座所　一〇・四〇―一一・三五

どうも長らく勤務を怠りまして申訳ございませぬと申上ぐ。もうよいかとの仰せ。十分はつきりでもございませんがと申上ぐ。

此前拝謁の時仰せのありました、サンデー毎日の細川の手記なるものは、其後田島通読致しましたが、近衛弁護のやうな点があり、海軍の嶋田辞職の事なども書かれてありますが、左程はつきりした文章でもありませぬし、陛下が直接其事に御関係で御承知のやうに普通の読者に何か好ましからぬ印象を与へるといふ程のものでもありませぬので、あれはあの儘で結構かと存じます。ア、そうかと御納得の御様子に拝す。

次に久邇家の事でありますが、二十五日田島少々発熱後でありましたが御約束を致しました故、三番町〔宮内庁分室〕で御目に懸り、宮家よりの御依頼で青木塚越の顧問となりし経緯、及憲法作成の経路、手形振出の危険性、その為憲法の一条たる事、其無視によつて両人が辞職するは当然なる事、立会人の田島としても当然と思ふ事等、いろ〳〵申上げても何等発言されず、やめられては困るとの話もなく、むしろ黙して認められた形でありました。就ては誰かとの御話もありませんでした。然し手形取戻の為には一刻を争ふ為に次長には頼めず山梨氏に頼み、山梨氏が宮内省及学習院で人物をよく知る栄木〔忠常〕に頼み、幸にして取戻し得た事も御話しましたが、之に就ても別に御話はありませなんだが、手形など顧問のなくなつたをい丶事にしておやりになつては御家の一大事でありますから、今回の事を頼みました山梨にでも……と示唆(サゼッション)は申上げました。一日田島の病中に来訪ありました故、進んで山梨大将が久邇家の事に当つて貰へる厚意は大体分つて居ります故頼みました処、栄木は人物も分つて居る故、頼むとの事で同意しましたが、法律的で経済の事はどうかと思ひまするので、蔭で田島が相談にのつてい丶と今は思つて居ります。つきましては田島と致しましては、顧問につき御相談があつて、青木等が出来、今回辞任しますればそれで無関係の次第でありますが、久邇朝融王の現在としましては、顧問のうるさいのがとれたを幸ひに何をなさるか分らぬとも考へられますので、皇室の御近親として放つておきます事は田島の職務上関係のある事かとも思ひまするので、此際昔しありました宮務監督のやうなものとして山梨大将を頼み、すべて宮務を見て貰ふ事としてその一つとして栄木も頼み、又経済上の運営は、実は大妃様の為に〔横山〕大観の襖の売代の運用等の事もありますので、誰か入用かとは考へますが、此方針は如何でございませうか。両陛下の御考へは？と申上げし処、私は山梨をそうするが一番い丶と思ふが、良宮も異存はないと思ふが。それから効果の点は疑問だが、大妃殿下に申上げて朝融さんに少しいつて頂いたらどうかと思ふ云々……との仰せ。

それから、クラークの事につきまして、田島が吉田との話合ひの旨上奏致しました後、張群〔蒋介石中華民国総統の特使として来日中〕について又何か矛盾した申出がありました由で、次長か侍従長からか申上御許しを得ました由、誠に申訳ありませんでした[73]。御笑ひになりながら、参考にいふが、昨日総理からきいたが、総理はそんな事いつた記憶はないといつてたよとの御話。総理は何と申しましたか、此点は後日田島は何とかけりをつけまする積りでございますと申上ぐ。

それから、東宮様の御祝典も段々近づきまして、御召しの範囲等も国務の関係上、内廷的にもれる人もありといふ事で、例へば鷹司信輔〔鷹司和子の義父〕夫妻、池田宣政〔池田厚子の義父〕夫妻の事を承りましたが、之は御召しになりますのか、或は何か〔前官〕大臣礼遇の人の様の賜物でもよろしいのでございませうかと伺ひし処、それはどちらでもいゝのだが。然し十二、十三日二日は限られて る。順ちゃんが帰岡の都合で、それが明治天皇の内親王の御命日に当る[74]といふので、東宮主催なれば御祝の意味が濃厚でわるく、私の主催となればその意味がうすくなるといふ点も考へられるし、東宮ちゃんが主催としても花蔭亭[75]でやつてもいゝのだしするが、私は東宮ちゃんが兄弟皆揃ふといふ日にその二夫婦も入れたらいゝではないかと今思つてる。山田〔康彦、侍従〕は二十四日すぎとかもいつてたが……との御話故、今の御話でありますと照宮〔東久邇成子〕様におなりになりますと孝宮順宮様の夫の両親は揃ってるのに、稔彦王、泰宮〔東久邇聡子〕様はなぜ御招きないかといふ事になりは致しますまいかと申上げしに、それは十一日の菊栄会に招いてあるからといへば、照ちゃんは分ると思ふとの仰せ。然し十一日に御招きに〔の〕重複は、照宮様等、三宮様御夫婦は同様故、重複の御話は稔彦王御夫妻にのみは如何でございませうかと申上げし処、それなれば稔彦王をもよべばよい。田島のその説なら二十四日は尚いかぬなど仰せあり。〔御祝の御つもりなれば懇親的な御内宴の御相伴ではおかしく、御木盃等いはゆる送り膳でも結構で筋通ると思ふも、次長、侍従長と打合せず突如申上げし故黙して〕よく侍従職のものと相談いたしますと申上ぐ〔此問題は直後次長、侍従長と相談同意見にて十一日の膳部ボンボン入等、一切両家夫妻へ御届けの事となり、東宮仮御所へ十二日夜行幸啓もきまる〕。それから、新聞に散見致しまする東宮御名代の事[76]が、どこからか知りませぬが出て参りましたにつきましては、むしろ公然となりまする方がよろしく、此前は内閣が総選挙中故如何とも致し兼ねました事故、今日緒方〔竹虎〕官房長官及び向井〔忠晴〕蔵相に話を致しまして進めて参りたいと存じます。ア、よろしいとの仰せ。

退下せんとせし処、あの序だが……此間東宮ちゃんが、秩父さんや高松さんなんかを御呼びした時の話に、高松さんなんかが結婚問題を御話になりおきゝになつた時、東宮ちゃんが私達は二つ違ひだといふ事をいつたそうだ。之は之から推察するのではなく邪推であり、邪推以上かんぐつて考へるといふ事であるが、若し私達が二つ違ひだといつた事の裏には、自分にも二つ違ひ位でいゝ女性を心に画いて居るやうな事はないだらうかといふ〔邪推以上のもの、意を繰返し仰せあり〕事だ。実は、長官には此前一寸話したやうに、私達よりは少し離れた五つ六つ違ひ位がいゝといつたが、もしそういふ事があればそれで又考へねば……との仰せ。ハイ、それは重大問題でありまするが、陛下の仰せも承り、予て申上げました通り、一応の適当年令者を調べ出す仕事を〔三井安彌〕書陵部長にたのみ、只今は三井がやつて居りますが、其際にも年令はそう近くない事に致して考へて居りました。処が夏のはじめかと思ひまするが、小泉が東宮様と二人だけで、いろ〳〵御話の際、比較的早く結婚したいとの意思を表明されたといふ事をきゝました。早く御結婚となりますれば、妃殿下の年令は東宮様に近くといふ事になります。又先年、三里塚へ馬を乗りに御出になる時、矢張り乗馬されるといふので、御一所の御希望が伏見さん〔博義王〕の二人目の方〔伏見章子〕に対してありましたが、世間がうるさいからとて御やめ願つた事があります。又陛下の御覧になりませぬ雑誌に、何もとりたてゝではなく幼稚園か、初等科の同窓会として手をつないで御写真が出た事もありますので[77]、特定の方として一寸考へられるのは伏見さん位でありますと申上げし処、伏見さんは短命の筋で……との仰せ故、〔二一文字削除〕東宮様の御配偶の事は最も重大であります故、小泉ともよく相談致しますと申上ぐ。

〔野村行一東宮〕大夫の健康は一時よりよくなりまして、本人も自信がつき、十日は奉仕すると申して居りまする故、一時後任を急ぎました差当つての必要は消滅致しました。それはいゝネーとの仰せ。実は其後一人適当の人を見付けましたが矢張り不充分で、小泉は余りに東洋的と申して居ります。人物がよろしき上に、小泉との協調といふ条件もあり、中々六ケしふございます。野村は其点でまづ無難でありますと申上げし処、引続きやつてくれゝばいゝネーとの仰せ。

東宮ちやんの結婚に関連してだが、私の経験によれば、英国の時の皇后メアリー〔Mary of Teck ジョージ五世王妃〕、皇太々后〔太皇太后〕(今の)程の教養の高い方でも、私に恋愛とか結婚の問題を御話掛けになつた事がある。今度東宮ちやんが行くについても、エリザベス皇帝〔女王〕はお若いし、どんな事の御話が出ぬとも限らぬ。そういふ点は西洋は日本とは違ふからネー。陛下の御体験がおありならば、御出掛の時は予めそんな御回答も用意して……と申上ぐ。

それから此間も一寸言つたが、皇族〔室〕会議の選挙の問題だがネー。あれは私は選挙による皇族をやめるよりもつと、皇族はその会議には一人も出ず、宮内庁長官が説明役として一人で出る。その外に民間にあるやうな親類会議といふものを作つて、それには親類に当れば臣下も入れる。その議を以て、長官が説明役ながら会議へ出るといふのはどうか、二たてにして……との仰せ(78)。よく研究致しますと申上ぐ(皇太子妃冊立に関係ある為か、先日来度々の仰せなり。皇后様選挙の馬鹿〱しき旨御話ありしやの御話もありしかと記憶す)。大体新憲法下の皇室と国事との関係が中々六ケしく、今回の御祝の参列御範囲等にも其点が表はれますが、それらとも関連してよく研究致しますと申上ぐ。

一一月五日(水) 御召し御座所 一〇・一五—一〇・五五

今朝の読売新聞(79)に、緒方官房長官が東宮ちやんの戴冠式の事を話してるがあれはどういふのか、本当に話したのかしらとの御質問につき、昨日拝謁の節申上げました通り、緒方には国会で三時過ぎに、向井大蔵大臣には四時すぎに従来の経過を話しました。要点はクヰン〔クイーン〕が御名代の誰たるかを知られる前に公表される事は困るといふ訳で、秘密では御旅程や見積りも建て悪い故、早く新内閣で決定して、先づ英国側に通じ早く公表出来るやうにして貰ひたい旨申しました。向井は宮内庁から細目や大数も出ぬ、ある数字の支出を大蔵省でのんで引受けるといふ事かと申して居りました。そして向井には御住居予算の問題が首相から陛下に申上げた点にはよろしいと御話なき点、又一面現御住居の非衛生的の調査の為から改築費要求あるべき事の二つの問題のある事も申しておきました。読売記者は緒方に執拗に迫りまして、既に朝日、毎日が想像記事をかいて居ります関係上、皇太子様でせうかといふ風に尋ね、そういふ事もあるかも知れぬ位の返事を強引に記事にしたのではないかと、想像でありまするが想像されますので、クヰンの耳に入れぬ前は困るといふ話が前提で話しました事故、緒方に誤解はないと存じますが、七日の閣議にかけると申して居りました。

あ、そうかとの仰せ。

あの、それから、皇族〔室〕会議の皇族会〔委〕員が選挙による事に極つたのは、私の記憶では大勢だから選挙して二人とするといつたと思ふから……との仰せ。ハイ、只今は内廷の皇后様東宮様と皇族六方でありまするが、三笠宮様の御小さい方が御成人になりますれば、戸主的の考へはありませぬ故、将来を法律として考へまする以上、相当数になる事を考へまするは当然と存じまする故、法律的に議論をしまして選挙をやめろといふ事は、あの皇族〔室〕会議の成立を認めた上では無理で議論は負けと存じまする。それよりは、終戦後諸般の点に無用の行過ぎが沢山ありまするので、それらの是正の一環として根本的に考へまする事が必要かと存じまするとと申上ぐ。〔六一九文字削除〕

久邇様の事でありますが、昨日石渡〔荘太郎、元宮内大臣〕の追悼会(80)で青木にあひました処、誰も久邇家に番する人が居ねば半年をまたず危いなどとも申して居りましたが、最初の朝融王のおたのみで経済顧問を頼みましたが、今回青木の辞任の事を申しましても後任をたのむとの御話はありませぬ。それ故放置致します外ありませぬが、翻て考へまするに、宮内庁の役人としまして、皇后様の御里方がどんな風になつても構はぬ、未然に予防せぬは矢張り職務の一部の怠りのやうにも存じまするが……と申せし処、それはそうだといふ様の意味の仰せあり。就ては昨日申しました山梨を、田島としましては、昔の宮家別当、又は宮務監督のやうに依頼して、万般後見をして貰ひます事は自然で一番よろしいかと存じますと申上げし処、それは一番よいそうしてくれとの御話。栄木も山梨の意思で適当に推薦しませうし、財務的の事は又それ〴〵適当に、或は蔭で田島も協力致してもと存じて居ります。それから大妃殿下に申上げ、朝融王に何とかいつて頂く事は御心配だけ御かけして効能はないと存じまするが、陛下の只今の御話では、大妃殿下が去りとて少しも御存知ないのもどうかといふ様な皇后様の御意見とも拝しましたが、此問題も山梨の意見に任しては如何と存じますと申上げし処、それがよい。そうしてくれとの御話。

それから、葉山の頃、下村〔定〕陸軍大将からき〻ました、山下〔奉文、元陸軍大将〕や本間〔雅晴、元陸軍中将〕など戦犯処刑未亡人の話の事、山梨大将が巣鴨戦犯の心境等の事を相次で御話申上げました頃、山梨大将の話では、戦犯家族の為の醵金〔きょきん〕運動が藤原銀次郎等で行はれて居りまするので、場合によりましては田島が一手に受取りまする交際費百万円中より十万円位田島個人で寄附するといふ事は如何と存ずる旨山梨大将には通じておきました処、其時は時機でないとの事でありましたが、最近は其時機だと山梨より申しまするから、その通り取斗ひませうかと存じますと申上ぐ。

次に、今上立太子の時は東京市教育の為五万円御下賜の事(81)がありまして、どういふ理由か余り判然致しませぬが、今回は東京市といふ事は一寸意味がありませぬが、全国の特別児童教育に、つまり盲とか唖とか精神薄弱児といふ様な気の毒のもの〻為に金一封——五十万円位は、今年台風のありました〔ママ〕為に予算の余裕があろうかと存じまする故、立太子に際して御下賜になつては如何かと存じまする。之は一寸申出たものもありまするが、次長の調べたものでその案であり、侍従長、侍従次長等の感じをきいて居りまするが、それらの人も異存なければ或は御願したらばと存じて居りますと申上げし処、私は結構に思ふ。むしろやつて貰ひたい方だネとの仰せ。

雑談で恐入りますが、松島のかき〔牡蠣〕の問題、新聞で観月楼に修学旅行の学生が頻〔しきり〕にやられて居ります(82)ので誠にどうも……田島も大役を控えましてぶり返しませぬ様注意致して居りますがと申上げし処、此間も長官が休んでてその話が出て、首相や〔岡野清豪〕文相もいろ〱いつてた。ハイ、修学旅行の事は文部省と厚生省との共管とか承つて居ります。そう、文部大臣がそんな事いつてた。然しかきとは限らぬし、小島〔憲〕侍医は中々衛生的で生のものはたべず、かきはたべなかつたそうだが矢張り少しやつた。又私はかきは好きで義宮さんもすきで、先年二人は大にたべてやつた事があるが、其時かきを喰べなかつた良宮も少しやられた。それはかきに附着し勝ちなものは他にも附着し勝ち故、其点は余程六ケしいとの御話。

まだ田島恢復不充分の旨申上げ、大切にせよとの御諚〔ごじょう〕

にて退下す。

一一月六日（木）　御召し御座所　一一・三五—一一・四〇

今岡崎外相にきけば、アイゼンハウアーが十二月か十一月末か、来年にならぬ内に朝鮮に行くので日本に来るそうだ。私は会いたいが、大統領となれば元首故、出迎えも訪問もせねばならぬが、きまつては居るが大統領に就任前故そうも出来ぬし、副大統領位に考へるのがいゝか、それとも就任前は一市民とするのが正しいか、これらの点、あわてぬやうに一つ研究しておいてくれとのお話。承りました。バークレー〔Alben William Barkley アルベン・ウィリアム・バークレー〕副大統領は君主国の皇太子に準じて扱ひましたが、仰せの通り、就任確定と思へば大統領的の扱ひかとも存ぜられ、就任前とすれば如何に確定でもそうは参りませぬ。よく研究致しますと申上ぐ（アトにて式部官長、次長にも話す。其時にはグラント将軍〔Ulysses Simpson Grant ユリシーズ・シンプソン・グラント、元米国大統領〕の明治天皇の時、前大統領の事[83]。アイク〔アイゼンハワーの愛称〕は一市民としても五星将軍元帥たる事等の事話す）。

なほきく事なきやとの仰せ故、昨日申上げました五十万円の件は、侍従長等も最適とも申しませぬが結構と申して居りました故、多分御許しを受ける事になるかと存じますと申上ぐ。

此朝御召しの節、長官疲労もなくばとの御言葉あり恐入る。又此午後、皇后様御思召にて、卵二十五個、スターキング林檎七箇賜る。

一一月七日（金）　願出御座所　一一・二五—一一・三五

昨日一昨日に亘つて申上げました、聾盲等の不幸な児童の教育に資するやう御内帑金〔私的な資金〕五十万円を賜りますることは、次長に於て文部省の意向を尋ねて居りましたる処、難有い事で是非願ひたいとの意向の様に文相及次官共の意見でありまする事故、御願致したいと存じます。然る処、精神の弱い者をもふくみまする事は数の上で六ケしいとかいふ事で、ひろく身体上の障害の意味になりましてございますと申上げし処、よろしい、両陛下からだなとの仰せ故、ハイ、両陛下からであります。皇太子様からではありませぬと申上ぐ。

次に、先に庭田〔重行〕掌典が死亡致しました際、田島は久松〔定孝、元侍従〕が捨扶持には有りつきましたが、二ヶ年の期限ではありまするし、怠けぐせの人でも掌典の仕事ならば大丈夫と存じ〔甘露寺受長〕掌典長に話しました。掌典長も同人の意向を尋ねました処、その希望なしとの事で、掌典長は然らば三条実春を任命願ひたいとの申出でございます。貞明皇后御大喪儀に祭官をつとめましたし、東大仏文科出身で人物もよろしいとの事で、掌典長としては強く推して居りますと申上げし処、一寸西三条といふ風に錯覚せられしようの御返事ありしも、元の掌典長〔三条公輝、公爵〕の子息たる事も判然し、御異存なく御許しあり。就ては、東宮様の御儀式で多忙のやうでもあり、一日も早く発令のつもりでありますと申上ぐ。

それから、明日の開会式のおことばの問題でありまするが、条約発効して外交関係の復活と共に、内治も復興し安定したといふやうな文句がありまして、吉田内閣の功績のいつもいひます口調で首相が是非入れよとの文句との事でありますが、全然我慢出来ぬ程ではないかとも存じますが、少し弱めた方がよいと存ぜられますので其旨申して居りますが、或は希望が通らぬ場合もあるかも知れませぬが……今日の新聞[84]で見ますと、アトリー〔Clement Richard Attlee クレメント・リチャード・アトリー、前英国首相〕が英国女王の御演説に対して何か申して居りますが、英国のやうな慣習の政府の方針を勅語でいつて頂く様になりますれば已むを得ない事となるかと思ひますが此辺……と申上げし処、私は、復興はした、安定はしたといふ事は認めるが、戦前のやうになつてる訳ではなく、途上であるから一層努力せよといふ風にいつてるのだから、それと余り違ふのは困るとの仰せ。それは大に困る程ではございませんが、猶よく打合せますと申上ぐ(次長に話し、内閣と再度打合せ「つつある」と文字をかへ、「見事に」といふ様な文字を消して了承す。「漸次」を入れる事は先方譲らず。猶、英国の事を申せし為に、陛下は侍従長を召し、英国キングのクリスマスの如く[85]正月メッセーヂを出す事は如何、研究せよとの仰せありしとの事電話あり)。

退出せんとせし処、あの序だが、長官の参考の為いふが、私は摂政の時、良宮と博恭王の王女の二子の方、清棲〔幸保、元伯爵〕へ行つた人〔敦子、伏見宮博恭王の二女〕と久邇朝融妃となられた方〔知子、伏見宮博恭王の三女〕とがい、相手で、テニスも同じ位お上手であつたので、博恭王の妃殿下〔経子〕に赤坂離宮へ御遊びにおいで下さいと私はたゞそれだけの意味でいつた処、博恭王妃殿下がどう貞明皇后に御話になつたかそれは分らぬが、私は貞明皇后からひどく叱られた事を今でも記憶してる。どういふ事か分らぬが、当時秩父宮妃殿下の問題[86]か何かあつて貞明皇后は反対であつたらしく、その為かと思はれるので、何か伏見さんについては貞明皇后は御考の点があつたらしいとの仰せ。歴代の宮内大臣御結婚の問題では中々大変で、一木〔喜徳郎、元〕宮相も高松妃の問題でやめて居りますし[87]、(皇后様の事は一寸口に出すのもわるく)[88]皇太子妃殿下の問題は重大中の重大で慎重に致しまするし、又女の方の御心には中々色々のものがありますから、よく注意致しましてと申し退下す。

一一月七日(金)　願出御文庫　四・五〇—五・〇〇

先程一寸申上げました明日国会開会式のおことば[89]でございますが、実は政府の作成しました案には、外交関係の整ふと共に、内政面では経済の発展及民生の安定の上に見るべき成果を示したといふ様な意味でありまして、当方としては「見るべき」をとり「安定の上に成果を示しつゝある」の意味にして貰ひました。「漸次」を入れる事は政府側が難んずるので之はまア譲歩致しました。之で原案陛下の仰せになつて居りますこと、矛盾は致しませぬ故、不十分かは知りませぬが御許しを願ひたいと存じますと申上ぐ。それでよろしい、との仰せ。

次に侍従長を経て仰せの事は……と申上げし処、結局、今後国会開会式のことばが政府の代弁である事英国の如くなるならば、私は沿革を知らぬから単なる想像故その点から調べて貰はなければならぬが、単純に御自分の意見をいはれる為にクリスマスメッセージをキングがされるのではないかしら。若し万一その想像の通りでありとすれば、又漸次内閣の助言と承認によるか否かは別として、どうも政府の代弁的になるならば、日本はクリスマスといふ訳にゆかぬから、年頭メッセージといふものを考へるといふ事も考へられるから、英国の事をよく調べて研究してくれといふ事だとの仰せ。実は、最初の内閣の頃、下条〔康麿、元文部〕大臣など、明かに陛下のおことばで内閣の正式の助言と承認の範囲外と申して居りましたが、習慣的に起草は内閣でする事になり、正式に助言と承認とは致しませぬが、自然内閣の考へが入る事かと考へます。実は、はつきり之を内閣の助言と承認によるものと議論の上きめるがよろしいか、今の実際の慣行をつゞける方がよろしいか、社会党内閣の出来る場合の事も考へて問題かと存じますが、只今の陛下の仰せで侍従長に仰せになりました御意思はよく了解致しました故、よく調べまする。

段々御祝日が近よりまして、御召しに洩れた人が色々申して居りますやうでございますと申上げし処、まだやつてるかとの仰せ。然し東京会館の如き大きな布を下げ奉祝立太子礼としてありますし、宮内庁側は一向消極的でありまするのに、世間の関心は意外に大きいので驚いて居りますと申上ぐ。いや今日も食卓で総理の話してた(90)東宮への祝品に対する服部時計店の職人の話といひ、又長官が話した玉座の制作者の話といひ、一方に共産党のやうなものがあるが、又他方にはあゝいふ日本人が昔ながらの伝統で皇室の事国体の事を思つてくれるかと思ふて私は嬉しく思つた事だが、今の東京会館の話もそうだ。宮内庁側としては消極でゐる事がよろしい。そして自然に一般に関心の高まるといふ事は誠に結構だとの仰せ。ハイ、仰せでございまするが、此気持が根なし草でないやうに根底のあるものにならなければと存ずるのでございます。附和雷同的でない、心からの気持になつて欲しいと存じますと申上ぐ。

文部省への五十万円のことは非常に感激して居るとの事で、明日文部大臣に伝達致しまする手筈になつて居りますが、陛下並に三殿下から下賜の二百万円で、癩予防の二倍といふ募金がありました直後故、之を基として募金の事はやめて欲しい事を附言致したいと存じて居ります旨申上げ、御了承。

一一月一一日（火） 正午頃 第三回バルコニー出御の御帰途

長官つかれはないかとの仰せ(91)。恐懼す。皇后宮はつかれたでせうとの仰せ。

一一月一二日（水） 御召し御座所 一〇・四五—一一・〇〇？

昨日も今日も新聞に出てるが(92)、大分飛行機会社の運動があるやうだが、安全確実といふ事ならば、東宮ちやんは知つてる通り余り舟に強くないから、或は飛行機の方がいゝかも知れぬと思ふとの仰せ。ハイ、田島の処へは先日遠回しに柳田〔誠二郎〕日航社長が申して参りましたし、昨日松平〔康昌〕の処へ英吉利（イギリス）の会社のものが参つたやうでございますが、ＢＯＡＣ〔英国海外航空会社〕(93)が特別機を勝手に提供してくれれば別でありますが、先方の定期空路に便宜をしてくれるといふ事ならば、印度シンガポール等の東南（ママ）アジア各地に着陸するのではないかと存じますと申上げし処、それはいかん、それはいかん。それなら加奈陀を通り、そして絶対安全ならば飛行機もいゝといふ事だとの仰せ。よく御思召を体しまして研究致します。

それから、皇后様の御和装の問題も、陛下の仰せになりまして以来時が経ちますが、結局時が解決致しますので、大変評判がよろしいようでございますと申上げし処、週刊朝日の林何といふ女〔平林たい子、作家〕が、少し訳のわからぬ矛盾したような事をいつてる(94)。あれの議論だと、宮廷服の方がいゝといふ様な事にもなると仰せ故、あれは一寸変つた女で赤がかつて居りませうと申上げし処、松平信子やなんかの座談の時(95)も少し変な事をいつてるとの御話。然しそれ以外の人は大体よろしい意見で、田中千代の話(96)も少し過ぎた点はありますが大体よろしいやうでございます。又、御洋装も田中かと存じますが結構との事であります。宝石類になりましては到底及びませんが、御和装でありますれば予算の点などは少し位超過致しましてもどうかなるかと存じます。田島拝命の時、マイナスになつて居りました固有資産の方も其後増加致して居ります故、余り予算に御束縛なくどうしても必要の時は……皇后様は矢張り多少……と申上げし処、あの週刊のいゝ意味のおしやれかとの仰せ〔実は多少豪華のものをの意味なりしも)。

それから英吉利での戴冠式のテレヴイが問題になつて居りますが(97)、あれはウエストミンスター寺院のある部分はよろしいのを全部といふ事らしいのでありますが、国民と共にといふ御立場からは報道関係は必しも昔の形では不可と存じまする。今回は適当に致したかと存じますが、将来宮殿造営の場合にも此辺は余程考へませんといけますまいかと存じますと申上げし処、これは左のみ御了解なく、どうもカメラなど充分行儀よくなければ困るとの仰せ故、それは勿論であります。今回の取材記者は服装もキチンと致しましたもので、少しも弊はなかつたかと存じます。カメラは外部のものは到底駄目と存じました故、熊谷には充分とらせまして一般国民の要求に応じましたと申上ぐ。

今日は始めての拝謁(御式後)に付、饗宴の儀を除き諸儀滞りなく御済みになりまして御目出度う存じますと申上ぐ。又、昨日の最後の御出ましの時は、坂下門までつゞきましてこれは始めてと存じますと申上ぐ。勿論、東宮ちやんの為だが、一つには喪中でなかつたからの点がたしかにあると思ふ。そして矢張り、独立後始めてだからとの仰せ(猶此日御召しの節、永積〔寅彦〕侍従に、長官はいろ〳〵の事疲れてゐると思ふが、疲れてなかつたら来てくれとの仰せありしとき丶恐縮す)。

一一月一四日(金)

願出御座所
一〇・三五―一〇・四五

今日は二つ御許しを得たいと存じます。一つは、明年一月の御講書始めの事でありますが、今年は大宮様の為に中止でありました為に、その儘来年に持ち越しまして、小泉が国書〔日本史、国文学など日本の学問〕として福沢諭吉の文明論、東大の仁井田〔陞(のぼる)〕教授が魯迅について、又東大の萩原〔雄祐〕博士が天体の事となつて居りまして、之で御許しを得たいと存じます。よろしいとの仰せ。

それから既に問題となつて居りました、和漢洋の三本建は不自然で漢が多く出すぎる為に、今後は人文科学、社会科学、自然科学の三本建と大体致したいのでありますが、人文と社会の区別も稍判然しませんし、又今度の三本建では稍自然科学が少きに失するようでありまするので少しく弾力を持たせ、時には自然科学二人といふ事もあると致しまして、大体は人文、社会、自然と致しまするが、その名称は全部やめ、只三人の進講者といふ事に表面は致したいと存じます。但しこれは、文部省関係局、学士院、及学術会議の当局と宮内当局と相談の上きめました案について宮内庁できめ、それを御許しを受けるといふ事に致したいと存じますと申上ぐ。よろしいとの仰せ。

次に、英国大使館から東宮様を御招待申上げたいとの申出でありまするが、之は他の大使館の場合と違ひ、英国戴冠式へ御出といふ特殊事情でありますから、他への権衡の問題はありませぬ故、御受けになつてよろしいかと存じますと申上ぐ。よろしいとの仰せ。猶、御旅程がき〔来〕ますれば他国からも申出があるかも知れませぬが、それでも御通過又は只御通りになるといふのと戴冠式の為に御出になる英国とは事情が違ふと存じまするが、それらの点は後の問題として、英国大使の内々の意向に対しては御受けになると返事してよろしいかと存じます。それはそうだ。私の記憶が間違つてるかも知れぬが、私の時はおた丶様が各国をおよびされて私も出たように思ふがたしかでない。調べてくれとの御話。ハイ、その点はよく調べまして、何れあとの事でございますから……と申上ぐ。東宮様一寸御疲れの御見舞も申上げ、英国大使の招待あれば御受けの事は陛下より御話下さるとの御話。

西洋人は又、日本の人でも今度の事何かきかぬかとの仰せ故、大体わるい評はあまりき丶ませぬが、秩父宮様から既におき丶と存じますが、大使達の夫人が呼ばれなかつたので大いに怨んで残念がつて居りますそうでございます。あ、きいた。そうだそうだ。然し又大使達はそれで余計に羨山しがらせて、こうだつたあ丶だつたといふらしいとの事、繰返し仰せあり。

饗宴で陶器の杯等相当紛失致しまするが、之は盗みには違ひありませんが、一面それだけ皇室のものが世間で珍重されまする故、記念に頂きたいとも考へられますので、余りひどく悪くもとらぬやうにして居りますと申上ぐ。それもそうだ……との仰せ。

一一月二〇日（木）　願出御座所　三・三〇―三・四五

丁抹〔デンマーク〕アクセル親王〔Axel Christian Georg af Danmark 国

王従叔父[98]〔は、只今松平官長御使に参りました処、今日は両陛下の御鄭重なる御招きに対して厚く御礼申し上げます、又御使を賜り是亦御礼申し上げますとの事でありまして、御記帳には出ず、松平を通して御礼申上ぐとの事でありました。猶、背広の問題は式部に手落はなく、公使館迄モーニングでなければ通知されたく、左すれば陛下にも平服に願ふつもりの処、何の音沙汰もありませんでした為、誠に相済みませぬ結果となりましたが御許しを願ひたいと存じます〔別に御介意なく御了承〕。

それから、久邇さんの事でありますが、此前申上げました通り、山梨は御頼まれもせぬに買つて出るといふ順序はつけましたが、経済上の顧問の事は何とも目鼻つかず居りました処、久邇さんは、田島、青木、塚越は悪まれ役、高橋〔真男、大協石油社長〕は提供者で御親しみ易く、高橋大協社長に万事御打明けになり、田島がゑらく怒つた、あすこへ頼んでも仕方ないので結城〔豊太郎、元日本銀行総裁〕のむことといふので藤山愛一郎〔日本商工会議所会頭〕に頼んだら断られた。それで河上弘一〔日本輸出入銀行総裁〕はどうだと高橋に御相談があり、今二十日河上、高橋両人と御会ひになる手順になつてるといふ事をきゝましたので、河上は信頼し得べき人で、之が承知してくれゝば之に越すことはなく、高橋は顧問に御願してる関係もあり、河上も大協の監査役故、いはゞ此二人の間で受けて貰へば、バラの事で山梨も河上の人柄をいゝと思つて居りまするし、結構だと存じます。若し変な人を顧問に御願になつたら大変でありますが、高橋におきゝになつて、河上といふ事は非常に結構かと存じます。又、例の村田[99]〔俊彦〕が高橋を尋ねて高橋に顧問を頼んだとの事もありますから、昨日不取敢〔とりあえず〕電話で河上に断らないで考へるといつておいてくれと申して承知して貰つて居ります故、河上に面会して一つ頼みますつもりでございます。顧問がなくなればうるさくなくていゝとの御考だと困ると存じましたが、誰か欲しいといふ考で高橋などに御相談あるのは誠に結構で、進んで御世話しようと申します。山梨の方にも経済的の人はありませぬ故、山梨と河上、高橋の派との連絡は田島が考へまする故、此線で御許しを得たいと存じますと申上げし処、手形などは話はきいても私などよく分らぬ。朝融さんも手形の事などよく分らぬだらうと思ふ。分らぬ事は分つた顧問にきけば一番安心で、世話もないのにどうしてあゝいふ事をなさるのだらう。山梨あたりから、今度こそ経済顧問によくいふ事をきくやういつて貰ふやうにしてくれ。そして従来の経緯を河上にもよく話して貰ひたいとの仰せ故、高橋には打明けて皆既に話しましたが、河上に通じまするが、又直接河上によく話しまする。そうしてくれと、まア御安心の御様子。

東宮様昨日無事御還啓(100)でありましたが、御出発前御疲労でもありました故、昨夜常盤松に上りましたが、大変御元気に拝しました。そして、十五日が賢所の御神楽たる事に気付きませんで申訳ありませんでしたが、十六日で御都合よろしい事になりました。夜七時半でありますと申上ぐ。それから松平の情報でありますが、秩父宮の御留学のモードリンカレヂ〔Magdalen College、オックスフォード大学のカレッジ〕卒業の若い外交官サイモン〔David Simon デイヴィッド・サイモン、駐日英国大使館三等書記官〕(と申上げし処あの蔵相サイモン〔John Allsebrook Simon ジョン・オールスブルック・サイモン、チェンバレン内閣蔵相〕の何かかとの御尋ね。それは存じませんと申上ぐ)と申しまして、日本語も上手で西門と書きますのが来年賜(し)暇(か)致しますのを御付けするとか申して居りました。英国も随分考へてるやうでございますと申上ぐ。

それから、先刻二時四十分定刻、多摩〔陵〕を御出発となりましたとの事故、最早内廷的の御行事も括(くる)めて万端東宮様の諸儀は小さい間違は少しづゝありましてもまづ大過なくすぎまして、陛下も御安心遊ばした事と存じます。御目出度うございます。実は、式部は企画等には必しも完全でありませんで、色々の処で検討する要がありまするが、きまつた式を次第通り運びこなします事は充分力がありまして、其他も人の面ではそれ〴〵信頼出来まするが、馬は一寸困りまするし、ビクトリヤの時の事を一度陛下から伺つても居りまするし、又最近シヤム〔タイ王国〕の信任状捧呈の時、随員の車が一寸まごつきまして心配でありましたが、随分万歳の声もありましても無事ですみ、御天気を心配しましたが一日も雨ふりなくすみまして、何といふ御目出度い事かと、東宮様の前途の晴れやかなやうな気持にさへなります。誠に結構でございましたと申上げし処、ほんとによかつたネ。長官も大変だつた。殊にからだの不充分な時に……と仰せ。恐れ入りましたとて退下。

一一月二一日（金）　御召し御座所　一〇・三五―一一・〇五

御起立のまゝ、ポールの小箱御持参。「立太子の礼等、此間中長官は格別苦労であつた。之は十一日の菊栄親睦会の内宴の時のボンボニール〔ボンボニエール、菓子器のこと、皇室の祝い事で贈られる〕だが長官に」との仰せにて親しく御手づから賜ふ。誠に恐入りました、難有う御座いまする旨言上す。御椅子に御掛けになり又御椅子を頂く。今日の新聞[101]見ると、皇室と宗教といふ事を論じてるが其本（モト）の矢内（原を御抜きになる）〔矢内原忠雄、東京大学総長〕の文章[102]といふのを見なかつたから、どうも今日のもよく分らぬが、田島は矢内のをよんだかとの仰せ。ハイ読みました。それは、あゝいふ儀式には矢張り宗教的の背景がないとどうもしつくりしないといふ様な意味のものでありました。矢内原はクリスチヤンであります故、あゝいふ人生の大事に関しまする事は、矢張り何か宗教的の色彩が欲しい気が致すのかと存じますと申上ぐ。そうか。今日の書いてある趣意はあまりはつきりしないが、宗教は個人的には皇室の方にでもあり得るともあり、然し国家と皇室の宗教とは分離で結論は一寸明確でないやうだがとて、昔の日本のやり方は宗教ではない。賢所といふ意味で国家的にも宗教的の色があつたが、賢所も宗教だといふ事になれば、一宗教を国事には出来ぬので、矢内原のいふやうにはならぬとの仰せ。英国のやうに国教なればウエストミンスターアベ〔Westminster Abbey ウェストミンスター寺院〕でやれまするが、日本の今日の立場では、国事を賢所といふ事は一寸出来ぬやう存じます。将来どちらかに割切れねば、現在通りかと存じますと申上ぐ。

次で一寸御願申上げたい事がございまするが、東宮様御渡英の御供の事を陛下もいろ〳〵仰せになりまして、小泉の顔の点を御心配[103]でありましたが、首相からはこれ以外、山梨とか〔松平〕信子とかいふので出て参りましたが、どうも何れもどうかといふ事で、遂に直接首相に小泉の顔をきゝましたら、かまはぬとの意見で、大使やら外相やら首相やらの人の意見故、之を尊重してそれならばと陛下も仰せになり、始めて小泉にも受ける意思ありやを尋ね、どうしても人が無ければといふ消極的ながら受ける意味でありまして、それは首相に伝へました。首相はそれ故小泉ときめてるやうでありまするが、之は首相の考で閣議などは相談してありませんが、先日緒方と話しました時には矢張り疑問のやうな点も申して居りました。新聞の下馬評[104]でも小泉は余り問題として居りません。そして又一方では自薦他薦あるとの事でございますが、外部に首相が既に申して居るとか申しますのは、五人の御供で小泉、信子、松井、侍医、侍従との事でありますが、秘書官入用の人ではどうにも出来ませぬので、五人とは申せ、五人にはなりませぬ。五人も無理ですが、信子さんなど、田島として何も申した事はありませぬ。今日内奏の節、左様な事を上奏致しましても、重大であるからよく考へるとの仰せで、事実吉田より直接陛下に申上げた事は未だありませぬ事故（それはそうだとの仰せ）、御即座に御裁可なきやう御願致したいと存じます。よろしいとの仰せ。

次にVining[105]の本の事につき、田島先日誤の点、御歌会の手続など注意の手紙を出しました処、二つは判断の意見の相違故訂正せぬと申して参りました。一つは私が丁寧に説明しました穂積と小泉との更迭にも拘らず、単に大夫が野村に代つたといふ書き方の事を申してやりましたに対して、本をよく読めば小泉が実際の責任者だといふ事は分るから、あの書き方の方がよいと申して参りました。是は田島の負けと存じます。二つは最終の夏の皇后陛下の角倉（志朗、元東宮侍従）を通じてのメッセーヂはない方がよいと申してやりましたに対しては、それは趣味として其方のいゝ事は分つてるから日本語の翻訳には之を省きます。然し英語版には今後共残します。なぜなら私の去つたあとの日本の皇室が、私に対しての御好意といふものは私のみに対するものでなく全米国に対するものだと信ずるとの事でありました。此Viningの考へを見まするると、又両陛下で皇太子様の御式へViningを招いたらといふ思召を権衡上やめて頂きました事を考へますと、熊谷がおとりしました儀式の時の写真帖を、両陛下の御命令で私なり侍従長なりから正式にお贈りになりましたら如何かと存じます。あの時は角倉が多少関屋（貞三郎、元宮内次官）的に皇室の事を利用するやの傾きもありまして、田島は人柄をどうかと思ひましたが、最近小泉も、田島の方が先見をしてたやうに思ふといふやうになりました。今度は正式に贈つて頂けば結構と存じます。両陛下、皇太子様等六部作成するとか申して居りますがと申上げし処、陛下は良宮と一部でいゝから、私の分を先づ Vining に早く送つてやるやうにした方がよいとの仰せ。承りました。近日出来ましたらば可成早く取斗らひますと申上ぐ。

秩父宮様と高松宮様と御相談の上、御陪食の時の田島が陛下の御前に席を頂きまする事はやめて、宮様がおいでになる方よろしとの御意見でございます。明治以来、宮内大臣が御前で両方に皇族御二方でありましたやに伺ひますし、その意味は二方の皇族様と宮内大臣の御前に席を賜ひまして陛下を御守りするのかと存じまするが、宮様方の御意見の方が時世に合します事と存じますがと申上げし処、二人の皇族を一人にしたのは山階武彦王の時に、軍人の陪食であつたが話がスポーツの事であつた為、軍人が不平をいつた為一人にして、陸軍大臣か何かを左にすれば文句はなかろうといふ事にした。私の近所で出た話で長官に話すやうな事はあとで話すから、適当な席次に長官はついたらいゝので、聞える範囲云々の必要はないとの御意見。

猶、昨日小泉とも申合ひましたが、東宮様御人気自然におよろしく結構此上ありませんが、二十四日以後は元の大学生に還つて頂き、あまり世の中の人気の方面に御関係ない方がよろしいかと存じまして、小泉とも話し合いましたと申上ぐ（比較的御同感薄き御口調に拝す）。

一一月二一日（金）　願出御文庫　四・二〇―四・四五

今日首相の内奏の時には、東宮様御渡英に関しましては何も申上げませんでございましたでせうか、と御伺ひせし処、吉田は何もいはなかつた。そして私も何もきかなかつたとの仰せ。田島は認証式後一寸話合ひまして、先方から招請などない。今年三月頃から夏へかけて小泉はいゝけれども、顔の点等で如何との思召もあり、田島もどうも果していゝか疑ひが去りませぬ為、吉田には足の不自由で不同意をとなへ来りまして[106]、これに対し山梨大将と松平信子とを持出しましたが、山梨は少し年をとり過ぎ、信子は男さまの御供に女さんはおかしいとて問題にせず、其内どうしても人が見付かりませぬので、吉田首相に端的に顔の事をきゝました処、秋山好古〔元陸軍〕大将の事[107]など申し、少しもかまはぬ旨申しました故、此事を陛下に申上げ、吉田は駐英大使でもあり、外相、首相故、それならばよしと仰せになりました事、但し疑念は残る事等を申しました処、外部の人に小泉決定のやうな事申して居るやうな事は申しませんで、誰かいゝ人はないかとの話でありました故、新聞に名前の出てる下馬評の人名を列挙しました処、佐藤尚武〔参議院議長〕のやうな馬鹿は駄目だといふ調子でありまして、武者小路〔公共、元駐独大使〕も駄目と申しました。徳川家正も駄目と申しましたと申上げし処、佐藤のやうな人柄の人を馬鹿といふのか。吉田も随分自分のきらひな人はひどくいふネー。佐藤のやうな人を馬鹿といふ！ との御話。武者は田島もどうかと存じまする。家正も一寸まづい問題があり、又大小の判断もどうかと思ひまする故駄目と存じまするが、吉田は自分の好悪でハッキリ源平に分けまする故、吉田には田島は首相のすきな型の人でなくば駄目といふ主観でなく、今回はもつと客観的に常識で納得する人を考へて欲しいといふ事と、数が五人は無理といふ事を力説しましたが、誰かありませぬかと申し、其内に井上成美〔元〕海軍大将の事を申しまして、陛下も人柄を御ほめになる。逗子のそばで学校の先生をして近処でも皆尊敬してるとの話。あの人などは……との首相の話故、大夫の候補者として出しましたが、首相が可成軍人はやめてくれとの事でやめたと申しました処〔と申せしに陛下は違ふ、田島のその時いつたのは後藤光蔵だつたとの仰せ故、ハイそれと同時に井上も申しましたと申上ぐ〕、そんな事はいはぬと吉田が申しまする故、イヤ、確かに首相はいはれた。その為野村吉三郎に貰つた紹介名刺をまだ使はぬと申しました処、野村吉三郎には余り吉田は最近いゝ感じでないに察しましたと申上ぐ。それはなぜだとの仰せ。再軍備関係でないかと想像致します[108]と申上ぐ。それから、田島は人伝では困るので一度井上氏にあつてと思つて居りましたが、旧軍人は駄目とあつたので止めたと申しました処、吉田は一度訪問したらどうですかと申しましたと申上げし処、南洋作戦の時少し後退しすぎたやうで軍令部〔総〕長にはどうかと思ふが、事務能力はすばらしいもので、海軍大臣は勿論出来るし実に立派な人だ。徹底的平和論者で米内〔光政、元総理大臣〕は非常にほめたし。米内、山本〔五十六、元連合艦隊司令長官〕、井上と大臣、次官、〔軍務〕局長の時(109)はよかつたとの仰せ。軍の作戦といふ事は今回の役には無関係であるし、いゝ人だと思ふとの仰せ。左様でございまするかと申上ぐ。どうも吉田は自分のすきな人でなければ駄目で困る云々の御話あり。

それから、先刻申上げまして御注意のありました、東宮様をアクセル親王御訪問の事は、二十四日午後三時で、高松宮邸の午餐のあと直ぐでありまする故、お茶は時間的にわるく、又重くるしいやうでありますから、お茶はやめといふ事になりました。向ふはお茶五時だからとの仰せ。ハイ、四時半位ならばとも考へましたが……と申上ぐ。昨日の午餐の外明日の鴨もありまして、なしでおよろしいかと存じますと申上ぐ。そうかそれでよいとの仰せ。

次に伊勢の神馬でございますが、内宮三頭、外宮二頭の処、只今一頭づゝとの事で、今回一頭づゝ御寄進願ひたいと存じますが、御料馬の初雁の予定でありましたが、伝染病の為殺されるかも知りませぬので、初雪十九才と、今一疋は御料馬でありませぬ西徳といふ馬に御許しを得たいと存じます(110)。よろしいとの仰せ。但し、両馬とも国有でありまして、御下賜にはなれませぬ故、一旦皇室用財産へ御譲受けの上、下賜といふ事になります。価は大した事はありませぬ。面倒の事をするものだネ。よろしいとの仰せ。

馬の序に、今日オリンピックの馬御寄付になりましたが、来る三十日、朝日新聞と馬術協会〔連盟〕主催で皇太子様御祝の show があります(111)そうでございます。東宮様も中障害に御出になりますそうですが、竹田宮〔竹田恒徳〕から只今御願で宮城内の事でもありますから、若しおよろしければ両陛下も一寸御出ましを願へればといふ事でありました。勿論、確かに何も申しませず、もし御都合つけばと申して置きましたと申上ぐ。

侍従長にも話したが、吉田が白洲〔次郎、東北電力会長、吉田の側近〕を米国にやると吉田がいふから、アグレマン〔相手国からの事前の同意の意味〕のとれなかつたやうな人[112]を出してよいのかと私が質問したのよ。そうしたら吉田は政権が代るし、悪かつたのは進駐軍のマーカット〔William Frederic Marquat ウィリアム・フレデリック・マーカット、元GHQ経済科学局長〕にわるかつたのだといふのだよ。それから、私の進駐軍に反した事をいふのを彼がやつた為だといふが、吉田は一旦いゝとなつたらいゝのでどうもおかしいネー、白洲を使ふといふのはとの仰せ。兎に角、アグレマンの来なかつた人といふ事は少しおかしいやうに存じますと申上ぐ。さうだよとの仰せ。

今朝は、たゞ務めを致しましたに過ぎませぬに貴重の品を御手づから賜りまして、誠に何とも御礼の申上様もありませぬと御礼申上げ、退下す。

侍従候所へ来りし所、小畑〔忠〕侍従は皇后様御用の様子とて暫時御待ちせし処、二期庁舎にて川合玉堂〔日本画家〕と絵の御修行より御帰り後、陛下の御書斎へ女官長誘導。既に皇后陛下御出まし相成、羽二重とさくらんぼ羊羹五本、並に御栽培の御野菜一籠を、皇太子様御成年式及立太子礼諸般滞なく済み、長官骨折の事とて下さる旨仰せあり。恐れ入ります。何事も特に致しませず勿体ない事でございます。今朝は、陛下御手づからボンボンニールを賜り、今又賜り品、何とも恐れ入ります。前後して恐入りますが、東宮様の国事及内廷諸儀、昨日多摩陵御参拝御済み相成る迄晴天のみ、今日は雨天で、誠に皇太子様の御運、又日本国の将来のやうに難有い事と存じます。実は御馬車の馬と御天気だけが心配でございまして、他の事は式部其他で万全を尽しますが、三殿に祈願致しまして、神様の御加護か馬もよろしく御天気も結構でありまして、今朝は御礼詣り致しましたと申上ぐ。そうでしたかとの仰せ。

猶、皇后様に御目に懸ります時が余りありませぬので一寸申上げますとて、久邇さんの事陛下に申上げしと同じ事大要申上ぐ。

一一月二七日(木)　願出御文庫　四・三七―五・三五

東宮様御渡英は、式は六月でありまするが、最早準備を急がねばなりませぬに付、随員の首席をどうしても急ぎまするので、先日申上げました通りの次第で、首相から井上成美の名が出ましたが、田島は評判だけではと存じ、日曜日〔神奈川県横須賀市〕長井まで参つてあ〔会〕つて参りました。誠に立派な人物で、人柄の点は申分ないと存じまするが、何分にも山本〔五十六〕連合艦隊司令長官の下の第四艦隊司令長官でありまする以上は到底駄目かと存じまする。そこで昨日、午後二時間斗り小泉と会見致しまして、小泉と隔意なく打合せましたが、小泉の健康は自信なく、辞する場合には誰か確信をもつて推薦するべきだと考へ色々考へた末、〔三谷〕侍従長しかないと申しましたが、色々の事がよく分ります次長とは先日来熟議致しまして、矢張り結局侍従長しかないといふ結論を得て居りまして、全く符節を合するように感じました。従来口外は致しませんでしたが心中固く、田島が選択の範囲を定めて居りました事は、東宮様御一方で御供も少く海外へ御出遊ばしますのでありますから、両陛下の御信頼遊ばす人、直接御承知で御安心の行く人といふ事を考へて居りまするので自然範囲は限局されまする。松平式部官長は最近英国にも参りましたし、侯爵といふ事もプラスでありますが、何と申しましても侍従長の方がすべてよろしいので、小泉も田島も次長も同意見であります故、又最初の頃陛下からも御話もありましたが、陛下に[113]御不自由を御掛けすると存じましたのと、Vichyの点で只今迄考へませんでしたけれども、今日となりましては三谷一本で行くより仕方ないと存じます。〔欄外「三谷でなくば有田〔八郎、元外務大臣〕はよろしいかと存じますがと申上げし処、有田を木戸は議論倒れだと評してゐた。木戸は重光とはよく重光を通して有田と話してた。又クレーギー〔Robert Leslie Craigie ロバート・レスリー・クレーギー、元駐日英国大使〕と論争してた関係もあるから有田はどうかと思ふ。三谷がい、との仰せ。」〕候補者の一人といふより、之におきめ願ひたいと首相に申出したいと存じまして、陛下の思召の程を拝したいと存ずるのでございますと申上げし処、最初私も三谷といつたし、三谷が居なくても長官も次長も居るしするから、私はVichyの事を吉田に話し、先方に悪い感じないとの事ならばそう極めて貰ひたい。[114]私は松本〔俊一〕を〔英国〕大使としてるし、又西〔春彦〕を濠州に大使としてるから[115]、近来余程考へは変つたと思ふが、其点念を押してい丶ならそれがよいと思ふとの仰せ故、小泉も三谷の事は積極的に吉田に話してもよろしいと申して居りますし、Vichy の事もありまするが、三谷が帰国後民間に居たのとは違ひ、平和的であるとの定評の陛下の侍従長として四年以上勤続致し、現に其職に在りまするのを、英国を重んじ東宮様の為に特に御割愛頂くとなりますれば、問題はないかと存じますと申上げし処、それはい丶。英仏〔語が〕出来るし、外国の経験はあるし、人柄は分つてるしよろしい。年令も丁度よろしいとの仰せ。又、松平は吉田がきらいで到底駄目だとの仰せ。それでは首相にあひまして、陛下もいろ〳〵御考の末特に御希望であり（Vichy さへよくば）と申して、可成これにきめまするやうに話しましてよろしうございますかと申上げし処、よろしいそうしてくれとの仰せ。実は本人に只今あひまして左様な事になるかも知れぬと申しました処、陛下の御命とあれば致しまするると申して居りましたと申上ぐ。

それから、侍従長に話したからきいたかも知れぬが、東宮ちゃんが西洋人と英仏〔語〕で話すとつかれるといふ話だが、東宮ちゃんは出来るだらうか。張群やドウマン〔Eugene Hoffman Dooman ユージン・ホフマン・ドゥーマン、米国外交官〕のやうに日本語の出来るものも決して日本語を使はぬ故、食卓の時などは英仏を使ふはよいが、会見の本当の話は通訳を使ふを原則とする事にして貰ひたい。そうすれば通訳する間に考へをまとめる事も出来るし、其方がよろしい。さうなれば随員の中に通訳を一人別に考へるか、又は私の時のやうに出先の大使館の人を頼むかである。私は山本信次郎〔元宮内省御用掛〕が通訳で仏英伊も出来た。沢田の兄〔沢田節蔵、元国際連盟日本事務局長〕は外務省からであり、弟〔沢田廉三、元外務次官〕は大使館で出した通訳だとの御話。侍従長から御思召の程は承りました。何とかそれ〳〵取斗らひますと申上ぐ。

それよりはずつとつまらぬ事だが、久松は先達て掌典は受けなかつたときいたが、今の口が二年でなくなるならば、思付きだけれども、農の事は知つてるから三里塚〔御料牧場〕へ行つて何か仕事はないか。後藤などを指導するやうなとの御話故、三里塚にはそんな余地はありませぬし、只今の処も二年間は確かであります故、その間に何か本人で見付けると存じます。掌典を断りましたのも、何か、友人関係からかで口がある為だそうでありますと申上ぐ。そうかそれならばよろしいとの仰せ。

義宮さんからゆうべきいたのだが、友達連中と話合つてるのにアイクを怨んでる声があるとの事だ。丁度あの年頃の人が朝鮮へかり出されて血を流さなければならぬといふ訳で怨んでるといふ話をきいて、そんな事あるものかといつては置いたが、李承晩〔韓国大統領〕の挑日的傾向や、又北朝〔鮮〕が万一にも統一でもあるといふ事があれば、日本の国防といふものを本当に考へてどういふ事が起きぬとも限らぬ。それを本当に祖国防衛といふやうな気持が若いものに全然なく、只ボンヤリ戦争に行くやうになる事を何でもいやといふ様な事はどういふものかと思ふ。

西洋にはキリスト教的の思想といふものが兎に角あつて、神の為に正義の為にといふ様な社会上の目安があるが、日本の今日は国民に共同の信念といふものがない。忠君愛国といふものを利用して行過ぎをやつたのが日本の過去の失敗だが、忠君愛国そのものゝ適当の範囲ならばそれはわるい事ではない。行過ぎがわるいのだ。今は平和とか、民主とか、自由とかいふ美名で、案外祖国の防衛も忘れ、放縦を自由と思ひ、民主々義といつて、得手勝手をいふといふ今日の有様は、私は実にどうかと思ふ。美名にかくれて本質がなく、弊害が名前のみの、実なき行過ぎといふか何といふか、誠に心配に堪へぬ。吉田にも此事を何とか心配だと伝へても貰ひたい位だとの意味にて御慨嘆の御様子。至極御同感でございまして、行過ぎにならぬ程度には教育勅語のやうなものがある方がよろしいとの事で天野〔貞祐〕なども考へました次第ですが、上からの天降りは如何といふので攻撃されてやめましたが……と申上げし処、実は私は弊害ない程度で教育勅語のやうなものはあつた方がいゝと思ふのだが……との仰せ。

それから、吉田は真鍮類のきたない事を田島には先日御願がありますがと前提して申して居りましたが、その外ドアの上の窓がいかぬと申して参りました。又陛下の御住居の問題を何とかしなければと田島には申さず、官房副長官を通じ次長まで申して参りましたと申上げし処、陛下は、吉田のいふ事の為に女の掃除婦か何かを雇つて奇麗にしては……との仰せ故、それは只今の人で一通りは奇麗になりますので、〔鈴木菊男〕管理部長に既に申伝へ済でございますと申上ぐ。そうかそれならよいが……田島が昨日いつてたやうに、立太子の礼の費用を戦争犠牲者の方へ廻せといふ様な手紙が来るのだから、住の方の事は吉田がいつてもうつかりよろしいとはいはれない。尤も立太子の礼の費用をそういふ人に割れば、一人宛いくらにもならない事は確かだが感じの上で、だからといつてよく慎重に私の住の問題は考へねばいかぬとの仰せ。吉田には、既に、陛下が御文庫不衛生の学理的の理由が立たねば御許しなき点を申してありますにも拘らず、来年度予算に計上すると申出て居りまするが、住の問題は六ケしうございます故、偶専門家の報告で不衛生な点もあります故、其点を基として一案、二案、三案、四案、機械据付案、御文庫平面拡張案、立体拡張案、焼跡義宮御殿前案ありますのが昨日あたり次長の手許迄出て参りました故、之を検討致し、慎重に致したいと存じて居りますと申上ぐ。

冒頭に皇后様よりの賜品の御礼申上げ、退下に際し、三谷の件の結論を繰返し申上げ、そうしてくれとの御話。

一一月二八日(金)　御召し御座所　一一・一五―一一・一七

今、フランスの外務次官〔Alexandre Parodi アレクサンドル・パロディ〕にあつたのだが、今回英国へ皇太子殿下が御出掛けのやうでありますが、其際フランスへも御立寄りのやうでありますならば、国賓として御迎へしたいとの話があつたから、私はそれはまだ分らないが、当局の者にいふてそちらから御返事するといつた。通訳はどういふ風に伝えたか知れぬが、仏蘭西(フランス)は何をいつても共産党の勢力の強い処で、治安の点はどうかよく調べて、又東宮さんの健康の点も考慮して日程をよく考へて、又先方へも返事しなければならぬから……との仰せ。治安の点も調べなければなりませぬが、フランス丈けの問題でなく、御日程全部のきまらない内は何とも申されませぬがよく研究致しまして……仰せの事は承りましたと申上ぐ。

注、通訳に当りし松井〔明〕氏丁度部屋に来りしに付き〻し処、あとでは仏政府は三日間国賓待遇を致したいと申述べ、又勲章贈呈の意思もあるやの話があつたとの事。

一二月一日(月)　御召し御座所　一〇・三〇―一一・三五

池田〔勇人、通産大臣〕の問題で国会がごたごたしてる。(116) 池田のいふ事も正直な点もあるが、あゝいういひ方をしてはどうもいかん。政治は人情といふ事も考へぬと、理屈であつた事をいつてもいかぬし、いひ方を注意せぬといかぬが、政情不安で東宮ちやんの渡英といふ事でクヰンにも通じてある事が六ケしくなるやうな事はないかとの仰せ故、対英外交のこういふ事は超党派的で間違ないと存じますると申上ぐ。それはいゝが、万一予算のすまぬ内に解散にでもなつたらとの仰せ故、その場合には予備金支出といふ事もありませうし、それは御心配はないかと存じますと申上ぐ。そうかと御納得の様に拝す。

それから、土曜日に吉田にあふ事が出来まして、先日陛下の御許しを受けました三谷の事を申しました。実は陛下が御渡英の時、大宮様は随分御心配遊ばしまして、特に御使を住吉〔大社〕やら香椎宮やらへ参詣に御出しになりましたと記録にあります。而も其時は軍艦二隻で多数の供奉で、しかも日英同盟のあります時でありますが、今回は外国の汽船又は飛行機で、小人数の御供で御出掛けであります故、両陛下の御心配は一層であり、平素より人物を御承知で信頼し得る者を御供の長にせねば御安心は出来ませず、今回の事について此人物は確かと申上げてもそれでは不十分で、予て人物御承知の者に限るべきであると田島は心中に範囲を定めて居りました処、井上海軍大将は陛下の御信任の事を承つて居ります処、吉田より偶然話が出ました故日曜日に早速長井へ出向きましたが、第四艦隊司令長官とあつては如何とも致し難い事の旨を右の通り吉田に申しました。そして小泉と最後的に熟議を遂げました結果が、期せずして三谷といふ事になりました事、陛下も予て三谷と仰せあつた事等を話し、Vichy の事さへよくばよろしいとの仰せであるがと総理に申しました処、総理は今丁度仏の外務次官が来てるし、二日の日にあふから聞いてもよろしいといひますが、之は一寸おかしいと存じまして、英吉利の思惑を直接きくのもどうかと思ひまするが、仏蘭西にきくのも変と思ひまして、其旨を申しまして、岡崎外相なり日本側の意見は？と尋ねました処、それは何も……ときく必要のない口振でありましたから、陛下の仰せのありました松本や西のアグレマンの事をきゝました処、特に何もいはずに文句はないとの話でありました故、陛下の平和的に徹しておいでの事は内外承知の事であり、三谷が四年半陛下の侍従長として現に其職に在りまするのを、特に皇太子様に臨時につけてお出しになるといふ事だけでVichyは消えまするると思ひますとの事も吉田に申しました処、三谷がVichyに居た事など私は忘れてましたとの話でありましたから、私も片棒かつぐ責任をとりますから首相の感覚でよろしいとの事なればこゝでよろしいといつて貰ひたいと申しました処、三谷は人物はよろしいし、儀式の事も心得てませうし、常識もありますからよろしいでせう。但し、師傅としてはどうもどうかと思ふから、小泉を別働隊で外務省からでもいつて貰つて、皇太子殿下が世界を御廻りになるに御輔導するといふ事をして貰ひたいと思ふが、此事を小泉に頼んでくれと申します故、田島は経費は大丈夫でせうか、奥さんも同行でと申しました処、東宮様の為故それは出しますが、ぶらりといふ訳には行かぬ故、外務省の顧問とか何とかになつて貰はねばと思ふが、正式の官吏でないからそれ位の事はとてひどく要望でありました故、その事はあとで小泉に伝へまア考へるといふ事になつて居ります。

吉田のVichyに関する考へは右のやうでよろしいと存じますが、宮内庁が首相の監理の下といふ事の外に、今回の事は外務省の世話になりまする事大きいので、田島としましては外務大臣に一応前以て諒解を受けるが本当と存じまする故、岡崎の了解を得て本極めにしたいと存じます。それも閣議で正式にきめる時機とも思へませぬし、国会の予算審議もまだであります故、随員長といふ事は控へ、準備委員の長といふ事で発表したいと存じましてこの事も首相に申して参りました。実は、吉田は井上大将の事を小林躋造〔元海軍〕大将にききましたやうで、小林が人事局長もしてたから山梨にきけといふので山梨に相談しましたら、外にまア考へようとの事でその返事をまつてる処だとの話でありました故、最初に申しました田島の心中に定めました範囲の話を致しまして、い丶人だと説明されても陛下が今日までに御承知ない人はどうかと思ふといふ事を申し、その為三谷以外になしとの事に小泉と一致した事を話しましたらば、それでは山梨には吉田から、考へて貰ふ事を断らうと申して居りましたと、大体土曜日吉田との会見の様子を御話し、帰りがけに松平信子はと吉田が申しました故、遊撃隊としては他人の出来ぬ事をして下さる場合もある方かとも思ひますが、総理は五人だの六人だのとの小人数説で、私もその方がよいと思ふて、今後準備を進める際に其余地はありませぬと断りましたと申し上げし処、吉田は随分矛盾した事をいふのだネー。小人数とか、戦敗国らしくとか(田島が吉田に、陛下御渡英の記録を見れば相当豪華なるも、それは今回は出来ぬ故、ずつと御倹約に願ふと申せし時、吉田が戦敗国故、それで結構と申せし御話を申上げし為)いつてるかと思ふと、東宮様の為なら小泉夫妻を別にいつて貰ふとか、松平信子をとかいふのはどうも矛盾だとの仰せ故、吉田も心はい丶のでありませうが結局我儘勝手たる事は近来はげしい様に存じます。思付きで致します。現にクラーク大将の事を予め相談しましたに係らず、それ以上の立場の張群を例のお式によぶ様との事を致しまする等、実に勝手の思付きを致す傾向はありますと申上げし処、近衛と同じだよ。松岡〔洋右、元外務大臣〕のやうな人物をポイと持つて来る。そして平和論者だといつてる。結果からいへば近衛の行動は戦争へ持つてつたといつてもい丶位だ。九月五日[六]の会議[117]の時の事でもそうだとの御話。小泉の事は、私の時の竹下〔勇、元海軍〕大将のやうなもので、竹下は巴里にゐたのを私につけたのだがとの仰せ。

吉田のやり方の事より、スマッツ〔Jan Christian Smuts ヤン・クリスティアン・スマッツ、元南アフリカ連邦首相〕将軍のいつた通り、民主主義も専制も、結局質的の差でなく分量の差といふ事は真実だ。民主主義でも、幹部やなんかが選挙で出来ればそれがある程度指導的立場に立たざるを得ないし、その指導的立場が強固なれば結局その意思になるとの御話故、個人的野心のない専制者に明君があれば一番それがよろしいともいはれるので、日本の天皇制などそういふ意味で従来はよろしいものといはれて居りましたと申上げし処、我田引水ではないが、うまく行けば決してわるくはなかつたとの仰せ。只、この個人的野心のないといふ事は、人間といふより神的といふ事になり、その際に軍部などが此天皇制をさしはさんで事を誤つたのでございますと申上ぐ。吉田も今度は少し統制力がへつて来たかも知れないし、統制力があればワンマン的になるし、中々六ケしいとの御話。

それから、昨日は両陛下とも馬術大会へ御出まして、あの出来事[118]を御目撃かと存じますがと申上げし処、見たが距離はあつた。どうもよく分らぬが或は木材が頭に当つてではないかしら。まづあゝいふ事はないものだとの仰せ。東宮様は御大切な方で……と申上げし処、馬の事の分らぬ世間一般は或は危険視するかも知れぬが、馬はそう危険なものではなく、今度の事は実に希有の事だから、注意はするがいゝが、だから馬はやめといふやうな事は、折角東宮ちやんのやつてる事をやめる事はないといふ旨の仰せで、昨日の出来事の為に東宮様の御馬術は危険と御感じになり、おやめといふ様な御意思はなきやうに拝す。

テレビは如何でございましたと申上げし処、写す処は遠方で映るものは近くにあつた。日がかげつて四時頃には中々明瞭になつて普通の写真程度にはつきりしてた。此前見た時よりはずつと進歩してるとの仰せ。別にテレビ関係のものが御うるさい御説明等は申上げませんでしたかと伺ひし処、イヤ何にもとの仰せ。外人も何も御願致しませんでしたか伺ふ(ブライス〔Reginald Horace Blyth レジナルド・ホーラス・ブライス、皇太子英語教師〕の事気になり)。イヤ何もとの仰せ。

之は只今次長にきゝました事でございますが、近日の御祝の時の記念の御盃を、不参者で希望の者には賜はるといふ事を、直接でなく各関係の役所へ照合致しまして希望をとりました処、参議院の共産党議員は頂きたいと申して出ましたそうでございます。

一二月二日(火)　御召し御座所　一一・四〇―一二・一〇

昨日田島のいつた師傅といふ問題ネー。私考へたが、来年東宮ちやんが渡英するのは、私の西洋へ行つたのと全く同じ年令だよ。そうして見ると、私の時には珍田

〔捨巳、裕仁皇太子訪欧時の供奉長〕であつたが、今度は三谷が珍田と大〔い〕に差があるといへばそれまでだが、之が差がないとすると、どうも東宮ちやんを軽蔑してる事のやうに思へるがどうかとの仰せ。〔三谷にわるいといふ論理かと最初は思つて伺ひし処、東宮様に失礼に当るといふ意味で一寸想像外の事故〕吉田は一辺倒の人間で、最初から小泉がよいと信じ切つて居りますのを、今回色々申しまして三谷で承知は致しましたが、初一念の小泉の御伴する事が東宮様にとつて望ましいといふ念が、知らずあゝいふ提案になつたかと存じます。別に東宮様に対してどうといふ事はないと存じます。只東宮様は目下大学生で、御旅行は見学で御修行でありますから、役人風の人間のみでなく教師風の人が御伴する方がよいといふ丈けの事と存じますと申上ぐ〔御了解の様に拝す〕。其時は今回東宮の場合の陛下の時の閑院宮〔載仁親王〕に当る方はなき事気付かず、従つて申上げず〕。尤もよく熟議考慮致しますと申上ぐ。

今日の新聞[119]に一寸出て居りまするが、東宮様の御儀式の場合に参議院の連中が何か申しましたが、宮中席次は栄典制度等近く制定さるゝ際でありますので、今少し先に之を研究する方が至当でありまして、差当り正月拝賀の儀式をきめる必要に迫られまして、昨日午後式部中心にその案を研究しました処、天長節〔天皇誕生日〕との関係もあり、又園遊会の御催しの関係もありますが、此際議員の拝賀を認め、それも夫人同伴と致しました原案でありますが、グループ別に首相初め大臣、議長始め衆議院議員、議長初め参議院議員、長官始め裁判官、そして会計検査院長始めの認証官との五つとしまして、外交官だけは館員まで全部願ふといふ事でと申上げし処、西洋人以外は単独〔拝謁〕はないかとの仰せ故、ハイ大臣が単独となりますと又……と申上げし処、アそうか。議員と同じでないといかんのかとの仰せ。其辺考慮致しまして、例へば首相、議長といふやうな総代が列立の上で祝詞を申上げ、御ことばを頂くといふ事は如何かと存じまして、内閣側と話しあひます段取でございます。

昨日申上げました通り、吉田としてはVichy問題を自分一人でよろしいとは申しましたが、外務省は今後連絡して行かなければなりませぬので、今日信任状の式のあと岡崎外相と今迄の要点を話しまして同意了承を得ました。岡崎としてもVichyは今更問題ないでせう、結構との事でありました。従つて本日午後の小泉、松井を交へての宮内庁の首脳の相談会で三谷のことを準備委員長の形できめ、新聞にもそういふ形で発表致したいと存じます。緒方官房長官とも昨日面会、打合済みでありますと申上ぐ。岡崎と話して岡崎も差支ないときけば私も安心だ。三谷の学習院女子部長になる時、吉田内閣で岡崎が次官で一寸Vichyの事を懸念した事があつたから、との仰せ。陛下が平和のお方である事は今日内外に周知され、その侍従長を四年半に亘り勤めて居りまするといふ事で、Vichyの一寸の勤務は消えると田島は信じて居りまするし、芦田〔均〕内閣の時、侍従長任命の際、矢張りその点顧慮致しましたが、Kades〔Charles Louis Kades チャールズ・L・ケーディス、元GHQ民政局次長〕も何とも申しませんでした故、大丈夫と存じますと申上ぐ。

今日午後の会議で、太平洋、大西洋を何で御越しになりますかは早くきめませぬと、船の航行予定はもうきまつて居りまして、船室の予約の関係もありますので急ぎまするが、四月二十二日紐育〔ニューヨーク〕発のクヰンエリザベス号に御乗りの事は結構と存じますが、それに間に合ふ様日本をお立ちはどうかと申しますと、カナダ行きは貨物船斗りで、客船は三月末に出るウイルソン号が桑港〔サンフランシスコ〕行きだそうでございます。之等の点を今日はある程度案を得たいと存じて居ります。

外にないかとの仰せ故、別にと申上げし処、あの、馬の事だが、民衆の声も新聞に出てるが、東宮ちやんの事を大切に思へばこそであるからやめて了ふのは東宮ちやんに気の毒で、昨日もそういつたが適当に少くするとか、馬を選ぶとか注意は充分した方がよいと思ふ。私の生物学は、随分軍人などに彼是いはれたが、其時はやめないで細くしてやつて来たから、東宮ちやんの馬も細く長くやらなければいかんと思ふから、東宮職とよく協議してとの仰せ（昨日の強い御考へを多少修正の御意味らし）。竹田さんも〔日本馬術連盟〕会長として、行幸啓の御礼やら御詫やらに参られました。其時の御話でも、二番で事故が出来、五番に東宮様の御出になる事につきましては、相当臨機に東宮職のものと馬術会の者との間で審議を致しまして、あの事故の障害は取除くが、外は其儘で東宮様に願つても大丈夫ときめましたそうでございますが、今後東宮様の御馬を如何にするか、田島としましては少くも御承知ない馬はおやめ願ひたいと思つて居りますが、よく東宮職とも協議しまして、只今の陛下の御趣意で適当な方法を危険ないやう考へる事と致しますと申上ぐ。

　女官長への電話によると、炎症を起してるといふ話だが、秩父さんはどうかとの仰せ故、矢張り腎の方かとの仰せ故、一度手術遊ばしました副睾丸のやうな風に伺つて居りますが、御発熱はその為か、或はその為におのみの薬の副作用かは分りませぬそうですが、一時は九度以上でも段々御下りで、恐らく今日仏大使館の晩餐には妃殿下は御上京で御泊りのやうでありますから御順調かと存じますと申上げし処、大谷光明〔昭和天皇の義理の叔父〕[120]は腎を手術して一つだが、あの結核はあれでとまつてゴルフもやるし、ピン〳〵してるやうだとの仰せ。左様でございますか。九条さん関係御召しの時も至つて元気でありましたやうでございますが、左様でございますかと申上ぐ。

　東久邇さん、盛厚〔昭和天皇の長女の夫〕さんの方の経済状態の方の話はきかぬかとの御話故、何にも伺ひませぬ。先達て照宮様から、アテネ会といふ、戦争未亡人の会の会長とか総裁とかに願ひに来たとかで、どんな会かとの御尋ねがありまして厚生省に問合せ、矢張り今は御関係ない方がよろしいとの事で其旨申上げました事があります丈けでございます。

　久邇さんの方は、明三日に青木、塚越が残務終了で来ると申して居りました。三百万円位また入るやうでと申上げし処、それはいゝネーとの仰せ。河上はどうなつたかとか御尋ねに付、青木は田島に何か結末をつけたいらしうございますが、引継としましては山梨が買つて出て、栄木の事も殿下に申上げてあります故、塚越から栄木に適当に引継で貰ひまして、河上の方は断らずにおいてくれとだけは頼んでありますから何とか頼みまして、山梨、河上、栄木の線へ具合よく持つて行きたいと存じて居りますと申上ぐ。

一二月五日(金)　願出で御座所　一二・五五―一二・五八

小泉が別に欧米へ参ります件は、小泉に話しましたが余り進んでも居りませぬ。又頃日、陛下の御考へも伺ひましたが、今日首相が内奏の際此事を申上げましても、陛下の此頃仰せの御考は仰せなく、只長官からきいたが考へてるといふ程度に御受け頂いた方がよろしいかと存じますと申上ぐ。あそうか。よろしいとの仰せ。

次に前回御下問のありました河上が久邇家の顧問を引受ますか否かの問題は、昨日田島会見しまして、例の大協の高橋と共同で御受けするとの返事を得ました。今朝山梨を訪ね、其話を致して参りました。又一方、青木等の残務は、一昨日青木、塚越から田島がきゝましたが、青木は久邇さんに御目に懸る意思はなく、塚越が今度の連中に引継ぐ事となります。其手順だけ運ぶつもりであります。顧問が辞するなら誰も頼まぬといふ態度ではない事は、まア結構だつたと存じますと申上ぐ。

一二月五日(金)　御召し御座所　二・〇〇―二・二五

総理は、何だか三谷では物足らぬやうな事もいひ、小泉の事をいつたから、長官から其話はきいたが考へておくといつておいた。万全を望んでも中々六ケしいので、第四艦隊司令長官では井上がよくても仕方はないし、陸軍でも後藤は人物がいゝといふ事は間違ないが果して之に適任か、又辰巳(栄一、元陸軍中将)は英国の事はよく知つてる[121]として、東宮ちやんの随員長として果してどうかネーとの御尋ね。それはどうも世間に納得はないかと存じます。今朝、久邇さんの事で山梨を尋ねました時に、山梨もいゝ処へ落付きましたネーと申して居りましたから、先づ無難な人選であつたと存じます。昨夜吉沢(清次郎)といふ芦田の時の外務次官にあひましたが、まアいゝ処ですネーと申して居りました。少くとも一般には無難の評でありますと申上ぐ。

そうか、小泉と一時出た時はあまりよくなかつたようだつたネーとの仰せ。随員長としては、小泉はむしろ問題にせぬ位でありました。吉田は、佐藤を馬鹿と申しますし、きらいのものは近〔づ〕けませぬ権幕故、小泉の事を引込めましたのは余程の譲歩と存じますが、別の形で何とかしたいと望むのと存じますが、今日小泉の事を云々します事はよくないと存じます。小泉も大体辞退に傾いた口調でありまするし、万一参ります事がよいといふ事になりましても、飛べば間に合ふのであります故、御出掛け後でもよろしいが、今日それが問題となりますればどうもと申上げし処、何かきまる迄の経緯や何か彼是いふ事になるかも知れぬ云々の旨仰せあり。吉田は師傅とかいふて私の時の閑院宮の事を思つてるかも知れぬが、何一つ教へて頂いた事はなし。師傅といふ事は別にないとの仰せ。山梨も吉田にきかれて困つたらうとの仰せ故、井上は人物はよろしうございますが少し協調的でない、米内の葬式にも上京せぬといふやうな事が山梨には極端だといふ感じがあるらしうございます。海軍にも人はなからう。老人でなくて戦争に余り関係のない人間で人物がいゝといふのは……との仰せ。吉田との御話合ひの事は正に承りましたと申上ぐ。

先日御下問のありました新年メツセージに関し、松本〔駐英〕大使へ照会致しました返事が参りましたとて朗読――此正月にでもメツセーヂを特に御願する事もないかと存じますと申上ぐ。例年正月となりましても似たような事になるかも知れませぬ。カナダ濠州等の関係が主と大使の手紙にもありますし……と申上げ、別に此正月になさりたき御気持にも拝せず。

又、松本大使の皇太子御渡英に関する条〔くだ〕りの手紙をも朗読し、矢張り小人数をよろしいやうに申して参りましたと申上ぐ。又BOACを御利用は英国に感じよしとありますが、クヰンエリザベス号に御乗船も感じよいと存じますと申上げし処、吉田はカナダが飛行機を日本迄出すといつてるとかいつてたよとの御話故、ハイ場合によつてはさういふ話も出来る旨松平から一寸きゝましたが、米国の船のプレジデントラインも中々一生懸命で、皇太子様に御乗船願へれば随分よろしいらしく、又、只今太平洋の客船はこれだけで、他は貨物船でありまするが、プレジデントラインは桑港でありまするが、場合によれば晩香坡〔バンクーバー〕にするとの事でそうなれば一番よろしいかと存じて居ります。あ、そうか、吉田はカナダの飛行機を出すといつてたが場合によればか……との旨仰せあり。

先夜仏大使館で仏の外務次官にあひました節、公の御返事は何か外務省からでありますが、個人としては、若し大陸へ御出でになれば国賓は一日位で、あとは学生として御気楽に御見学がよろしいかと思ふ旨申しましたが、次官も同意のやうでありました。又昨夜丁抹公使館へよばれましたが、丁抹公使はアクセル殿下に対する皇室の御優遇を感謝し、菊の御礼を申し、又矢張り大陸へ御出なれば丁抹へもといふ様なことを申して居りました故、個人的な考へを同様のべておきました。東宮様御渡英について、諸外国が御出願ひたいと申してくれます事は結構な事で、何もいつてくれなければ矢張りいやな気持が致します。

昨夜の丁抹の会は、ドウマンと戦前から古い友人といふのでドウマンが主賓でありましたが、その席でターナー夫人が先日の馬術大会の時見て居りまして、あの事件のあとで東宮様は御立派でしたと申してたやうでありますが、即死の事故は相当シヨツクを与へましたし、仏大使館は二日でありましたが、三十日の出来事で日本の婦人連はかけがへのない殿下故、危険な事はマア〳〵といふ空気がありまして、此事は国民として当然で、東宮様の御楽しみを全部とらぬ程度で矢張り考ふべき事と存じて居りますと申上げし処、余程其点は御考への様に拝す。

一二月七日(日)　願出御文庫　七・三〇—七・四五

夜分に拝謁願ひまして恐入ります。朝香若宮妃殿下〔朝香千賀子、孚彦妻〕が急に御残念の事[122]でありまして、弔問使より少し早く参り、少し遅く帰りました。大宮さん〔朝香鳩彦〕もおいでありましたが、只又世話になるとの御話でありましたが、若宮さんは御葬式はカソリックで教会でなさいますが、御墓所を豊島ヶ岡に願つて、旧教でやつて御許し頂けるかといふ意味の御話がありました[123]。侍従長、侍従次長等、侍従職の意見も、次長及書陵部長の意見も皆一致して御許しを願つて結構との事でありまして、之は御許しを願ひたいと存じます。田島はその御話の時、何れとも分らぬ顔を致して居りましたら、誰か家職風の人が埋葬御許し願へばあとはといふ様な一寸妥協的のやうな事を申しました為か、若宮は更めて田島に願へば一年祭でも何でもカソリックでやるといふ意味だとの御話がありました。戦後御自分様の御意思でなく臣籍降下の旧皇族さんは、梨本宮〔守正〕様の時既に豊島岡墓所の御許しを得ました前例がありまする上、朝香宮は既に大宮さんの妃殿下〔允子内親王〕の御墓所がありまする故、此度の千賀子様も妃殿下であられました方故問題はないと存じますが、扨〔さて〕お祭りがカトリック故いかぬといふ事は憲法の信教の自由の点から到底成立ちませぬ。只古い慣習から一寸変に感ぜられる点もありますかも知れませぬが、之を御断りしては筋が通りませぬ故、御許しを得たいと存じますと申上ぐ。よろしいとの仰せ（申上げの途中にても常に御同意の御表情御発言あり）。

次に、之もあまりよろしい事ではありませぬが、田島が鎌倉へ参つて居りました留守中に秩父宮家から御電話がありまして、只今御電話が通じました処でございます。妃殿下の御電話では、頃日一寸申上げました御発熱は御服薬の反応ではなく、矢張り先に手術なさいました個所――御電話故田島の方からあの副睾〔丸〕と申上げました処、そうだとの仰せで、それだけか、或はそれについて何か外にありますか分りませぬが炎傷〔症〕がありますので、折笠〔晴秀〕、児玉〔周一〕、遠藤〔繁清〕、寺尾〔殿治〕[124]の四人が昨日から今日迄掛つて拝診相談の結果、矢張り手術願つた方がよろしいといふ事になりましたそうで、十日に遊ばしますとの事であります。尤も、妃殿下から両陛下に御許しといふ様な大手術ではありませんので、田島より両陛下に申上げてくれとの旨であります。今までの手術は皆御殿場でありましたが、藤沢はおせまく、皇后様は御覧になりましたと存じますが、二階の御書斎の処で遊ばすらしくございますと申上ぐ。そうかとの仰せのみ。

夜分故退下せんとせし処、あの序だが、東宮ちゃんのカナダ行の北の方を通る飛行機は、あれは止めた方がよい。私の北海道行きの事の考慮などから考へても、若しもの事があるとわるいからとの仰せ故、ハイ、侍従長に仰せの旨承り、首相がカナダ側へ引受けるやうな事は万々ないと存じ、未だその旨首相には申してございませぬが、総理への連絡は準備委員会でも問題に致して居りまして、田島は松井は秘書官を致して居り、充分隔意なく連絡とれると存じて居りましたが、実はあまり自信がないらしく、外務省は責任をもつて連絡致しまするが――宮内庁側は宮内庁で委員会を開き、次長は議会で色々質問されますので出席して居りますので充分連絡とれまするは勿論でありまするが――首相丈けは田島から連絡してくれと三谷も松井も申します故、委員会の決定として、太平洋はプレジデントウイルソン号、大西洋はクヰンエリザベスとして手紙で通告了承を得たいと存じて居ります。プレジデントライナー会社では、桑港行きを晩香坡に変更してくれます事の返事を月曜に参る筈でございます故、首相に通知したいと存じて居ります。北の方の問題は、今回のアイクの秘密旅行(125)の点を考へましても、北方ソ連の方はおもはしくないと存じますし、日本御出発の時は船の方がよろしいと存じますが、首相にはカナダ行の北方飛行機のいやな理由は申述べませんでよろしいかと存じます(なぜいはない方がよいかといふ様な一寸けげんな御顔にも拝す)。総理がカナダ飛行機の御迎へといふ事も、そうはつきり申した事はないと存じます。松平〔康昌〕から伝聞致しましたやうな事かと存じますが、北の方を太平洋お飛びはやめまして……あれは夏のある時だけい丶かも知れぬがそれに……との仰せ……若しプレジデント号が晩香坡へ参りませねば桑港迄カナダの厚意の飛行機で来て貰ひますればよろしいかと存じますと申上ぐ。三谷にいつたあとで、新聞見たりして私の北海道行きの事など考へて、どうもやめたらい丶と思ふとの御話あり。承る。

前後に、千賀子様御遺顔拝せしも、安らかの御様子と拝せし事申上ぐ。

一二月八日(月)　御召し御座所　一〇・〇五―一〇・五〇

あの、あの、秩父さんの手術の時ねえ。あれは長官がい丶か、それとも侍従職から出すか。兎に角見舞のものをあげるのだがとの御話。此前御殿場で御手術の時、田島が御見舞に出ますするので、両陛下からの御見舞の植木鉢を持参致しました。手術も大きく侍医も御見舞に出ましたが、今回は小さい手術故、侍従職を経ず、十日にはしたが、今回は小さい手術故、侍従職を経ず、十日には田島東宮様御相伴でありますが、六時でありますからその前に帰りますやう御見舞に出ます積り故、田島が御思召の品をお持ちしますのがよろしいかと存じますと申上ぐ。そうか。それなら良宮にさういふ風にいつておこうとの仰せ。あのバイキンは中々勢力あるものに違ひないが、結局体力が強ければ出れないと思ふ。その体力を養ふ事の為には、矢張りフツトボールや夜会や又カナダの午餐や御出掛が多いのではないかしらとの仰せ。御泊りの事故多少御様子を拝見致しますが、御昼寝をおとりになつたり、医戒は充分に御守りのやうでありますが、大分御恢復になりまして医者もよろしいと申します為か、近来は御出掛けは多いのではありますが、それだけ久しぶりに御感じはよろしいやうでございますが、それと今度と関係ありますか如何か……と申上げし処、どうも屋内で御楽しみの事は秩父さんはないからいかんといふ様な意味を仰せになる故、それはそうでもございませぬ。最近はテレビを御買ひになりまして御楽しみのやうで……と申上げし処、いやあれは献上ぢやないか。妃殿下の御話ではそうのやうだが、内実には矢張り御買ひになつてるのかもしれないが、兎に角妃殿下の話では献上のやうだよとの御話あり。

内廷費の御倹約の問題も、時勢の変化につれまして左程心配な見通しはなくなりましたので、適当に必要なもの、為には御支出結構と存じ、皇后様の御和装の為の費用之に関連して、若し女官連も備品として必要な程度は整へる事覚悟で侍従職と話して居ります。共産党などの一時の勢ではどういふ予算になるかとも思ひましたが、衆議院では共産党員は零となり、頃日一寸申上げました参議院の共産党員が立太子礼の饗宴に不参の人が記念の御盃は頂戴したいと申出て居りますし、又雅楽を往復葉書で申込めばきけるといふ事にしましたのに岩間〔正男〕等共産党員の参議院議員二人来まして、皇室でなくてはこういふ文化は保存されないとか申しました由。世の中一般の情勢が終戦直後とは漸次変化して参つて居ります……と申上げし処、陛下はその共産党の態度は真実で果してあらうか。或は何か為にする処あつて、却つてそんな風に出てるのではないかとの仰せあり。それは共産党は中々周到でありますから何等か為にする所あるかもしれませぬが、まア素直にとつてよろしいかとも存じて居ります。少くも共産党がこんな態度なれば、他の政党等が騒ぐやうな事には確かに影響がよろしいので、傾向としては矢張りいゝと申していゝかと存じますと申上ぐ。それはそうだとの仰せ。

実は、千五百万円の皇室内廷固定資産も、インフレ前の通貨で計算しましたもの故、今日では非常に実質的少額となり、之を大切に保持するといふ考え方は議会及世論の空気の変化上つまらぬ事でありまして、むしろ適当に必要なものは独立後の象徴としての必要のものには消費しまして、どうしても足らねば何とか要求する方がよいかと考ふるに至りましたと申上げし処、それもそうだが、一方には戦災者が充分社会的にうまくいつてないし、犠牲者の各種の困窮のある事も念頭を去つてはいかぬとの仰せ。それは勿論でございまする故、此夏戦犯者の気持の荒みました頃、山梨大将の話をきゝ、吉田首相に特に反対の言もきゝませぬでしたから、田島名義で役所の交際費から巣鴨戦犯の為に十万円出す事を申上げました処、時期ではないとの事でありましたが、立太子礼の前に山梨より話があり、之は出金しました。戦犯は一応日本国に罪を負ふものでありまする故、之等に対し皇室が御援助は問題があるかも知れませぬが、田島個人で出します事は問題ありませぬ故と申上げし処、田島がそんな大金を出す筈はないと人は思ふからネーとの仰せ。左様でございまして、山梨の話ではこの十万円でも巣鴨でいゝ結果ありましたやうでございます。内廷費から直接御出し願はず、若し交際費不足の時は内廷費より交際費の方へ頂くと致しましても、一応はどこまでも長官交際費から出しましたが、意味は通じる人にはよく通じて居りますと申上ぐ。巣鴨の人によくば、自然戦犯未亡人等にもいゝだらうとの仰せ。それは又別かもしれませぬが、いゝ影響はありませうと存じます。最近、印度、中国が戦犯赦免の事を通告してきたと新聞に見ました[126]が、日本政府は立太子礼挙行の機にといふ事を申入れて居りますやうで、十万円を立太子礼の直前と山梨の申しましたのは意味のあつた事と存じますと申上ぐ。

それから、恒例の年末等の幹部への支出は、今年は立太子礼等ありまして多忙でありました故、多少増額で御許し願ひたいと存じますと申上ぐ。よろしいとの仰せ。

数日前新聞記者と年末の会合を致しましたが、其連中の空気も大分違つて居りまして、各社内では宮内記者は宮内御用掛見たやうに思はれまする由で、出入中宮内庁の事、宮中の事をよく理解してくれてると思ひまするし、尤も一般外部関係でも回顧しまして、実に終戦後とは隔世の感と申して居りました。然しこういふ時にも油断はいけませんと存じますが、テレビなども日本に六百台もあるとの事でありますす故、皇室にも一台あつて少しも贅沢ではない位に考へて居りますと申上ぐ(後刻次長、侍従次長と連絡す)。

陛下は、どうも日本人は皆世界の正しい情報を充分知らないで色々な結論を出して困る。安倍〔能成〕なども少しさう思ふが、ガンヂー〔Mahatma Gandhi マハトマ・ガンディー、インド独立運動の指導者〕見たやうな無抵抗主義が、個人としては兎に角国として果してなし得るものか。侵略的などは論外だが、侵略の危険のあるものがある以上……これは私が失敗した、あのソヴイエットの仲介によつて平和をもたらさんとした時に之に応ぜず、日本と不可侵条約がありながら攻めて来たやうな明かな事実[127]によつて、スターリン〔Iosif Vissarionovich Stalin ヨシフ・スターリン、ソ連首相〕が侵略主義たる事は確かである。又侍従長の話だが、平和の為にソ連と法王庁と力を合せてとのいふ話のあつた時に、スターリンが法王庁は何個師団の兵力を持つかときいたといふ事[128]も、どうもスターリンは侵略意図ありと思はざるを得ない。左すれば侵略ではないが、防備用の軍隊はいるといふ事になるは確かだと思ふが、侵略の意図のものなしといふ意見の下に、軍備必要なしとの議論などされては困る。此意味では意見でなく、世界の形勢を有りの儘に国民にきかせる事は認識を正しくし、従つて判断に誤なからしめる上に必要だと思ふのだがネーとの仰せ。それは純理その通りと存じまするが、政治問題となりますれば、戦争中の情報局が戦況などうそばかり申しました事などがたゝり、又緒方〔竹虎〕もある時その総裁〔情報局総裁〕でありました為、政治上反対論が多くなつて居るのではないかと存じますと申上ぐ。

今日次長は国会へ参りましたが、内閣委員会で例の翁島の御別荘を無償で高松宮が福島県へ厚生の為め下附になる件[129]でありますが、有栖川宮〔威仁親王〕で御築造の時、地元民より多少意に反しておとりになつてるやうな原因でもありますか、地元民に御返し願ひたいといふ請願がありまして、福島の代議士にもいろ〳〵利害があり、議論がありますやうでありますが、之は御忘れ願ひたいのでありまして、田島も次長も正式に誰から聞いたといふ事ではありませぬが、表面高松宮は無償で県へ下附の為国会の協賛を要して居りますが、蔭ではどういふ風ですか有償的であるとの話であります。陛下は、私は有償の場合国会の承認かと思つたが、無償の為め国会の承認が入るのかとの仰せ。有償なれば相手方があり、皇族が無茶の事はせぬが、無償の時は何か目的があつてやるのではないかといふので、無償を監視するといふ立法の趣旨かと存じます。そうかとの仰せ。地元の人からの陳情で何か議論がありますやうでありますが、何とかなりますと存じますと申上げ、退下す。

一二月九日（火）　願出御座所　一一・三〇―一二・〇〇

今日は人事一件御許しを得たいと存じます。今夏以来、保科〔武子〕女官長と大宮御所の前清水谷〔英子、元皇太后宮〕女官長と話合い、高松〔千歳子、元皇太后宮〕女官をとの話も健康等で調ひませず、今城〔誼子、元皇太后宮〕女官ならばよからうとの事で、皇后様もあれならよろしいとの仰せもありました処、小倉〔満子〕女官があゝいふ病気でありますので全然本復といふ事は中々六ケしく、何れは退職の事となりまするが、ひどい処置の感のありませぬ様、来年三月位を目ざして考へて居りますが、それ迄に今城は採用致したく、一面退職者の再採用の問題もありまするがと申上げし処、自分の意思ではないからとの御話あり。左様でございます故、結局再任官と存じまするが、差当りては内廷費支弁で御採用の事に御願したく存じます（小川〔梅子、女官〕が当分居ないしとか何とか仰せありしも、一寸何か勘違ひ遊ばしての事らし）。

それから之は陛下には御忘れ願ふべき事でありますが、或は自然御耳に入りますから知れませぬ故一寸申上げますが、〔三笠宮が〕「青年よ銃をとる勿れ」といふ一文を御書きになりまして雑誌に御載せになりました(130)等の為か、ウインで開かれる共産系の会合(131)に案内が来まして、其返事を書くやう式部に御話があり、御返事なき方がよい旨官長が申上げ、どうしても御出しになるとしても御断りといふ丈けでよいと思ふとの事で、結局無返事であつたと思ひますが、日本文で変な御返事でも御出しになればよくないと存じます。御地位を御考へ願ひませんと……と申上げし処、困るねえ、それは高松さんもだとの仰せ。ハイ、高松宮はそういふ問題でなく、改進党の代議士[132]某に招かれて栃木県に御出になりましたのが大分問題の様でありますと申上げし処、改進党なれば……との仰せ故、保守党ではありますが、その代議士の人物がどうも感心しませぬので、全く政治的に御利用になられた事で、反対党の代議士連がブーブー申して居りまして、秘書課長あたりとも宮様と御話があつたやにもきいて居ります（困つた事だとの御表情、例の通り遊ばす）。

次に朝香夫人の御葬儀の事は、カトリツクの為に移霊祭のやうな事はありませぬ為、柩前使といふ風には当りませぬが、賜物使を侍従に願ひ拝礼あつてよろしいかと存じます。梨本宮の時祭資（喪儀のために天皇から賜る資金）は五〇〔、〇〇〇〕―でありましたが二〇〔、〇〇〇〕―でよろしいかと考へます。榊、羽二重、神饌等ありましたが、今回は不適のもの故、御花一対で結構かと存じます。それから葬式が教会で行はれる時、御代拝という事でよろしいかと存じますと申上ぐ。賜物使が拝をして又代拝かとの仰せ故、前の時柩前使の意味、御葬式にはいつも御代拝はありますからと申上ぐ。あゝそうかとの仰せ。よく侍従職とも打合せまして、御許しを得る事に致しますと申上ぐ。

次に、東宮様御渡英の準備委員会も段々進んで居りまするが、随員の方は三谷、松井の外に式部官吉川（重国、式部職儀式課長）と申上げし処、吉川が居なくて式部の仕事はいゝかとの仰せ。それはどうにか繰合せつきませうと申上ぐ。それから、黒木（従達、東宮職事務主管兼東宮侍従）と佐藤（久、東宮）侍医、若し佐藤の都合があしければ佐分利（六郎、東宮）侍医と申上げし処、佐分利は外科だとの仰せ。左様ではございますが、数年東宮様の御健康状態は承知致し居ります故、大丈夫と存じます。そうかとの仰せ。只問題は、今一人侍従を付けるかの問題が未定であります。戸田（康英、東宮侍従）をつけるか否かでありますと申上げし処、病気といふ事もあるからとの仰せ。その点は他の役も左程には考へず、小人数の建前でありますからと申上ぐ。それからロンドン迄の交通具は、段々申上げて居りますやうに、プレジデントラインとクヰンエリザベス号よろしと大体決定〔委員会〕しまして、問合せました処、既に大分満員の様子でございます。晩香坡問題もどうなりますか分りませず、場合によればカナダ迄飛行機か鉄道といふ事かと存じます。

猶、随員の方は判任官級としては会計の人、荷物の人、ヴアレー〔valet フランス語で従僕〕等三、四人といふ処でありますと申上げし処、ヴアレーは語学が出来ぬと困るよとの仰せ。私は原〔忠道〕といふ大正天皇の侍従職の属官であつた〔人物と〕、今一人萩原〔萩本即寿〕[133]といふ Valet と二人であつたが、之はフランス語が出来てよかつたとの仰せ。

それから、松井も外務省、外務大臣迄の連絡は引受けますが、首相秘書官でありましたが首相との連絡は田島にして欲しいとの事で、委員会でもそういふ話故、委員会できまりました事は私から手紙で連絡致すつもりであります。

一二月一〇日(水)　願出御文庫　四・二〇—四・三〇

只今藤沢から帰りました。秩父両宮殿下より、両陛下の御見舞に対し御礼申上げる様御申付でございましたと立つて御挨拶申上ぐ。

然る処、今日は手術は延期といふ事になりましたと申しますは、総て準備は整ひましていつでもよろしいといふ処で、執刀の折笠博士初め、殿下のおはき気のある事と、御脈の多い事の為に手術をする勇気なく、内科の医師とも相談して御延期願ふといふ事になり、妃殿下から御下問もあり、手術が延びて盲腸炎の期を失したやうな取返しのつかぬやうな事は此際なき事を折笠に確かめました故、延期に賛成致しまして只今帰りました。先に副睾丸をおとりになり、今回又他の副睾丸がわるくなりまして、開いた上或はその睾丸までとらねばならぬかも知れませぬが、別に他にさわりない事との事でありました。停電スト[134]の為めに大宮御所等にありました電池での電灯はないかと今朝御電話でそれを持参致しましたが、他で御整ひになり、又便宜に一時電灯をつけてくれました由で、その方はよくなりましたが、延期となりまして、その電池は此次迄御預けして参りました。随分電産ストは一般人に迷惑を及ぼしますと申上げし処、労働者もかういふ一般に迷惑のかゝる事をなぜやるか、新聞などももつと労働者の態度を攻めないか、政府も一般に迷惑のかゝらぬやう処置をとらぬかと、国事を御憂ひの御話あり。

退下の時、左手の包帯御覧御尋ねあり、恐縮す。

一二月一六日(火)

願出御座所　一〇・三〇—一一・一五

今日は一寸大きな事を二、三申上げます。第一は、比律賓(フィリピン)の大使のメレンシオ〔Jose P. Melencio ホセ・P・メレンシオ〕氏が執務中急逝致しました事[135]につき、首相及外相の意見として式部に申入れがありまして、皇室より御仕向を願ひたいとの事であります。御承知の通り、条約未済の間柄でありますが、国の政府が国の為めに御願ひすると申しまする以上、断る事は如何と存じまするので、その希望も入れて御許し願ひたいと存じます。前例を調べました処、アチソン〔George Atcheson Jr. ジョージ・アチソン、対日理事会米国代表兼議長〕氏が不慮の死[136]、及ウオーカー〔Walton Harris Walker 米陸軍〕中将の死[137]が占領治下の時にありました他に例とてありませんので、先づ占領時代に準じて考へる外ないかと存じます。花輪等、外務省側の申出通りに扱ふ方針を御許し願ひたいと存じます。それはよろしい。然しそれがアメリカとか他の国にわるい影響のある事はないかとの仰せ故、何にも致しませぬ方はわるい影響あるかも知れませぬが、願つてわるい事はないと存じますると申上ぐ。

それから、二十三日が皇太子殿下の御誕辰でありまして、拝賀の式でありますが、頃日の義宮様の時の様に、両陛下殿下といふ事は御成年式後の今日はおかしいかと存じますので、一部には従来通りの説もありますが、今年より常盤松の東宮〔仮〕御所で拝賀を御受けになるのがよろしいかと存じます。尤もその具体的の案は方針の御許しを得ましてからそのやうにして建てますつもりでございますと申上ぐ。それはその方針でよろしい。今年しなければずる〳〵になるから。但し大正八年……大正九年の時の私の時の事を調べてくれ。十年は洋行であるし、そのあとは摂政だからとの仰せ。その前例も調べまして、具体案を只今の方針で作りまして御許しを得る事と致します。よろしいとの仰せ。

次に、総理が先達てから急いで居りましたが、今日東宮様御渡欧の事の閣議を開きましたそうで[138]と申上げし処、それはとくにすんでたのではないかとの仰せ。ハイ、あれは御名代として戴冠式へ御出の事でありまして、今日はその前後に欧米各国を御旅行になるといふ事でありますと申上ぐ。あ、そうかとの仰せ。それで宮内庁からは御渡英の際と致しました処、カナダが前といふ訳で前後と直しました。それから非公式にと書いてありましたのを消しましたと申上げし処、公式又は非公式にといへばいゝのだなーとの仰せ。ハイ、その意味で単に御旅行と致しましたやうでありますと申上げし処、それで国々は？との仰せ。カナダ……と申上げし処、陛下ハワイとの仰せ。ハイ、ハワイ、桑港から加奈陀、英国、それから大陸は仏、西〔スペイン〕、伊、白〔ベルギー〕、蘭、丁〔デンマーク〕、諾〔ノルウェー〕、瑞典、もし葡〔ポルトガル〕及西独が国交関係が開始されまして事情上御出掛がよいと成りますればそれへもおいでと存じますが、只今はそれはありませぬ。それから北米合衆国といふ事でありますと申上ぐ。

それらの国々は、非公式にか公式には既に何か交渉あるかとの仰せ。仏は既に陛下にも申上げましたが、カナダ、丁抹、瑞典、西独等、申出でが非公式に式部官長又は田島にありました処はありますが、今回の閣議の了解を経なければ万事本式には始まりませず、今日以後色々出て来る事と存じます。

それからプレジデントウイルソン号も大西洋のエリザベス号も確約出来ましてまず結構と存じます。乗客輻輳との事で如何かと存じて居りましたがと申上げし処、矢張り乗船して貰ひたいのかとの仰せ。その点もありませうが、キユナード会社〔Cunard、クイーンエリザベス号を所有運航する船会社〕には英国大使館から何か申したとかともきいて居ります。只、プレジデント汽船会社の晩香坡問題がまだきまりませぬがと申上げし処、それはどうせ紐育へ来てエリザベスに乗るのだから、マア同じやうなものだ。桑港についてもとの仰せ。晩香坡になりますれば問題はありませぬが、桑港の場合は加奈陀と相談して飛行機に願ひますか、汽車に願ひますか決定する事になります。

随員も今日閣議で了解を得まして、三谷、松井、佐藤侍医、吉川式部官、侍従は黒木の外、戸田も之は東宮職、殊に小泉の熱心な希望によりまして決定致し、その代りに随行の事務の者は三人で合計九人といふ事になりましたと申上げし処、小泉や松平の問題は吉田はもう何ともいはぬかとの仰せ故、松平の事は重ねて話はありませぬが、小泉の事は熱心でありますが、一応今回の随員は之だけといふ事に了解は致しました。但し、小泉も一九三六年に洋行致しましたきりで、其後の戦争後の欧米の変化は以前の何十年にも匹敵致し、東宮様御輔導役として一度親しく視察しまする事は必要といふ意味で、或は小泉洋行といふ事が出る可能性はあるかとも存じますが、随員関係としては一応打切りましてございますと申上ぐ。うん、それは又ネーといふ様な仰せあり。又旅券はあつた方がよろしく、外交旅券といふ事も今日の閣議の了解事項にあつたと存じますと申上ぐ。

それから私の時は朝鮮人の問題が八釜しかつたが(139)、私は之はデマだと思つてゐたが、それよりは今度は各国の治安の問題は長官としても職務上当然考へなければならぬ事でもあり、又政府としても当然考へると思ふが、東宮ちやんの身辺の問題をよく注意して……との仰せ。その点は勿論でありまして、強調致しますと申上ぐ。それは一つ是非強調してくれとの仰せ。

それから、秩父宮様御手術の件は、十七日の予定は十三日の共同拝診の結果延期となりまして、二十日共同拝診の結果による事となりました。どうも引続き御食欲がおありにならず、脈も多いやうでございますが、それが新薬の副作用かどうかを見てる事かと存じます。勝沼〔精蔵、内廷医事参与、名古屋大学学長〕が拝診の節一寸意見をきゝましたが、人によつて副作用はいろ〳〵ありますとの事でと申上げし処、副作用ならばいゝが何か別に理由なく脈が多いとなれば心臓が……との仰せ。ハイ、然しマー大した事はない御様子で、今日も英国大使館の晩餐会に妃殿下は御出席で、今晩は官舎に御泊りになります。十四日に陛下も妃殿下と御話でございましたかと伺ひし処、人も居たから余り話さなかつたが脈が……といふ様な事だつたとの仰せ。

それから、今夕の英国大使館へ東宮様の御出掛でありますが、公式の御引見等の場合は、陛下の頃日仰せの原則としての日本語でありますが、食事の席でもありますので、又御出来になりますので今日は通訳は考へませんでした。それは食事の席などはそれでよいとの仰せ。

それから、年末恒例の社会事業其他への御下賜金、書面を以て御許しを頂きまするが、例年二万円宛賜ひまする団体は出頭して貰つて居りましたが、九州など旅費にかゝりまして二万円がなくなつて了ふといふ様な説もありますので、厚生及法務両省と相談の結果、今年はストの為交通不便の点もあり、上京を求めず主務省から可然（しかるべく）渡して貰ふ事に致しました。昨年迄出頭の節は近況等を田島などがきゝ、御煙草と御菓子を賜ひました故、此賜品は今年もお金と共に賜ふ事に致したいと存じますと申上ぐ。それはよろしいが、東京都内の分も同じかとの仰せ。都内の分がありましたか一寸記憶ありませぬが、よしありましても同様に扱ひ、厚生省又は法務省から伝達致して貰ひますと申上ぐ[140]。

次にあまりよくない事でありますが、久邇さんが又も心配な事を一寸なされました。実は青木、塚越両人と今回の河上、高橋及び山梨、栄木四人と事務引継打合せ懇談の意味で昨日午食を共に致しました節、河上、高橋が遅刻でありましてきいて見ますると、高橋の大協石油の手形五百万円を貸してくれと久邇さんが先達ての山口同道で来られての御話であり、勿論御断りしましたのですが、そんな風でどうも手形の危険が本当に御分りにならず、山口と手も切れず誠に困つた事と存じます。今回、河上に顧問御依頼は高橋を経てゞあり、側面から田島も頼み承知して貰ひましたが、宮様としては田島は無関係でありますのを、高橋一人の考へで河上に頼む事を長官にも御願になつた方がよろしいと申しました由で、私は土曜に頼みました結果、高橋と一体で御引受けすると申上げました次第でありますが、今後は田島は表面抜けまして、山梨がその代りとなり、退きます顧問への礼等も山梨でやつて貰ひます（事実上は昨日相談致しましたが）し、青木には宮様御あひになりたくないやうですが、新しい顧問連中と一席御懇談は結構で、山梨の名で御召集になり宮様も御出になると存じます。経費は長官交際費で何とか致しますが、田島は顔を出しませぬ事になりました。然し此新しい四人で何とかして下さるやうにはなつて居ります。どうも女の関係で、何か御金の必要があるのではないかと想像されます……と申上ぐ(御嘆息にて御きゝの御様子に拝す)。

それから、昨日御手許に東宮様の儀式の御写真を差出しましたと存じますがと申上げし処、ア、見たよとの仰せ。付ては先日御話の通り、ヴァイニング夫人に両陛下の御命により、僅少部数の一を御送りするといふ手紙を書きまして、送りましてございますと申上ぐ(141)。

それでは比律賓大使御仕向の件と、東宮様御誕辰の件は、御許しを得ました線でそれぞれ具体化致さして頂きますと申上げ、よろしいとの仰せにて退下す。

一二月一八日(木) 願出　一一・〇五―一一・二五

御研究中を御妨げ致しまして恐入りましたが、取急ぎまするので御願を致しました。先日も大体御思召を伺ひました東宮様御誕辰拝賀の事でありますが、御成年式後立太子礼も御挙げになりました事故、両陛下と共に御受けになります事は御止め願ひ、東宮職で一応具体案を出して参りましたが、実は陛下の前回の仰せで、明治の時大正天皇の皇太子の時の先例を調べましたが、八月三十一日の為め、いつも日光とか御避暑中で何の御儀式もありませんやうであります。陛下の皇太子様の時は大正九年一回で、十年は御渡欧中であります。其後は摂政殿下でありますが、九年の時には皇族は拝賀になつて居ります。然しこれは旧憲法下であり、各皇族方も直宮様はおありになりません。有栖川宮が一番御近くても随分御血縁は御遠いのでありますが、今回は新憲法であり、又私的に御叔父様方であられまするので、陛下の時の前例の儘とも参りませんかとも存じます。それに、これは申上げぬでよろしい事でありますが、新嘗祭の時、皇太子殿下が殿上で御拝になります時、ある宮様が前例はあるのかとの御尋ねがありまして、ありますと申述べましたが、其御質問の裏には、殿下でモーニングで拝礼かと思つておいでであつたかと想像されますから、本来は殿下方も御昇殿御裳束をおつけ願ふのでありますと申上げましたが、それはいやだとの仰せもありました。それから御神楽の時、皇太子殿下御拝の時は臣下は起立致しますが、殿下方は勿論おかけの儘であります。之は親王として御同等との御考へもあるかと存じまする故、拝賀となりますると殿下方の御誕辰にも東宮様が賀に御出掛けになるべきかといふ問題もありますので、六ケしい誠にデリケートでありまする為に、具体的の事になりまして、一応御思召を拝したいと存じまして……と申上げし処、そうか、それは中々デリケートだが、田島が宮さんへ出て、それとなく意向をきいては……との仰せに付、ハイ、それは田島が出ましても一寸御意向を伺ふとしても六ケ敷く、御意向次第によるといふ事でもなく、一応東宮職としての案は出て居りまするので、それを一度御きゝを願ひたいと存じますが、午前十時に元皇族と鷹司、池田氏と拝賀、十時五分元皇族と御対面、そして御一所に御祝酒、十時四十分に田島等宮内庁部局長連の拝賀、午後二時旧奉仕者の拝賀、其間に宮中に参内、両陛下と御祝御膳といふ事でありますが、元皇族と皇族へは電話位で、今年は宮城で両陛下に対し東宮御誕辰の拝賀はありません。臣下は十時四十分頃からでありますから、若し御出で下さいますやうならば十時(十時五分)頃結構で御座います、といふ風な意味の申上方を致したいとの原案であります。本庁側も東宮職の意見で結構かと存じますが、兎に角、直宮様方が若し御出でになれば、直宮様方の御誕辰には東宮様が御出向きか如何と質問致しました処、それは御学習中故御使を遣はさるとの事でありましたと申上げし処、学習中とあれば其後は自ら祝ひに行くといふ理屈が後へ残るから、其理由はどうかと思ふ。然し、皇太子の身位は未来の天皇で、私には叔父甥でも公的には一段高いのだから行かぬでもよいと思ふから、その理由はいはぬ方がよいと思ふとの仰せ。承りました。それでは先刻のやうな申上げやうで、必しも御出でにならなくもよろしい申上方を致します事に御許しを願ひ、東宮様としては宮家の御誕辰には親らは御出にならぬ事として御きめを願ひたいと存じます。あ、よろしいとの仰せ。

退下せんとせし処、あの序だが、参考の為に一寸きいたからいつておくが、先達ての立太子礼の時の五十万円の下賜金は、精神の方の弱い者の方にはまはらぬので不平があるといふ事をきいたがとの仰せに付、最初は盲聾、心身障害者と存じ文部省へ話しましたが、身体障害者の範囲に止めませぬと五十万円のお金では少し少額になり過ぎまするとの事で、已むなく身体障害と致し、精神の弱い白痴といふ者の方には廻らぬ事となりましたと申上げし処、私は精神の方もふくむかと思つてたがそうだつたのか。此間海軍の平田〔昇、元侍従武官〕が来てその方面の者で不平をいつてるときいたとの御話故、田島も徳川の家の処にも不足のもの丶学校がありまして(142)、其方面の事を承知致して居りますので最初はふくむ積りで居りましたが、只今申上げましたやうな次第であります。何等かの機会に又考へる事と致しますと申上げ、退下す。

一二月一八日(木)　願出御文庫　四・五五―六・〇〇

一寸取急ぎまする事で、おそく拝謁を願出でまして恐入りますが、実は吉田〔茂〕が直きに陛下に申上げました御住居改造の事でございますが、予算にまだ計上してありませんので、此際急ぎ提出する必要がありますのでございますが、今日午後二時から持参致しました数案について相談致しましたが、首相の意見もありまする故、御思召を伺ひまして至急首相とも相談致しまして、二十八年度予算に此際附けかへて貰ひます為には、二十七日が査定とか申して居りまして一層急ぎまするので……と申上げし処、来年度の予算にあげて改造しようとすれば急ぐだらうが、改造を来年度とせねば急ぐ事はないではないかとの仰せ。それはそうではございますが、陛下の御住居が不衛生といふ点が科学的に立証されました以上、田島としましては明年度予算に少くもそれだけの事は入れなければなりませんし、首相も直きに陛下に申上げました次第でもありまするので、管理部で数案作成しましたのを今日かように持参致しましたから、方針だけおきめを願ひたいと存じます。

御文庫の改造案が四案ありまして、A案は鈴木次長の頃の立案によつて作りました、御文庫屋上に御座所等両陛下の御住居を作る案でありますが、鈴木の当時九百七十万位でありましたが、今回は三千二百万となつて居りますが、皆相談の結果あまり賛成者がありません。次に

B案、C案は陛下が余り御好みになりませぬ案かと存じますが、御座所の御隣りの物置きの処から……と申上げし処、いやあれは物置ではないよ、呉竹〔寮〕からいざといつて来た時、又義宮御殿の事も考へてその為の部屋であつたが、今は物置きになつたのだとの仰せ。その辺の所からとて図面を御目に懸け、廊下で斯様に出まして、御座所御寝室等百六十坪を建てる案でありまして、B案は鉄筋、C案は木造防火建築で、Bは五千八百万、Cは千万円安く四千八百万の予算でありますと申上げし処、吹上げの南へ増築する事はとて余り問題になさらず、吾々としても一番よろしいと存じましたのはD案で、まづ吾々としましては之が一番およろしいかと存じますが、之は先づ大体佐藤工学博士指摘の湿度温度の一定の上よりの欠点除去の地下の機械的設備を致しまする事と、此際（図を御示して）此処に侍従候所を、そしてその正反対の処に女官候所を作りまして、只今の侍従候所女官候所は物置としてホール等の物を御移し願ひ、吉田首相が保利〔茂、前官房〕長官をして外部から拝見せしめました際、ホールの椅子の破れが見えました等の事もありますので、そうしてホール等を少し奇麗に致しますれば一応よろしいのではないかと存じます。又女孺等は、昔しはあゝ御近くには居なかつたかとも存じますので、只今の洗濯所の方と御文庫との中間は植物等もあまりありませぬ所故、あそこへそういふ平家建を増築致しまして、御文庫内に余裕を作りたいと存じます〔欄外「あの辺はいゝよとの仰せあり」〕。当直の侍従女官の寝室も別になつて居りませぬ実状故、之の寝室を作りまして、候所を少し奇麗にして、陛下も御出でになり得るやうな、葉山や那須のやうとも存じますが、之等の部屋は南受けの至極よい部屋故、或は只今の謁見室をこゝにとも御考へかとも存じますが、謁見室の処が侍従候所となりますれば、御食堂の御近くといふ事でどうも一寸変かと存じます等申上ぐ。一々それもそう、ウンなど仰せ。それから、陛下から一寸此前御話のありました、義宮御殿の前に新規に考へて見るといふのは三案作成致しましたが、あの土地へ新規に作りまする以上は、皆三億何千、四億となりまして、大体将来表宮殿の出来ました時にも一応これでよろしいといふ奥宮殿となります故、之はどうも只今時期でないやうにも存じますと申上げし処、戦争犠牲者の事もあり、まだ〳〵困つた人の多い世の中にそんなものを作つては皇室に対する国民の感じといふものが非常にわるくなる。それはとてもいかん。との仰せ。それでは、皇后陛下も細部について御意見もおありでございませう故、D案の図面丈けは御手許に差上げまするが、三億四億かゝる奥御殿案は到底陛下は御許しない旨、絶対に吉田首相に告げましてよろしふございますかと申上げし処、よろしい、そうして貰はうとの仰せ。予算の関係もあります故、早速取急ぎ申しますと申上ぐ。D案でよろしい。D案が一番よろし

次に、一つ御許しを願ひたいと存じますのでございます。具体的には申上げませぬつもりで上りましたが、陛下には矢張りありのまゝに申上げました方が却てよろしいかと存じますが、実は過般外務省と式部との間に今年はもう信任状捧呈などない旨を一応確かめまして、其旨侍従職に通じてありました処、国の名は分りませぬが三ヶ国斗り外務省としては願ひたい旨式部へ話がありましたので侍従職へ申入れました処、侍従職のどこかは分りませぬが、一旦陛下へ今年はないと申上げた以上御取次は出来ぬとの事でありますので、式部から少し困つて田島の処へ話のありました次第でございます。具体的に田島が此問題を何とかさばくのでなく、侍従長と式部官長と話合ふやうに申してはおきましたが、田島の考へは、概論として国事は一旦陛下に申上げましても、後に必要のおきました時は更めて御願すべきだといふ考へをもつておりますのでございます。勿論、何事も御願ひせぬ事も申上げました結果として、何か外の事の御予定が出来ました場合には、それを御取消し願ひますのは御願ひ致しませぬが、たゞ今年一杯は何もないと申上げましたと て、国事でありまする以上、陛下としても却て御本意でないと存じまするので、御願すべきだと実は考へますのでございます。信任状捧呈前ではお正月の拝賀にも出られませぬので望んで居るらしいのでございますと申上げし処、根本の考へ方としては田島の考への通りだと思ふ。国務である以上それが本当だ。一度上奏した事でも更める必要があれば今迄も更へてるのだから。国務である以上それはその考へでよろしい。今の正月の問題だつたら

私の信任状捧呈がすんでも良宮の方がすまぬとどうなるだらうか。その点を二十九日とか何とかにせねば駄目だらうとの仰せ故、お正月にはリストに載つて居ります外交官は皆拝賀に出ます故、本人すら両陛下とも御存じないのが、随員として大公使の御紹介申上げなかつたものは全部そうでありますからと申上げし処、そうかそうなら良宮の方の事はどうでもよいのだナー。二十四、五はいけませんから二十六日となりますが、此日は閣僚の御陪食がありますがと申上げし処、それの時間はいつかとの仰せ。それは十二時から二時頃でありますから、午前午後の二回は願ひ得ると存じます。今一国或は二十七日土曜日でありますが……と申上ぐ。[143]之には何とも仰せなし(素より侍従職の取次がゐは不可といふ事の全体的意見を申上げるにあり、主義はそうなければならぬ、その通りとの仰せを拝せし故、何れ侍従職より御願致しますとて具体的には決定せず)。

それから前回拝謁の砌(みぎり)、東宮様の立太子礼等で図らずも皇室に国民の関心が大に向けられる事になりましたが、皇室としては、又宮内庁としても充分戒慎して余り焦点にならぬやうにすべきだとの事を申上げ、陛下もそれがよろしいとの仰せで、次長式部官長にもよく其旨申しておきましたが、それの方針は去る事ながら、来年の御歌会は独立第一年でありまするし、外の事とは違い文化面の事で、しかも皇室と国民との交流といふ面がありますので、之は前の主義は主義として、之は特に放送の願出を許してもよいとの議論が強くなりまして、田島も必しもわるくないので御許しを得ればそれもよろしいかと存じますがと申上げし処、そう、去年は諒闇(りょうあん)でなかつたしネー。それは実況放送ではないかとの仰せ故、そうではありませぬ。若し御許し願へれば、御製御歌斗りではいけませぬので、必ず予選歌のあるものも放送するといふ事でなければならぬと存じます。式場には、かくれてマイクを置きます丈けで少しも妨げにはなりませぬと申上げし処、よからうとの仰せを承る。[144]

それから先日申上げましたブライスは、新聞の宥(和)策上、小泉も松平もよろしいとの意見になりまして、学習院で土曜日に東宮様におあひして日曜日に飛んで帰りましたそうでございますが、日曜の午に大使を訪問して東宮様にい丶印象を持つた旨話しましたそうでございますと申上ぐ。そうかとの仰せ。

それから、一昨夜の英国大使館は東宮様大変およろしうございまして、既に東宮様から御き丶と存じますが、大変御成功でおありのやうでございますと申上ぐ(余り今日は此事御興味なきか特に御質問もなし)。あ、そうとの仰せ。それに関連致しますが、昨日は仏大使等の鴨猟を思召といふ事で致しまして、明日は英大使館が主たるものでありますす故、東宮様の御供になります、黒木、戸田を特に出席するやう式部で取斗らひました由で、御許しを得たいと存じますと申上ぐ。よろしいとの仰せ。

それから一つ困つた事でありますが、実は東宮様の御渡欧の費用の予算を政府へ提出しまするのは会計の規程が中々六ケしく、今朝会議致しましたが無理な点が中々あります。即ち、旅館でも官吏の等級で相当の処へ泊ればよろしいが、御伴の為に一流の処へ泊りまする不足等を補ふ費目がどうもありませぬので、一面今日三谷首席の交際費といふ費目で若干貰へぬかといふ事を相談致しましたが、多少大蔵省で認められましても到底不充分と存じます。処で昔と違つて内廷も御貧乏でございまして、千五百万円の基金勘定も二内親王殿下の持分は御分けになり、大宮様の分は税金の残りは癩へ御寄付になり減少致しましたが、幸ひ投資の株の値上りの為に一千万円位は株の一部を売りますれば出来て、猶残りは最初の基金以上あるかと存じます故、口外はまだ致しませぬが、一千万円は一つ内廷基金の御支出を御許し願ひたいと存じます。東宮様の御土産だけでも一万弗位は御入用かと存じますが、之で三百六十万円、あと六百七十万円は旅費の不足額補充の覚悟がいるかと存じますと申上げし処、株を売るのは何を売るか知らぬが、その売られた株の会社が迷惑する事はないかとの仰せ。其点は絶対にございませぬ。内廷会計といふ様な名前を出しての所有の形式ではありませぬので、株式投資の金銭信託の形で信託会社が株式を持つて居ります故、その点の御心配は絶対にありませぬと申上ぐ。そうかそれなればよろしいとの仰せ。

退下せんとせし処、之は序に雑談中の雑談であるが、たしか朝日だつたかに今後の軍備の大元帥は吉田かとか天皇かとかといふやうな事が書いてあつた処にも、書く人の頭が天皇に帰すればいかんと思つてるやうだが、反対で事実は天皇にあれば間違なく、天皇になく、軍人の派閥が天皇をかついで此間の戦争はやつたのだ。機関説を攻撃した軍人が機関説のひどい実行をしたのだ。ワンマンがしつかりしてればワンマンの方がよいので、民主政治とかいつて派閥政治のやうな事をやれば又戦が起きぬと限らぬ。真相をどうも見て議論をせぬのは困るとの御話（一面の真理はあれど、此儘では誤解を生ずる筋の御話、適当に御返事す）。

　改造に細川の話が出て居りまして、(145)今回は天皇に真相伝はらずとのいふ書き方でありますが、多少近衛ビイキで木戸ギラヒのやうでありますと申上げし処、いやそれで多少私にも一寸当つてるやうな処もあるとの仰せ。今回のは決してそんな事ありませんと申上ぐ。〔欄外「中野重治〔作家〕のいやしき小説の事(146)一寸申上げし処、三笠さんが終戦の時はそんなやうな言方であつた。大統領の方がいゝ位だ云々御話あり。」〕

　ワンマンの御話では、頃日山梨にあひましたが、最近は吉田は野村大将とはお互に仲がわるく、山梨にはいろ〳〵と話しますやうでございます。曽て若槻〔礼次郎〕、岡田〔啓介〕両元首相には年末等御仕向もありましたやうな意味でありますが、米内大将の母〔米内トミ〕が九十以上であまり楽でないのを面倒見てるとかいふ事を聞きました。吉田も中々よろしい感心の事もございます。それから山梨の骨を折つてくれました巣鴨への十万円は、山梨が適当に話しましたせいかパツトしないで、陛下の思召が真で形は田島個人といふ事がよく分りましたが、藤原会長と原〔忠一、元海軍中将〕といふ中将と二人で挨拶に参りました。あれはよかつたと存じます。

　それからネー、子供のよむやうな雑誌であつたが、東宮ちやんの立太子礼が戦争後占領中であつた為に後れたと書いてあつたが、是も私の心地とは凡そ違つた話だ。私は十一位で少尉となり、立太子後は直ぐ東宮武官といふものが出来た。私は武官程いやなものはないとしみじみ思つた。後藤光蔵〔元侍従武官〕の如きは例外で、殆んど軍のスパイで、私の動静ある事ない事を伝へるだけの者でこんないやな者はない。それ故、立太子礼を行へば東宮職内に東宮武官が出来るから、私は立太子礼を成年後に延さうと終始考へてやつて来たので、戦争中からずつと其積りであつたのだ。それを雑誌に占領中だつた為といふのは実におかしな間違だ。武官が困るので、実は侍従長を海軍のバツクでいくらかおさへる意味で、現役では余りいかんので予備又は予備〔ママ〕にして海軍大将にしたのだよとの仰せ、繰返し御話あり。そうでございましたか。昨年立太子礼と御成年式の前後を御尋ねありましたか時に、その事は一向気付きませんでありましたが左様でございましたか。

どうも長時間……と申上げし処、いやどうも時間をとりすぎたかネーとの意味御笑ひ御話しあり、退下。退下前、ジヨージ六世〔前英国王〕のメツセーヂ集、松本大使より送り越しに付、陛下にと存じて居りましたが、東宮様の方の御参考にもよろしいと存じまして、先へ東宮様に御回し後また陛下にと申上げし処、私は英語は分らぬからとの仰せ。ハイ、大体どういふやうな話題かといふ事を要領を申上げたいと存じましたのを、少し先にのべさして頂きますと申上ぐ。

一二月一九日(金)　御召し御座所　四・〇五—四・一五

ゆうべの図面は良宮にも見せたが、あの案で異存はないようだ。実は私は今少しあのまゝでいゝとも思ふのだが、首相も直接私にいふ程だし、又衛生上の見地からという話もある故、此案ならまアいゝと思ふから進めて貰つていゝが、あの女官の部屋など、物置きか蔵かにするのには、棚の釣り方や押入戸棚のやうなものは良宮にも考へがあるやうだから、之はよく事前にきいてやつて貰ひたいとの仰せ。そういふ細部の御注文は、侍従職なりでよく御内意を伺つて致しますやうに致しますと申上ぐ。あの、それから、今度増築する場所は植物の方には余り関係ない処に相違ないが、工事をする為に吹上のある地面を使用するに違ない。それは可成少く使用するやうに考へて貰ひたい。又たとひ少くしても若干はどうしても入用で、その為め若干の植物の移植といふ事になると思ふ。それは時期もあり移植の場所の関係もあるから、事前に私に知らせて欲しい。此事を内匠にもよく連絡してくれとの御話故、それは管理部長の鈴木と侍従次長の稲田にと申上げし処、こんな事は大勢にいふ必要ないから良宮との話など稲田次長に凡て話す事にしてくれとの事承る。猶、首相は金曜日の只今大磯へ参ります直前につかまへまして話しました処、御思召がそうなればそれで結構だと申しましたと申上ぐ。

それから只今デニング〔駐日英国〕大使から手紙が来まして、サイモン三等書記官が二月に賜暇帰国致します故、東宮様の御世話を致しますとの手紙でありますと御報告申上ぐ。

一二月二四日(水)

願出御座所
一一・〇〇―一二・一〇

今日[147]は少し何件も申上げたいと存じます。第一は、本日只今迄、昭和二十六年度内廷会計検査の会議を致して居りました結果を申上げます。昭和二十六年度は大宮様の崩御といふ思はざる事がありまして、特に必要なものが生じましたり不用なものが出ましたり、外に行幸啓が比較的多く予算面以上でありましたらしく、その予算超過等もありましたが、結局二千九百万円の国庫よりの内廷費の外、約三十万の利子収入を予算して居りましたが、之が十万計り多くなりまして、二千九百四十万円余りの歳入に対し歳出は二千五百八十万円余で済みました故、約三百六十万の超過となりましたが、性質上次年度へ繰越し又は次年度歳入繰入れのもの、順宮様の御婚儀関係費、東宮様の御祝の費用等百七十万円計りありまする為、純粋の余りは約百九十万円でありまして、これは内廷基金へ繰入れる事になりましたと申上ぐ。陛下は、二十六年度といへばいはゞ一昨年の事だネとの仰せに付、今年三月に至る迄の一年であります。二十七年度もあと三ヶ月で決算を見ますが、是も多少は残余を生ずると存じて居ります。行幸啓の多かつたのは?と不思議の御様子故、そう多いと田島も存じませなんだが、六十日予算のものが九十日位とか申して居りました。二十七年度には多少予定日数を増しましたそうであります。両陛下等の内廷費は二千九百万円の一定額でありますが、供奉のもの丶旅費は毎年の予算に変動しますので、二十八年度予算にも此点考慮致して居りますと申上ぐ。

次に内廷基金でありますが、終戦後御八方分として一千五百万円の基金でありましたが、始めに此基金が内廷費不足の為減少致して居りましたので御倹約を願ひ、どうやらその減少も一両年前に埋まり、只今ではと申しましても、本年三月三十一日現在で時価と致しますれば、株券で一千八十五万余円、社債約金壱千五百万円、外に現金約二百万円で、二千七百万余円となつて居ります。此内には義宮様御一家創立の為の積立等も入つて居りますが、只今は又株価の騰貴がありますので(約三百万円位年度末より増加)、此際一千万円、東宮様御洋行の為支出致しましても千五百万円には関係ございませんので、此前一寸申上げましたやうに、主として株券の売却により、一部は債券の換金にもなりませうが、一千万円得たいと存じて居ります。株は信託会社の名義で出て居りまするが、今後は戦前のやうに内廷経済主管の名で持ちます事もよろしいかと考へられます。第一、実業の御奨励になるかと存じます。但し此株の選定は、戦前とは業界の変化の点と各信用を得まする為に運動も起りませうから、具体的に其方法は六ケしいと存じますが、その外、戦前、郵船や日銀の大株主の為に宮内庁関係の人が役員になつたりしましたが、今後も久松等の場合に興業銀行へ私的に頼みましたが、将来困難で、何か確実な権威ある代表的会社の株主に内廷の名を御出しになる事は助かる場合もあるかと存じます。何れにしましてはそれは慎重に致しまするが、一千万円現金化の事を御許し得たいと存じます。内廷会計の主なる事は右の通りでありまするが、書類で御覧を願ふ規則でありますから後から書類は差出しますが、御説明は以上でありますと申上ぐ。

次に秩父宮様手術の事でありますが、一応御取止めとの事であります。今日拝診の結果きまりましたとの事でありますが、あの局部が手術せずとも快癒の方向故でありまするか、急がぬ手術の性質故、御脈等手術に不適の為取止めになりましたか、其辺は妃殿下か主任医にきゝませねば判明致しませぬが、兎に角御やめとなりましたそうであります。只、あの局所の御手術を御急ぎにならなくとも手後れといふ事は決してないとの事でありますす故、その点は心配はないと存じますと申上ぐ。陛下は、それはいゝが、御中止の理由によつては安心ならぬ。どつちの理由かネーとの御話。つきましては、御手術は御やめになりましたが、今日拝診も数回ありまして、医療的の御失費は多くあつた事と存じます。手術の際はいつも御思召で賜金がありましたが、或は今回は手術はありませんでしたが、或は遊ばした方がおよろしいかとも存じます。昨日侍従長にも相談しましたが、その意見を申して居りました。内廷会計は、先刻申上げました通りで、過般も、皇后様新年の御服装につれて各妃殿下の分も賜ふ事に願つて結構でございます。女官備品の分も考へてよろしいと申しました程でありますから、会計的には無理はございませぬと存じますと申上ぐ。それは矢張り差上げた方がいゝだらう。其金額等の事はそちらで考へてくれとの仰せ。それでは侍従長等と相談の上申上げます。時期は同じ〔に〕願ひまするなれば、今年内の方がおよろしいかと存じますと申上ぐ。

それから、昨日侍従長に仰せになりました東宮様のダンスの件は、実は野村大夫から其話がありました際、田島はやゝ考へが違ふので申上げないでくれと其理由をも申し、又多摩の御伴のあと、小泉、野村御前へ出ます直前にも念を押しましたが、小泉から申上げました由で、其折は一応陛下も御同意といふ事に野村は申して居りましたが、勿論侍従長より昨日早速その事を野村に通じてありまするので、今朝あひました時又よく話しました。東宮様の事は日本の新聞も何か新しい事をと探して居りますし、又あまり御存じなくても非常に御困りといふ事でもないらしく、陛下の侍従長に仰せの方向でよろしいと存じますので、小泉と猶よく話す事に致しますと申上ぐ。それは英吉利でダンスしたなどと新聞へ出れば、アメリカの娘など非常にいろ〳〵の事をいふであらうし……との仰せ。日本の新聞もうるさいと存じますと申上ぐ。尤も事自体がおわるいのでないのでございますから、それに関連して困る事を考へての事でありますから、困る事の起きない範囲もありまするが、又よく小泉と話合ひますと申上ぐ。陛下は、その通りで事自体をわるいといふのではないとの仰せ。

それから又、吉田が困つた事を申して参りました。昨日松井が参りまして、カナダの招請もある事故、太平洋は飛行機に願つた方がよい、船など駄目だと首相が申しましたとの話故、首相は今頃新聞記者に煩はされる船などいかぬとの話でありまするが、我々責任のありますものは、疾〔はや〕くそれらの点も勘定に入れて、いろ〳〵研究の結果、かくきめる事に至りました事故、これは田島は職を賭しても動きませぬ旨松井に申しました。松井の内話によりますれば、最近帰朝しました白洲〔次郎〕の説に起因してるやうにも察せられますが、松井は連絡がわるいとかいふので相当ひどくやられたやうであります。吉田は、張群の例もあるからカナダ側へ言質でも与へるとわるいといふやうな陛下の御注意もありましたが、まさかこの事はそういふ事はありますまいと考へ、陛下が北方の空を御好みになりませぬ理由等申すも如何かと申さず、後大体きまりました時に申しましたし、又書面に船の事をも書いて出したのでありますから、今更そんな思ひ付きで申しましても田島としてはきかれませんし、あのプレジデントライナーの決定は、準備委員其他の手数及慎重に考へた結果故譲れませぬ事は松井にもよく申しましたが、帰つた後総理に話しました結果を電話して参りましたのに、総理は松井のいふ事をしまい迄よくきいてくれましたそうですが、それに対して何とも返事をしませぬそうで、ひどい叱られ方であつたが、まア少し時をおけば……といふ様な語調でありました。或は二十六日内奏の時、此問題にふれぬとも限りませぬが、之はもう極つた問題だといふ事で吉田には御話し願いたいと存じますと申上ぐ。それで北方の空を飛ぶ私の反対の理由などいつてもいゝかとの御尋ねに付、それはあまりはつきり仰せなくともよろしいかと存じます旨申上ぐ。

それから、ロンドン郊外に大使館で借りました家も、松平信子さんのやうな人が行けばよろしいが、そういふ人が行かねば下宿屋見たやうになる故やめた方がいゝと申しました由、ロンドンの事は、宮内庁としましては大使館及外務省に頼みきりでありまする故、何れになりましてもよい旨、松井に申しておきました。

又、総理は、那須道路の問題を先達ても申して居りましたが、栃木県側から次長へ申出がありまして、今回建設省の補助の下に、黒磯湯元間を二億とかで改修致しますそうでありますが、この幹線から御用邸迄の約二キロの道路は全部皇室用財産の私道のやうなものでありまする為、如何ともし難く、村道に編入して補助を得、改修するとの事であります。これは今年の夏吉田の申して居りました事を直ちに実現せんとするもので、心持は勤王にありまするが、吉田は自己の勤王心を満足せしめたく、ひいきのひき倒しになるなどといふ事迄は顧慮せぬ例でありまするが、之は宮内庁としては時の内閣の好意だと単純に同意は出来ませんので、田島としましては県道につきましては御用邸の為となれば辞退する。但し、県の観光目的の為といふ事なれば何もいふべきでないといふ態度がよろしいかと存じます。従つて、私有道路的ののを村道に編入して改修する事は観光といふ余地はありませぬ故、是は絶対に遠慮すべきものと存じまするが、御思召は如何でありませうかと伺ひし処、それはその通り。県道の方は建前が観光等となればこちらで余り彼是いはぬ方がよからう。先達て御用地内を観光道路が貫くといふやうな話をきいたが、それとは矛盾するネー。然し、あの県道を観光道路に改修するとなれば、自然御用邸敷地内を貫くといふ事はなくなるかも知れぬ。それもよい。然し、御用邸私道を村道に編入する事は、どうしたつて御用邸の為のみであるから之は受ける訳にいかぬとの仰せ。猶、そんな事を先達て〔佐藤栄作〕建設大臣も一寸いつてたよとの御話。それでは、或は二十六日の内奏の際此問題が出ますかも知れませぬが、此方針で仰せの程御願致します。県側へも左様伝へますと申上ぐ。

猶一つ問題がありますのは、朝鮮とかヒリツピン〔フィリピン〕とか、其外正当な外交関係の開始されないで、事実上外交上の交渉を外務省がしてます処の代表者を、外交関係者の拝賀のあとで附加へて頂きたいとの申出が外務省から式部にありまして、式部では一日はいかぬが、別の日ならば考へようと申したらしうございますが、其問題をあとで田島はきゝまして、宮内庁のするだけの事ではなく、陛下に御願する事である以上、筋道を立てた事でなくては困る、一日でない別の日ならといふ返事よりも私は進まぬといふ事を式部に申しました処、官長も長官が其気ならば道理はそうでありますから、その積りで致しますとの事でありました。第一に、相互的に其国の先方でも我方の代表者が同様扱はれてるかどうか、又若し同一取扱は受けなくとも、賠償其他の国家の為特に願ふべき理由があるかどうか、又其際の事が陛下の外交干与等いはれる余地のない方法で行はれ得るか、内閣の助言と承認の範囲かどうか等、特別の理由を陛下に申上げるなり、又は田島までなり式部までその実際の理由が説明されなければ、一寸すぐ返事出来ぬ事と存じますが、これも内奏の時或は申上げるのではないかと思ひますが、特殊の理由ありと御認めの節は、式部なり長官なりとよく具体的には相談するようとの仰せに願ひたいと存じますと申上ぐ。よろしいとの仰せ。

それから、曽て春は植樹祭、秋は国体を機として地方的に行幸啓といふやうな事を申上げたかと存じますが、植樹祭は、最初奥多摩以来、神奈川、山梨、群馬、静岡等行はれまして、今年〔来〕は千葉といふ事であります。御日帰り計りで今迄はやつて参りまして、関東地方の千葉は一寸此際やめ難い様子がありますから、今後は例へば三重県とかいふ所もありませうが、今年〔来〕は千葉として御内々の御許しを得たいと存じますと申上げし処、それはよろしいが、実は此前は千葉県は北の方計りで安房の方は余りいつてないから、[148]千葉の時に南端の灯台守とかいふやうに、植樹祭の機会に千葉県のある地方に行く事もいゝと思ふとの仰せ。ハイ、近県でも御泊りがけといふ案も考へられますから、只今の御思召の線で考へて貰ひますと申上ぐ。

次に、麝香間〔じゃこうのま〕及錦鶏間祗候〔きんけいのましこう〕[149]は、従来は御陪食又は賜餐が年一回ありました処〔欄外「そう宮中顧問〔官〕[150]とネーとの仰せ」〕、制度が廃止されましたやうに解釈がきまつて居りまする様で、明年一度全部御陪食を賜ひましてそれではつきりしたいと存じますと申上ぐ。よろしいとの仰せ。次に帝室技芸員[151]は、法制上はつきりは致しませぬが、芸術院会員の出来ました今日一寸無用のやうであり、又実際金山平三〔洋画家〕の外は重複してるやうでもありまする為、之も右と同様の御扱ひを一度願ひたいと存じて居ります。まだ信任状捧呈済みで御陪食のない大公使も、一度来年御願致したいと存じて居りますと申上ぐ。

それから今一つは、政府のどういふ都合か存じませぬが、頃日御許しを得ました御文庫改造の二千五百万円の経費を二十八年度予算として計上して貰ふ様大蔵省と話合ひ中でありますが、大蔵省事務当局としては、むしろ二十七年度予備金でやつてくれとの話でありまするが……と申上げし処、ある植物の移植はその頃の方がいゝ、ものもあるから六月頃起工する方がよいとも必しもいへぬが、芽を出してない植物等、矢張り此期間は六ケしい。そして三月には良宮の誕辰其他で在京の要があり、東宮ちやんの壮行会……といふか、そんなものもあり、出発だから、そして一月すぐ始まる訳でもなく、一寸六ケしいとの理由色々仰せあり。御尤と存じます。三月一杯が少し延びてもといふ予算の建前では六ケしいかと存じますから、御思召の線で進みますと申上ぐ。それに此間いつた通り、女嬬の部屋を建てる所は植物は先づないが、今度工事をする仕事場はどれ位の坪数いるか、其範囲は可成小さくして欲しいし、又植物の点は早く準備がいる云々の御話あり。

一二月二六日（金）　御召し御座所　二・五〇―三・二〇

吉田は道路の事も、改造の事も何ともいはなかつた。然し飛行機の事はいつた。それも矛盾してる事をいふのよ。ハワイの日本人があまり上等でないからとか、新聞記者に船中で困らされるからとかいつて、カナデイアンパシフイツクの北の方をといふから、私はこういつたのよ。私の北海道へ行くのはいかんといふ総理の話と、千島の北を通つて行く便を行くとは矛盾ではないか。絶対に北の方はいかんといつたら、それならば南の方を通るやうにする、先方へ話して見るといふので、スエズ運河でもパイロツトの入る様に新しい線を馴れぬ人がやる事は不安だと思ふし、又医者の言によれば、飛行機はつかれるので乗つた時間だけ休養をとる必要があるといふと、それならば途中ウエーキとか又晩香坡におつきになつて御休養をおとりになればよいといふが、ウエーキ島か何かに休んでも東宮ちやんは休養になるかしら。島流し（？）のやうな気がするだらうといつても、それではカナデイアン社の方は止めますとどうしてもいはない。カナダ会社の方で御心配の行かぬやうにさせますといふ様な事をいつてきかないのだよ。それから政府は少しもその決定を知らぬといふから、そんな事はない、田島が手紙を書いた筈だといつたら、忘れたかも知れぬ、そういふのは官房長官にして欲しいといふ様なことをいふ。それで私も張群の二の舞は困るといつたんだよ。これは私が少しいゝ方がわるかつたのだが、今度吉田にあつたらその点はいつて貰ひたい。大公使以外はよばぬと一応きめてといへばよかつたが、そういはなかつたものだから、張群について一度よばぬときめた事はないといつてた。政府は知らぬといふもおかしな話で、宮内庁も政府の一部であつて、其上に松井が宮内庁外から来て、丁度連絡になつてる訳だから、政府が知らぬも一寸おかしい。宮内庁で松井なども参加してやつて、、色々の事情を勘案していゝとなつた案をそういふ風にいふのだよ。新聞の方もきけば藤樫〔準二、毎日新聞宮内庁担当記者〕なども行くとの事でうまく行くと思ふし……との仰せで（今日の吉田は御思召に反し、無茶苦茶に自説に拘泥の様子、陛下も相当強く吉田に御当りになつた御様子に拝す）、それは吉田も矛盾の事を申し、随分多くの人が周到に考慮した結果で、陛下もそれがよろしいと仰せのものを随分我を張りますものでございますなーといふ様な事を御受けす（三谷は御陪食前に陛下より承り、その大要を話し〔て〕くれ、緒方に連絡をとり、少くもカナダ側へ南へ行く事など話さぬ方がよい旨を話す方よしとの事故、その手は打ちたり）。実は緒方にカナダ側に重ねて申入などせず、此案承知するやう話しましたが、先刻大磯へ行き二十九日に上京する故、その時話すとの事でありましたので、その内にカナダ側へいふとわるいから、そうならぬ様に何とか早くと重ねて頼み置きましたと申上ぐ。

道路の問題は佐藤建設相に次長から話しました処、宮内庁は遠慮すぎる、観光道路はちやんときまつて外でもやつてるからいゝとの話でありましたそうですから、観光道路といふ事ならば宮内庁として申す事はない、但し村道に繰入れの方の事は絶対に御遠慮であると申しました由。直ちに佐藤が首相に相談に行き、その上でそれでは私有道路の方はやめますとの事でありましたそうでございます。之は之で片付きましたが、閣議の席でも多少の議論はあつたとの事でありますと申上ぐ。それはよかつたネーとの御話。

猶、只今侍従長が外務大臣からきゝましたが、来年一月五日李承晩大統領が参りますそう[152]で、座談的にか宮内庁ではどう遊ばすといふ様な話でありましたそうですが、それは宮内庁としてはどうといふ考へもない。クラーク大将の賓客として来るとの事でありますが、領土内へ来る事故放つておくのもどうかとの考へもありますが、まア使に花位御持たせとの話もありましたが……と申上げし処、会ひたいと先方がいつてくればあはぬ訳にはいかぬかも知れぬが、大統領としては遇せない。西洋に之と同様なケースがあるか、調べて欲しい。チユニス〔チュニジア、当時フランス保護領〕とか、印度の半独立の場合とか……との御話故、消極的に考へて、よく協議致しますと申上ぐ。

一九五三(昭和二八)年

一月四日~四月三〇日

一月四日（日）　願出御文庫　五・二五―六・二五

拝謁。秩父宮様薨去〔四日未明死去〕の御悔み言上。正月前後儀式怠りの病気〔ママ〕御詫言上。それより秩父宮様御喪儀大体の段取、それまで長官室にて会議決定の事項申上ぐ。第一は日取、順序、十二日の斂葬〔天皇・皇族の葬儀のこと〕の事等委細奏上。之に関連して、大宮様の時以来研究中の新服喪内規は、審議慎重の為、此際間に会ひませぬも、短縮の大綱は大体研究済の上、英国の大喪も比較的短い事を昨年承知致しました故、今回は臨時の御処置として、内規の御制定といふではなく、聖上及御兄弟の宮殿下は従来九十日の処三十日、内一期十日、二期心喪二十日、皇太子殿下等オイ、メイ方は矢張り九十日の処、期の内訳なく十日、皇后様、宮妃殿下は御血縁無し、従来もなく、今回もなしとの事では如何でございませうか。但し、皇后様御服喪なきも、陛下の御喪中はそれに御追随の事実となりますと存じます。又、秩父宮妃殿下は一年でありましたが、今回は九十日、一期二十日、二期三十日、三期四十日心喪といふ事に御願致したいと存じますと申上ぐ。私は短い方がよいと思つてたからそれで今回はよろしいが、今後内規を定める時には、血縁がなくとも服喪の場合の配偶者の服喪、小児の場合は近い肉親でも不問であるがこれはどうか。又、親族が臣下の場合、喪に服せぬといふ事も、今後は不自然の場合が起きると思ふ〔内親王様御降嫁、旧皇族等の事御考慮らし〕。一々御尤でありますから、内規制定の際は御思召の点をよく研究考慮致しますが、今回は只今申上げました通りで御許しを得たいと存じます。よろしいとの仰せ。

次に先程来申上げました御喪儀次第は、失効致しました皇室喪儀令を大体参考として御きめを願つて居りまするが、その喪儀令の中に、直系卑族なき場合の喪主は勅定すとありまして、男女の別は書いてありませぬ。事例は見当りませぬが、道理でおかしい事はございませぬ故、妃殿下を喪主に御勅定願ひたいと存じます。よろしいとの仰せ。

次に今回は喪儀令に内〔々〕によ〔依〕つて居りまするが、大宮様の時のやうに国事と致します事は出来ませぬ故に、どこまでも秩父宮家御喪儀と致しまして、宮内庁は御手伝を当然致すべきで、それには費用を要しまするので、内々大蔵当局とは話合を致して居ります。つきましては、秩父様御喪儀の委員長としては、松平康昌〔式部官長〕がおよろしいと存じまするし、宮家の御意向も結構との事でありまする故御許しを得たく、委員は委員長に於て可然〔しかるべく〕依嘱する人を人選すると存じます。

次に、祭官は皇族の場合は司祭とよびまするが、司祭長には先の事務官前田利男に、別には元の御附武官山内〔山口貞男、元陸軍大佐〕等宮様に直接御仕へしたものに委員長から依嘱の事に御許し願ひたいと存じます。司祭は全部で六人、楽師も六人であります。よろしいとの仰せ。

次に御斂葬当日喪儀令によりましても御直拝の事はございませんし、田島等庶民の間でも、最近までは目下の者の葬儀には目上の者は参りませぬ習慣もありまする故、旁両陛下は御代拝可然かと存じます。皇太子殿下もあまり前例はございませぬが、肉親の御近い皇族の例もありませぬ事で、今回は東宮様は御直拝願ふ方よろしい事と考へて居りますと申上ぐ。御許なき御様子に拝し、今日御定め願ふ必要はありませぬ故、皇太子様の事は御考への上、更めて御思召を拝しますと申上ぐ（これは翌日侍従長経由、申出通りよろしい旨御沙汰あり決定す）。

右御不幸に関連致しまして、東宮様の御洋行の事でありまするが、之は新しい喪には全然かゝはりありませぬし、予定通り行はれて結構と存じます。それは無論との御様子にて、三月は東宮ちゃんの壮行会といふか、何やらあると思ふし、それは可成まとめる方いゝが、三月は東宮ちゃんの為に当然忙がしいとの仰せ。就ては新しき喪の期間上、御歌会〔歌会始〕等も行はれ得まするし、昨年は大宮様の為行はれませぬし、今年は既に手続も終了致して居りまする故、月末に行はれて結構かと存じます。信任状捧呈式等、国事ではありまするが、九日は御喪儀前でありまする故、少し御延期を願ふ事として、一月十六日から二十九日迄、葉山行幸啓の御予定は一応御破算の事に願ひたいと存じますと申上ぐ。よろしいとの仰せ。

それから、米国大使から東宮様を御招きしたいとの申出がありまするが、英国は戴冠式に御出掛け故理由がありまするが、米国は事実上終戦後親密の特別の国ではありまするが、仏国其他の申出のありました場合に表向きの理由にはどうかと存じまするので、之は御出掛前は断りまして、むしろ宮廷へ御よびになり、御帰朝後可然処へ御出掛の方がよろしいかと存じて居りますと申上ぐ。これもよろしいとの仰せ。

次に之は雑談的に田島の意見を一寸きくのだが、三谷も之から骨が折れると思ふので、健康の為に此際家族連れで温泉でもやつてやつたらどうかと思ふとの仰せ。御思召しは難有い事に存じまするが、温泉が果して最もよろしいかどうかはよく考へさせて頂きますと申上ぐ。よく考へてくれとの仰せ。

退下せんとせし処、室外までタジマーと御呼びになり、再び御前に出でし処、秩父さんで医療費がかゝつて居るだらうから、此間のだけでは足るまいからよくその点研究してくれとの仰せ。よく研究して御願致しまする旨申上げ、退下す。

一月八日(木)　願出御文庫　三・三五―四・三〇

前回申上げました大体の順序に少々変化もありまして、九日鵠沼〔秩父宮別邸〕より東京へ御移りの事、委員会作成の案の順序大要申上ぐ。つきましては、前回申上げました次第故、御本葬以外に三番町〔宮内庁分室、秩父宮の柩を安置〕御弔問は御思召もありまするので、九日、十一日二回御願致しまするが、便殿〔天皇・皇族の休憩所〕をつくりまする余地がありませぬ為め、五月二日の戦没者の時の御拝のやうで一寸よろしくございませんが、喪主妃殿下の外には高松宮様等だけで、他は二階正寝の近辺は人払ひに致しまする故、それで御許しを得たく、適当の時間に松平が還幸啓を申上げる事に願ひまするると申上ぐ。御異存を拝せず。猶、御斂葬後、豊島岡御新墓へも可成近き機会に御参拝願ひましたらば、御兄弟の御情愛の点からも結構かと存じますと申上げ、よろしいとの仰せ。それ以上の事は、大宮様の場合との事もあるから、それ位でよろしいとの仰せ。それから、一般では御本葬にて両陛下御直拝のやうに想像する向きもありまする故、或は前例に乏しいかも知れませぬが、陛下の御代拝は侍従長に、皇后様御代拝は侍従次長に仰付け願ひたいと存じますが御思召の程は……と申上げし処、よろしいとの仰せ。

それから高松宮様から御き〻遊ばしましたと存じまする解剖の事が、どういふ筋からか朝日新聞に出ました(153)為に、今日は各新聞共中々躍起のやうでありまするが、その事実のあつた事を今更否定するも変であります故、あつたと田島は申して居ります。陛下の御許しは？と申します故、こういふ事が御許しあつて行はれると考へるのが常識だらうと申して居ります次第でありますが……内容は新聞でなく、ある時の後、解剖関係の学者が学界へ発表すべきものと存じまするがと申上げし処、新聞はいかん、学界の事で、此前加藤〔元一、慶應義塾大学教授〕医学博士が何か新聞へ発表して論争になつた事(154)があるし、之はどこまでも学界の事だとの仰せ。実は今日は此問題が八釜しく、朝日では鵠沼で解剖の御発表があつたとの申出でありました故、為念〔ねんのため〕鵠沼へ電話致しましたらば、事実だけはあつたといふただけだとの事でありました。実は今日午前に〔山県勝見〕厚生大臣が参りまして、難有い思召である、宮内庁の御考へに合せて云々と申して参りました故、大臣には御遺志により解剖は行はれた、然し御遺志により発表はされぬ方針と申して置きました。猶、御遺言中、告別式の際の音楽の事は具体的に曲目等研究中であります。落語の事は高松宮様から御き〻の事と存じます。又、田島は反対の旨も宮様から陛下に御話になりました由に伺つて居りますが、之は丁度落語家が鵠沼へ御弔問に上りました節、人を遠〔ざ〕け、御遺骸に対して二分斗り御話を致しまして済みました(155)由で、御遺志も通り、余り非常識との議論を招くが如き事もなくすみまして結構と存じます。猶、銅像のやうな事も御墓所に関して御書きになつてありましたが、御墓の建設は大抵管理部で設計図を差出しまして、大して御異存もないやうに（妃殿下も高松様も）拝して居ります故、その通りでおよろしく、別に御銅像のやうなものが境内に御建てになるのではないかと存じて居ります。猶、祭祀〔粢〕料〔天皇から与える供物料〕は二十万説もありますが、此際三十万に御願致したいと存じます。よろしいとの仰せ。

徳川〔達孝〕元侍従長夫人〔徳川知子、皇后の伯母〕が死亡致しまして、御仕向けの点を一応前例を見まして侍従職で立案致しましたのを、次長が前例のとり方が余り妥当でないので削除致しまして御許しを願ひました処、更めて御手許で厚きに過ぐるとの仰せを拝し、訂正の事になりました由、誠に申訳ございませぬと申上げし処、イヤ、私は何も知らぬよとの仰せで、良宮だらうとの仰せ。左様でございますか。皇后様かと只今伺ひまして存じまするが、充分検討の上御許しを得ませなんだ段は申訳ございませぬと申上ぐ。

それから、東宮様御準備の方も次長の処で促進致して居りますが、一寸秩父宮様薨去の為多少後れて参りましたが、一段落致しますれば専念のつもりでございます。予算の点は、一億一千万円を今年度予備費で認めてくれ、秩父宮様御葬儀に関し、宮内庁として所要の金額約七百万円を大蔵省に話しましたる処、七百万円矢張り今年度予備金で出すとの事であります。猶、それら二十七年度予備費の嵩みます為かも知れませぬが、御文庫の営繕二千五百万円も二十七年度予備金にしてくれとの話でありましたが、之は止めまして二十八年度予算成立後、二十八年度予備金にして欲しいとの事でありまして、植物の御移植等には却てよろしいかと存じ、陛下は此問題は御急ぎではない事拝承致しておりまする故、同意を致しましたと申上げし処、それは遅い方が却てい丶が、どうして政府は堂々と予算に組まぬだらう。いつも予備金支出をするが……との仰せ。御尤もでありまして、大蔵省の意思がどういふ点か分りませぬが、正式予算で論議されますれば衆議院に左派〔社会党〕も居りますし、参議院には共産党員も居りまする故、結論は通過にきまりましても論議をされるのを皇室の為にとらぬと考へて居るのではないかと想像して居りまするが、実は田島もどうして予備金にしたがるかよく分りませぬとの旨申上ぐ。

それから、昨年吉田がカナダの事を申上げました後の事は円満解決の旨は申上げましたが、詳しい事は……と申上げし処、それはまだきかぬよ、大体吉田が分つたといふ事だけ聞いたとの御話故、実は緒方に話しましたが、二十七、二十八は吉田が大磯に参つて了ひ、二十九日に話すやうな口振りでありました故、又緒方に電話しまして、加奈陀側へ何か申入れぬやう注意をしておきましたが、二十九日に緒方が吉田にあひまして、閣議決定で、随員の名前、期間等と共にウイルソン号及エリザベス号の事を長官の手紙を見てきめたので、今更カナダなどいふのはあなたがわるいと緒方が申しました処、そんな手紙は覚えないとの事で、緒方はその手紙を見た以外にルートの事を緒方は知る筈がないので手紙にかいてあつたといひ、吉田もそうかと了承しました由でございます。尤も緒方は閣議にルートまで決定したのではなかつたがと申して居りました。何れにしましても此問題は吉田が随分強く陛下に申上げましたが、別にカナダに言質を与へたといふやうな為ではなく、想像でありまするが、白洲などが帰朝後に船などはと申した事からきつく申したのかと存ぜられますので、緒方は中々今迄の官房長官と違ひ、それはあなたが悪いと平気で申すらしいのでございますと申上ぐ。緒方はいゝネー。吉田は非常識だよ。日本の中の飛行機会社の事なら総理の力でどうとかするといふ事は分るが、カナダの会社を南を通して御覧に入れますなどいふのはおかしいよとの御話。其点は第一に、パイロットが不馴れの空路を通る危険の事は陛下が前に仰せになりました通りでありますし、南となりますればパンアメリカンの米国のルートがありますので其会社が乗つて頂きたいといふ事もあり得ると存じますが、何れにせよ、此問題はそんな次第でありました。

病後であるが健康はもうよいかとの仰せに、恐れ入ります。三日の夜薨去の前に深夜帰京致しましたし、五日解剖の行はれました夜も深夜となりましたが何でもございませぬ。もう大丈夫でございます。どうも恐れ入りますと申上ぐ。

一月一〇日(土)　願出御文庫　一一・三〇―一一・四五

昨日、三番町へ行幸啓になりましたに付、何か御不満な点がありました旨侍従長から伝聞致しましたが……と申上ぐ。長官から聞いた事ではなかつたかと思ふが、三番町の式の場がせまい〳〵といつてたが、あれなら十分広いので私は驚いたのだよとの仰せ。せまいと申上げましたのは、便殿を御しつらへする丈けの余地のない意味で申上げたと存じます上、田島は五月二日戦没者慰霊に両陛下御参拝の節、御一所の為尊厳の点を考へましたし、多摩の御伴でも、大宮様権殿御参拝でも、両陛下別々御参拝の例でありますす故、それには便殿が必要であり、それのとれませぬ為にせまいと申上げましたが……と申上げし処、それは儀式の時の話で、大宮御所でも御命日に参拝の場合は良宮は廊下でまつてた事もある。形式的でなくてい丶場合は今でもあるから、今度も御通夜ではないが、大宮様の時にも隔殿〔控室〕がせまくて、皆のゐない時御霊前にある時間居た事はあるよとの仰せ。それは田島の心得が足りませなんだので、儀式的御拝礼の事のみ考へて居りました為に、陛下の御希望に副はぬ事になりましたかと存じます。其点は田島御詫致します。其点につき側近の者に粗忽のあつた訳ではありませぬ故、御叱りなきやう御願致します。田島の心得不充分の結果でありますからと申上げ退下す(一月八日の条参照のこと。あの申上の際、儀式的でないから便殿なしでい丶との仰せあるべきやに愚考す)。あれだけのスペースあれば、義宮様等御一所に暫時御通夜的に遊ばしたかりし御希望に反せし為、侍従長、侍従に御話ありしとか故、進んで出て右申上ぐ。

一月一一日(日)　願出御文庫　七・二〇―七・五五

四日の日及八日の日拝謁の際、秩父宮御葬儀の大体は申上げ、其後御願申上げまする事は侍従長を経て申上げ御許しを得ましたが(外套着御の儘の事とか、十三日豊島〔岡〕行幸啓の事等の意なれど特に申上げず)、十三日は午前中に権舎〔霊代を安置した部屋〕も御墓前も御祭りは済みまする故、午後行幸啓に御願申上げまするし、又十四日には三番町御引揚げの御順序のやうであります。本日豊島岡葬場も御墓所も見分致しましたが、明日の御葬儀の準備は総て出来て居ります。葬場殿は屋根は大宮様の時は檜皮葺でありましたが、今回は天幕張りでありまするが、ベニヤ板張りは大宮様の時同様故立派でございます。参列の幄舎の大きさは大宮様の時の約半分でありますと申上ぐ。御墓所の方の地下の御埋骨所もコンクリートがもう乾けばよろしい丈けでありますと申上ぐ。三番町などでも大宮様の時より花がずつと多いねーとの仰せ故、ハイ、墓場の方へは運動関係の花等大変でありますが、之は大宮様の場合は総理、議長等、外国使臣のみ御受けになり、他は一切御断りになりました為めでありますし、宮様の方のは地位が大宮様とは違つて御低い為に、花など賑かになりますと申上ぐ(此辺よく一寸御分りにならぬやにも拝さる)。

実は一つ問題がございまして、米国大使から大夫宛に、東宮様に大使館へ御食事に御出でを願いたいと申して参りましたが、田島としましては陛下御外遊の時の先例も英国大使館だけ、之も御風気で御出発前は御止めになり、他の国々の大公使は宮中へ御招きになつて居りまするのみでありますし上に、英国は戴冠式の為といふ事で特別の理由はありますが、米国へ御出になつた以上、仏伊等を御断りする理由はなくなるのではないかと存じますので、それは東宮様の御負担も大変であり、英国だけを特別として他は御断りの方がよろしいとの意見でありまするが、小泉などは御出を願つた方がよいと申して居りますそうでございますが陛下の御思召は……と申上げし処、私は第一に、米国が御帰りに東宮ちやんに御出で願いたいといふ正式の申出をしない以上、大使館に行く前提がないやうに思ふ。恐らくはそれは一月二十日の新大統領(アイゼンハワー)後でなければ来ないではなからうかとの仰せ。其点は承れば御尤でありますが、一向気付きませんでしたと申上ぐ。それから、米だけ行つて仏伊等の国の申出のあつた場合に断り得るや否やは、事外交に関する故、外相及首相の意見をきいてくれ。其意見をもきいた上で私は判断するとの仰せ。左様取計らひますと申上ぐ。

近頃新聞や雑誌に宮内庁に関する批判といふか悪口的のものが又多く見るやうになつたが、あれはどういふ訳だ。着物の事でも何度も会議をしたとか、解剖の事でも一部に反対があつたとかいふ風にかくが、あれはどういふのだらうネー。会議をしたなどと書くが、皇室に限らず、少し大きい家なら役員とか顧問とかで相談して事をきめるのは当り前でないかとの仰せ。それはその通りでございまするが、解剖の場合の事など何の反対もありませぬにあゝいふ記事になりますが、大体は天子様や宮様方の御意図は結構で、之を妨げるものが宮内庁の役人共だといふ風の書き方でありまます故、マアよろしい事ではないかと存じます。宮内庁の役人としましては、あらゆる考へ方は周到に致しまして、只結論が難問のある場合は保守漸進といふ事に傾いて居ります事は事実であります故、悪口をいはれる事は覚悟を致して居ります。むしろ所謂民主化の声に乗つて進み過ぎる事のないやう注意し、一歩進んで半歩退くが如き事は絶対にないやうに、一歩でよろしいと思ふても半歩進む。その代りは進んだらその方向で退く事はないといふ方針をとつて居ります故、批判の方が前進するのは当然と存じて居ります。然し一部には、宮内庁のやり方に同意の者もあり、それらは黙つて居るとも存じて居りますと申上ぐ。(近来どうして多いのだらうとの御疑念にて御繰返しに付)宮内庁で東宮様御行事とか、一昨年の大宮様御大喪儀とか申します場合等に、戦後の新しいやり方を致さざるを得ませぬので、致しました事にや〻隴を得て蜀を望むといふやうな念があるのではないかと想像致します。宮内庁側としましては、投書等の場合に弁護は致しませず、議論のやうな点に全然気付かぬ訳ではなく、その上に改革、廃止されたとはいへ、法の精神等をも考慮して居りまするが、若い連中、戦後の考への強い人達は、宮内庁民主化といふやうな標語で、陛下始め皇族方が庶民と接近度を強められ、ばそれがい〻といふ考へ方から来てる場合が多いと存じます。最近東宮様の御祝典以来、宮廷関係の記事が多くなりまして、戦後などに比しまして大変な違ひでありますが、今回の秩父宮様の御葬儀御病気に関しましても、宮様自身の御人気の為か予想外に新聞なども大きく扱ひますやうですが、一部の新聞人の中には反対の考へをもつものもあるとの事をきいて居ります。色々六ケしいものでございますと申上ぐ。

一月一二日(月)　願出御文庫　五・四五―六・〇〇

早朝よりの斂葬の儀の次第順序、御火葬の模様、御墓所の事等大体の様子御報告申上ぐ。雨は困りましたが、ひどい降りでもありませず、御墓所の時少し強く降りましたが万般すみました事を申上ぐ。

一月一四日(水)　御召し御座所　一〇・二〇―一〇・四〇

あの、あの、葬儀にも同じだが、又東宮ちやんの外遊にも関連をもつと思ふが、服装の問題だがネー、どうもモーニングを着る事が多すぎるやうに思ふ。色々の場合をすべてモーニングにきめてる様に思ふ。黒背広……私も此間一つ作つたが……で、ある場合はいゝとか、又は背広とか、何とか考へる必要がある。モーニングの場合が多すぎる。又一面、仏蘭西など行はれてるから昼間でも燕尾服を使ふといふ事も、信任状捧呈の式の時など、その国の勲章などある以上は佩〔お〕びる方がいゝので、そういふ時は燕尾服がいゝかとも思ふし、進んで大礼服、軍人の正装(昔でいへば)といふ様なものも考へられると繰返し仰せあり。端的に陛下の思召はモーニングを最上のものとして、モーニング着用を今より少く遊ばす御趣意でありますか、それともモーニング以上のものを作つて、モーニング着用の時を少く遊ばす意味でありますかと伺ひしも、これは確然と御方向を御きめになつてる様子なく、只モーニングが余りに多くの場合に兼ね着用せらるゝ事に御不満を仰せあり。モーニングの着用が非常に多い事は事実でありまするし、田島は病気で御無礼致しましたが、新年拝賀の節など、随分外交官は大礼服が多かつたそうでございますから、自然の順序としては燕尾服、進んで大礼服といふ事になるのではないかとも考へ、逆コースではあるかも知れませぬが、新栄典法制定の機会に、勲章佩用と関連して、政府側の意見もきいて見たいと存じて居りましたが、逆コース的の批判も考へる必要ありまするのと、経費の問題もありまするので、一面モーニングに代る黒背広といふ様な事も考へる必要あるかと存じますが……と申上げし処、大礼服となつても、今の天皇服を少し工夫すればと思ふがとの仰せ。陛下御一人ならば何でもありませぬが、今日では若干の宮内官が之に準ずるとなりました場合に自費では不可能で、備品となりますると予算の点が如何かと存じます。燕尾服でも同様でありますが……と申上げし処、そうだよ、経費の点が宮内官の分も考へねばならぬし……との仰せ。よく研究致しますと申上ぐ。よく研究してくれとの仰せ。

今〔昨〕日の東京新聞[157]に宮中服云々の問題が一寸出て居りましたが、皇后様がお正月日本服で御出になり、今後あらゆる式に日本服……御婦人の喪服は黒の紋付(民間普及のもの)と考へ込んでた人が、洋装の喪服の知識なしに申して居りますのでありますが、之は自分の智識なきに独善論でありますが、服装の問題は一般国民と関係もありよく研究致します。又同じ東京新聞、秩父様の御葬儀に両陛下御親拝のなかつた事の批評でありますが[158]、実は古来の目下の葬儀には立たぬ習慣と之をくんだのかと存じまする。皇室喪儀令の規定によります時、余程違ひましたのは、近来の若い人は古い習慣など知らうとしないのみならず、失効した法の効力なければ、法に示された精神の何かも考へぬやうな、そして自然的な庶民的なやり方のみを主張するのでありまするが、時代は移るのでありまして、親愛感の上から御親臨といふ感覚が一般的になりますれば、それをも考へ合はせまして、今回の御葬儀は批難覚悟で致しましたが、将来の喪儀令の制定の時には、矢張り時代は移るといふ考へ方で、古来の事に拘泥してもいけまいかと思ひますと申上ぐ(それもそうだの御様子に拝す)。それから東京新聞には、解剖の事について、秩父宮様も矢張り皇室の慣習や迷信や血統で、解剖[159]はされても結果は秘密にされるといふ様な批難的の事を書き、陛下の科学者的態度と妃殿下の近代人の感覚で是非一般に発表を望むといふ様な記事がありましたが……と申上げし処、之は一般新聞雑誌に出す事は私は絶対反対だネー。いつかの加藤博士の論争が矢張り感情的になり、よくない例を示してる。どこまでも学界に発表すべきだ。私は、一般新聞雑誌に発表して意見の必ず一致しない人もあろうから……八田〔善之進、元侍医頭〕なども一寸いつてた口吻もあり……それが論争になる事はよくない。どこまでも学問の問題として学界に報告すれば足りるよとの仰せ(その記事はまだ御読みなき御様子)。

それから、昨日夕方小泉が田島を訪ねて参りまして、東宮様の米大使館へ御出でを願つた方がよいといふ意見を強く主張致しましたが、田島は小泉と意見の対立しましたことのこんなのは始めてで、結局一致点なく物分れとなりました。尤も小泉は、東宮様御教育の責任者の範囲外の問題で意見をいふがといふ前提をして申しました。それは反米思想が独立後日本に広く起つてる事は日本の為にもよくない。日米間の為によくないといふ小泉の固い信念から出発して居りまして、その為苦慮してるマーフイ大使の立場を考へると、日米間の関係をよくする意味で東宮様が御招きに応じられるのがよろしいといふ意見の様でありまする、とて野村(吉三郎、元駐米)大使にマーフイがこぼした話、東宮様にクラーク大将拝謁の希望申出の事等、一応小泉の説を申上げし処(田島説に譲り、他国への特殊性にはヴァイニング夫人の国といふ理由を小泉の述べし事は申上げず)、予想外に、小泉の考へはどうも分らんね。国交の為に東宮ちやんの行動を考へるといふ事は、単なる部屋住(此様な言葉どうして御存じかと思ふ)の皇太子で、摂政でも何でもない東宮ちやんにそういふ事を考へるのはおかしい。それはむしろ帝王たる私のすべき事だ。帝王でも今日の憲法ではよくない。只、社交による外交(これは言葉は違ふもその意味)といふ様な事は帝王のする事だといふ御意見を相当強く御仰せになり、一応御尤の事とて拝承する(小泉の意見と申せば重きを置かるゝかと思ひしも、ヒイキ〳〵といふ事は陛下は絶対になく、小泉の意見はどうも分らんネーと仰せあり)。

一月一四日(水)　御召し御文庫　二・一〇―二・五〇

雑談的の事だが、今朝の話に、秩父さんの御葬儀に私が親ら行かないといふ問題をいつてたが、私情としては、私も長官が代拝といふた時いけぬのを残念に思つた位であつたが、沿革やら何やら長官の意見でいゝと思つてそうしたが、今朝長官は批難は覚悟してたが、お出にならぬのが本当だといふ議論は余り出ぬので、時代は移るもの故、旧習墨守のみではいかぬから、法規を作る時には新しい意見に従はねばといふやうな事をいつてたが、其新しい考へといふものが、どこから来てるかといふ事を充分に研究せずに、うつかり新しい考へ方の制度をきめるといふ事はどうかと思ふ。世論と称するものも、その根底に横たはるものを検討すれば、或は共産思想かも知れず、無差別の平等とか、全然無階級の思想といふものに根があれば、それは容易に従ふ事はむしろ出来ぬと思ふ。社会に秩序といふものがあり、礼があれば差別は当然出て来る。上下階級も、社会ある以上は必要。只その悪い方面を伴ふのが悪いだけであるから、規定を愈改定するといふ時には、よく社会通念の変化の由つて来る所を検討した上にして貰ひたいとの旨を繰返し仰せあり。

民主々義といふものが自分達の利益を主張するといふ事に堕すれば国は危いので、歴史は繰返すといふがその通りで、田中〔義一〕内閣頃の政党の力といふものは相当強力で、政党本位で国家本位でない為め、右翼とか青年将校とかいふものが憤慨した。その結果とつた彼等の手段は間違つて居つたが、動機は必しも悪いとはいへない。そして一方に独乙といふものがあつた。今の自由党なども、国家といふよりは党略に重きを置くやうだし、又それ以上個人の利害に関係してるやうに思はれる。石橋〔湛山〕が大阪で変な事をいつてるが[160]、石橋を通産相にでもして、〔小笠原三九郎〕通産相を農相にして[161]、〔広川弘禅〕農相でも幹事長にでもすれば自由党はまるく行くかも知れんと思ふ位だ。こういふ風だと田中内閣当時と同じく、憤慨するものが出来る。それが今度は右翼でなく、軍人もないから、共産党の赤かぶれがこれでは国が……と考へるやうになる。よく似てる。心配で仕様がない。反省といふ事がなくて人の批評ばかりしてる。各自の反省を望みたいが、それも五月三日の時[162]〔平和条約発効記念式典でのおことば〕の抽象的にしか私としてはいへぬとすれば、反省せぬ人には何の事か分らぬ。それかといつて今の天皇の立場では、あれ以上具体的にいへば政治干渉とかいふ事になるとの旨御述懐、本当に一番憂国の方の様に思はる。

政府のやり方について、今日久し振り日銀へ参りましたが、一万田〔尚登、日本銀行総裁〕など比較的はつきりした意見をもつて居りまして、今度のやうな予算の組方では賠償の問題にも都合わるし、消費面に予算が使はれゝばインフレの危険もあり困つた事になる。それよりも日本を此やうな窮屈にしたのは米国で、今は米国は日本と手を組んでと思つてる時故、先方の要求に応じて防御の事はやるとして、その代りその援助といふか費用は米国が当然負担すべきであると出て行かなければと申して居りましたと申上げし処、私は本当は再軍備を認めて、その援助として金を米国に請求した方がいゝやうに思ふ。此前吉田の来た時にも此様な意見をいはうとしたが、それは止めておいたが、本来は私はそう思つてる旨の御話。

それから先刻の御親拝が本葬の日にないといふ事の批難と共に、喪期の短縮も相当反対議論があると期して居りましたが、どうもそれは余り出て参りませんと申上げし処、あれは先年枢密院に改正案を出したが、二上〔兵治、元枢密院書記官長〕が反対で、あれが反対すれば枢府は動かない故その儘になつてたが、実は研究済の問題で、いつやるかが問題であつた位故、今度も批難が左程出ぬ訳だと思ふ旨の仰せ。

秩父宮妃殿下も霊代を奉じて、一時三番町御出発で御出掛けになりました。処置すべき事の方は夫々〔それぞれ〕処理の方法をきめましたやうであります。ついては、先刻の喪の期の短い事は、侍従長が女官長を経て秩父妃殿下御慰めの御会食でもと申上げました際、矢張り五十日の第二期喪過ぎの方がよからうとの仰せでありましたそうですが、世の中には、投書癖の人の様に独善で自分の都合ばかり考へてる人が多いが、広く世の中を考へてる穏健な人は投書などしないでむしろ沈黙してる。その為一部の癖のある議論が大勢であるが如き外見を与へるやうになり、真に多数な穏健の意見は一向表はれず、ないやうに扱はれていつも困るとの旨の御話あり。それにつきまして、過日御歌会等の事も、心喪になれば御差支ない旨で中間的に申上げましたが、只今討議中でありますが、感情の上からは二月初旬迄延期したいとの考へも出て居ります。殊に高松宮等御近親の方で、どうも御歌会などに出席する御気持などになれないといふ様な事は困りまするし、松平は高松宮様の御意見を伺ひました処、結局どちらでもよろしいとの御話であつたそうであります。心喪となれば神事以外は何を遊ばして悪いといふ事はないのでありますが、感情の面からはそう計りも参りませぬし、二月の初めでは「年の始めに」といへぬ、いやいひ得るとの議論も出で、又一月中になすといふ皇室儀制令は一応効力はありませぬ故二月でもよいとの意見、去りとて法制化する為には二月のいつまでといふ事が一寸きまりませぬでの両説区々でありますが、其内式部関係及次長の処で一致した案を持つて参ります故、充分調べて更めて御差図を仰ぎまする積りでありますが、陛下の御感想は如何でございませうと申上げし処、春分はいつか、又旧正月はいつかとの御下問あり。どうも一月でどこがわるいとの御意見らしきやうに拝するも、同様短い心喪中は神事以外御構なしとはいへ、稍気にならぬ事もなきやの御様子に拝す。一致した考へを長官迄持参致します る故、其上で兎に角意見は中上げます云々等にて退下。

一月一五日（木） 願出御文庫 一・〇〇―一・三〇

先程御都合を御伺致しました節、御用もおありとの事でありましたが、先に御伺致しませうか、或は申上げませうかと伺ひし処、或はかちあふかも知れぬがきかうとの仰せの様に付、第一は秩父宮家が雍仁親王薨去になりますれば、月割か日割かは存じませぬが、百四十万円の年分は停止になりまするが三分の一に御へりになりますので、御日常御不足かと存じます。又必ず経常費合理化の為御人べらしがあると存じますが、大体秩父宮家は外勤者が多い様でありますし、事務官以外は皆宮家の使用人でありまする故、解雇につき臨時の退職金が相当御入用かと存じます。鵠沼の御邸の時に妃殿下の御名義といふ話もございましたそうですが、結局宮様名義の為、此度相続税が相当あるかと存じます。これらは経済法に無理があります故、その改正も考へたいのでありまして、妃殿下御一人の場合は、一家の御体面上、殿下御出の処の妃殿下と同額ではひどいといふ事は理屈がありますが、それだけの法律改正案も如何かと存じます。皇族費のベースアップといふ事も話が伝〔わ〕つてるかとも思ひますが、昨年一般公務員のベースアップの比率以上に十割増……尤も従来が低過ぎました為ではありますが――になつて居ります関係上、此際直ちにとは参りませぬ故、それ迄の間は少くも御不足分を御本家の内廷費で御支弁頂くより仕方はないと存じます。可成倹約の事は考へまするが……と申上げし処、それは当然内廷費で支弁するやうにしてよろしい。それも余りけちでなく……との仰せ。その仰せを承り、田島も安心して可然処理が出来ます。実は昨日午後、高松宮妃殿下が田島の部屋へ御出になりまして、秩父宮家の御会計はどうだらう。高松宮家として富裕ではないが、少し位の事は出来るからといふ様な御話でありましたから、それは随時御厚意による場合は別でありまするが、本来今日の場合の如きは、勿論御宗家たる皇室内廷で御考になるべきだと存じます。まだ陛下の御許しを受ける時がありませんが、必ず御許しになると存じますから御心配なくと申して置きました次第でございます。お金の事は或は直ちにも御必要かと存じまするのに、他にて金融を御考になりますのはどうもまづいと存じまする故、昨日高松妃殿下の御話もありました故、今日御許しを得まして、今日豊島岡へ妃殿下が二時半に御参拝の様に承りました故、御内々に陛下で御心配下さる御様子の旨を申上げたいと存じます。あ、よろしいとの仰せ。

次に、先日陛下御親ら仰せのありました医療費の点は、解剖の御礼もあり、昨年迄の分は大体すんで居りまするが、坂口〔康蔵〕博士〔国立東京第一病院長〕、其助手等と遠藤〔繁清〕が昭和十五年以降の長期のきりとしての御礼もありまするが、是は別に矢張り賜る事に願ひたいと存じますと申上ぐ。あ、よろしいとの仰せ。

実は、二十六年度内廷会計決算は、先日申上げました通り百四十八万剰余でありまするし、三月終了の二十七年度に於きましても二百万位の余剰を生ずると存じます。大宮様崩御にも拘らず百万円増加しました内廷費故、どうにかやつて行かれると存じます。且つ基金の方の株の運用でも余裕はあります故……と申上げし処、その千万円は東宮ちやんの方だらうとの仰せ故、ハイ、それでもまだ多少余裕はありますと申上ぐ。右様の次第で、委細は長官に御任せを願ひたいと存じますと申上げし処、実行方法はどうするかとの仰せ故、医療費は金額決定次第御手許上げと致し、従来通り御親ら妃殿下に御渡し遊ばされ、其節陛下から妃殿下に対し親しく御言葉で、宮家経済の面の事は長官にけちけちせずやれといつてあるから長官に話してくれと仰せになれば結構かと存じますと申上ぐ。それでよろしいとの仰せ。それでは実行は御報告は申上げまするが、田島に御任せ願ひまして……と申上げし処、けちけち余りせず、場合によれば内廷費の方に穴があいてもいゝといふ条件で長官に任せるとの仰せ。承りました、その御趣意で取計ひますと申上ぐ。

猶一つ内廷費支出の御許しを頂きたい事は、七百万円の御葬儀費を政府は厚意を以てくれましたが、宮内庁職員の居残、徹夜等の超過勤務手当に使用は厳禁と釘をさゝれて居りますが、去りとてなしといふ訳には参りませぬ故、内廷費から二、三十万かと存じまするが式部とか管理部とか其他の超過勤務のものに支弁させて頂きたいと存じます。よろしいとの仰せ。〔欄外「〔二月二十三日決裁す〕」〕

次には、昨日申上げました御講書始及御歌会始の儀でありますが、式部も次長も論議の結果、一致の意見として、矢張り御喪明けに願ひたいとの事でありますから御許しを願ひたいと存じます。理論上は十日間第一期喪後は心喪であります故、一月中に行はれて少しも悪くはありませぬが、感じの上でたつた二日後には喪明けといふ有様故、感じはその方がよろしく、一面一月中に行はれるといふ〔皇室〕儀制令は、形式上は兎に角失効して居りますし、儀制令制定以前には二月に執り行はれました前例もありまする故、将来の制度の問題は別として、今年は特例として、喪明けの翌日二月三日御講書始め、四日は御命日で、二月五日御歌会始めを御願する事に御願したいと存じます。今後儀〔制〕令制定迄には、一月御差支の時は二月のいつまでならば新年の意味に矛盾ないか、又同じ一月行はれぬにもその理由が御病気とか、今回のやうな御喪とか細分して考へる要があります。それらは研究致しまするが、今年は臨機の特例として只今の通り御許しを得たいと存じます。あ、よろしいとの仰せ。

次に、米国大使館へ東宮様御出掛の件は、先に政府側の意見をきけとの御命令もありましたが、吉田首相は却て間違ひまする故、昨日緒方長官を訪ね首相及外務の意見をきいて貰ふ事に致しましたが、緒方の考へとしては御止めでよろしいが、マーフイとしては軽く考へてるので、緒方なども時々招かれるとか申して居りましたが、矢張り招きまして断られるのは気持のわるいものであり、反米思想があると思ふ時だけに気の毒でありますので、全然別問題でありますが、クラーク大将御招きの事を此際願ひましたらば如何かと存ずるのであります。東宮様の御式の時大公使に限るときめ〔決〕、クラークはやめと吉田と協定しまして其旨吉田の案で通告をしました処、吉田の張群の問題で又クラークも招く事となりました事は御承知の通りでありますが、クラーク止めと一応きまつた節、御陪食に御招きの案は申してありました。それが東宮様の式に参列で帳消しといふ訳のものでもありませぬ故、此際御願致しますれば、小泉迄マーフイがクラークも東宮様に拝謁願出の件もありますが、成年皇族として宣仁親王の御同席と同じ意味で明仁親王が御出席になれば先づ総てよろしいかと存じます。マーフイ大使御陪食の節は夫人の着任前でありました故、米国大将クラーク夫妻御召しの御相伴に当然其国大使夫妻が上りましても、外国に何の影響もないと存じます。習慣上娘も出られるなら御召しでよろしいかと存じます。御思召は如何でございませうと申上げし処、イヤ、その事を促進して貰ひたいと思つて、休日だが呼ぶのもどうかと思つてる時来るといふ話であつたからそれを話さうと思つたのだ（小泉の方法は不賛成なるも、小泉の反米思想緩和の趣旨は非常に御共鳴、且天皇としての職務（皇太子の職務にあらず）と御考への上（昨夜来）の結論らしく拝察す）。ハイ、それでは此事は、松平が渡英の時に調査して貰ひました、在英アイゼンハワー大将に対するKing（前英国王ジョージ六世）の御待遇はバッキンガムではなされぬが、スコットランドかどこかで御会食とかいふ事でありまして[163]、英国と日本とは米軍駐留の事情も異りまする故、葉山とか那須でなくとも皇居で結構と予め研究済の事でありますから、明日緒方の返事次第取運ぶ事に致しますと申上げし処、私は新任大使連の午餐より優先してやつて貰ひたいよとの仰せ。承りましたと退下す。

御呼戻しになり、御起立のまゝ、赤字公債を出すやうであり、インフレにならぬやうせねば物価高では皆が困る。緒方にあふ時よく注意するやうにいつてくれとの仰せ。先日御陪食の節、陛下が向井蔵相に御質問の際、インフレにはなりませんし、一万田総裁が悪まれ役を買つてくれますと申して居りましたが、新予算御説明の為に内奏致すやう取計らひたいと存じます。緒方にも御旨は伝へますけれども……と申上ぐ。

一月一六日（金）　願出御文庫　三・五〇—四・二〇

丁度陛下が御文庫への御車に御乗りの頃、吉田首相了承の旨の電話が緒方から参りました。一昨夜、田島が緒方を訪ねました直後、外務大臣は緒方から電話で話され、之も了承して御思召通り結構と、只今信任状捧呈式をまつ間に申して居りました。緒方は予算で忙がしいらしく、電話と手紙と二度催促しまして、やつと首相も御思召通り結構との旨通じて参りました。今朝既に式部官長には昨日促進せよとの思召、大使等御招きより優先の事等話しまして、松平がマーフイとの関係上適当に断り、又別の話だが御招きといふ事に出て話す事に致してあります。又大使連もカナダを入れて九ヶ国であります故、少くも二回はありますので、それらも一連として式部で立案し御都合を伺ふやうに致しました。それから、田島だけが稍難色のありました、信任状捧呈未済の国の外交関係の人に拝謁を賜ふ事は、首相も熱心、外務省は勿論式部もよからうとの事で田島が折れました処、秩父宮様の事で正月気分の内には行はれませなんだが、適当の機会に之も行はれるかと存じます。松平が断る理由は何をいつてくか、私が思ふには、正式に御立寄下さいといつて来ないから、又それ故毎年の例も困るからとでもいつてはどうかと思ふとの仰せ故、それはおかしい事になります。仏蘭西の外務次官は直接陛下にまで国賓として御願致して居りますし、ドアイヤン〔doyen フランス語で外交団首席〕(164)でもありますドヂヤン〔Maurice Ernest Dejean モーリス・ドジャン、駐日フランス大使〕(165)が御願しました場合には、承ける理屈になりますからそれはいけますまい。矢張り英国は戴冠式の為に御出になる事故格別、他は御旅行故、それらの国に皆御出といふ事は一寸時間上出来ぬといふ方が却つていゝかとも存じまするが、関係あるやうなないやうなクラーク御招きをもつて参ります事故、松平のマーフイとの懇意で適当にやると存じます故、そのいゝ方は松平に御任せ願ひたいと存じますと申上ぐ。そうか、そうだな……との仰せ。

次に、昨日拝謁後、秩父宮妃殿下に豊島岡で御目に懸りまして、何れ陛下より御話はありませうが、御内意は皇室で御輔助の御気持でありますから、銀行などへ借入に御出になる必要が今日にも生ずるかとも存じ申上げますが、田島にどうぞ御相談頂きたうございますと申上げまして非常に御感激の御様子でありました。処が高松宮様が今朝田島の部屋へ御出になりまして、いはゞ後家さんに御なりになつて女さんお一人故御金は入らぬといふ考では困る。田島の先入感がそれでは困るといふ様な意味で、宮家としても半分以上は妃殿下の為の衣食の費用だといふ様な御話もあり、秩父宮妃殿下は特別の御地位と御経歴で国の為に御働き願ふといふ立場で、御費用は御入用と考へて貰はんと困る。皇族の数は少いし、特殊の立場で国際的に御願する為には費用は入るとの仰せで、昔三井、三菱の財閥が、政府以外で外国人をエンタテン〔entertainもてなす〕した事は非常によかつたが、今はこれがつぶれた故、そういふ風に妃殿下にとの御話で此点はどうも如何かと存じましたが、別に反対論を今日は申しませなんだ。高松宮様と近い松平に一寸話しましたが、それはどうも一寸行過ぎですネとも申して居りましたと申上げし処、それは高松宮両殿下で今後はそれを遊ばして、その御輔助に秩父妃殿下は御出になればいゝ。勿論、秩父宮の頃から英国関係で特に御承知の人とか、御承知なくとも御関係上新たに紹介されて来た人でも、丁度今迄秩父さんがやつてられた程度の事は必要かも知れんが、それ以上はいらぬ事と思ふとの仰せ。田島も其辺は適当の度合があらうと存じます。今一つ宮様の御考へは、御輔助になるにしても赤字の出た度に御ねだりするといふ方式は困るといふ事らしく御主張でありましたから、昨日御許しを得ました事でもあり、臨時的のものは陛下から御直きに御頂きになり、経常的のものは田島の方で適当だけ一定額を差上げる事にと存じて居りますと申上げましたら、それはそれでよいが、金額の問題を仰出しになり、三分の一になつて五万八千の月額ではどうにも仕方がない。今いつたやうな訳で使用人をさう〳〵減ずる訳にもいかぬから、三分の二位になるやうに御輔助になるといゝといふ様な御意見に拝しましたが、実は何れ皇室経済法改正の際に、いはゞ女戸主のやうな場合には親王殿下分だけといふのが最高かと存じますので其旨申上げましたら、大体金額は其辺を御考へであつたかと存じました。それから妃殿下も一寸仰せになりましたが、ベースアップがある様に御考へでありましたから、四月からなどとても上りません。予算の外に皇族費は法律が入ります。昨年の改正の際に倍額になりましたのは、勿論従来が低きに失してた為ではありますが、兎に角十割増であつた為、官公吏のベースアップの今回に併行するのは一寸六ケ敷、一年位はどうかと存じます。そのベースアップの機会に、女戸主のやうな場合は普通の妃殿下とは違つた額に改正して貰ひたいと存じて居ります旨申しました。又高松宮は、秩父宮妃殿下の特殊性を仰せになります為に、仮に三笠宮が御亡くなりになり、その妃殿下の場合とは違ふと仰せになり一寸御気付きになつたか、私が死んで喜久子が残つた場合とも違ふと御附加へになりました。何れにしましても、臨時的のものは陛下から特別に賜ひ、経常的の不足額は内廷費から一定額賜ふといふ事の思召には御満足のやうでありました。

それから又久邇さんの事でありますが、在米邦人が、皇族が無理なら元皇族に渡米して頂きたいといふので、小川友三〔実業家〕といふ元参議院の議員がありまして、陛下が利根川工事御覧の節、自動車から身を乗出した男で、其節かに両陛下と本人とのスナツプがありましたのを選挙運動のビラに使つた男で、大体定評のある人らしいのでありますが、今日海軍の金沢正夫といふ〔元海軍〕中将かと同行して参り、次長にあひ、久邇さんに御願したらば御喜びでしたが、宮内庁の意見をきいてくれといふ事で来たとの事でありましたそうで、三千万円の旅費はその小川友三が負担し、金沢中将の外に野村直邦といふ〔元〕海軍大将も御伴するとの事でありますが、三谷にきゝましても野村は余り考への深い人でないとの事でありますし、皇族でなくとも、元皇族でも一個人の金で御旅行になるは如何かと存じまするし、小川の如き人物では何かの代償のない筈はないと考へられます。私としてはおやめがよいと考へますが、幸ひ海軍の人の事であり、人物も山梨大将は知つて居りませうし、宮務監督の立場で山梨大将に善処して貰ひたいと思ひますとの旨申上げし処、それがいゝだらう。久邇さんて朝融さんかとの御尋ね、そうでありますと申上ぐ。金沢は思ひ出さぬが野村は知つてるが、考へは余り周密ではないだらう。私がヒトラーと奈翁〔ナポレオン・ボナパルト〕と同じではないかロシヤに攻め入つて、ときいた時、単純にヒトラーは違ひますといつてたからネーとの御話。

一月一九日(月) 御召し御文庫　一・四〇―二・〇〇

〔山梨大将、高橋真男、次長と会談中御召しありし由なるも其旨申上げ、〔植秀男、長官〕秘書官通ぜず聞きたるも、溝口〔三郎、秩父宮付〕事務官会見申込に付、会見

後ならでは御召しにても御返事出来ぬかと想像され、溝口氏と会見後、御前に出る。御文庫に御帰り後なれば御文庫に出る)

後れまして申訳ありませぬと申上ぐ。イエ、あの明日良宮が鵠沼を訪問するが、其節先達て来の話の医療費を持つて、あげたらいゝと思ふが間にあふかとの仰せ故、実はそうかと存じまして、秩父宮家の溝口事務官より面会申出がありましたので、会見後上りましておそくなりましたが、溝口の調べて参りましたのによりますると、医療費四四二、〇〇〇程でありますが、解剖した医師へは一応御紋章付の品物だけであります。然し他にも御医療費はありませうし、遠藤、寺尾等長年拝診の医師への礼(最終の)が主でありまする故、之を五十万円として例[いつ]もの通り御手許上げと致します故、皇后陛下が明日鵠沼へ御出で、御座いますれば、皇后様より妃殿下へ進ぜられますれば至極結構の事と存じます。間に合ひますと存じますと申上ぐ。

そうか。それならその用意をして貰はう。それから序に、先達てから話してた事を良宮から妃殿下に話す事はどうだらう。それは勿論結構で、丁度およろしいかと存じます。即ち、臨時的な相続税と宮家使用人退職の手当金とは此際内廷費から御支弁頂ける事、及び皇室経済法の規定通りでは経常費ではどうにもなりませぬ故、それも内廷費で考へる様、しかもあまりけちけちせず考へる様長官に御命じになつて居りますといふ事を仰せになりますのは至極結構かと存じます。先程の五十万円は現金で調ひます積りでありますが、若し時が間にあひませんければ、目録に致しましても明日皇后様鵠沼御訪問の節が結構であらうと存じます。

それから先刻一時間程、山梨大将、次長、高橋大協社長等相談しました結果は、山梨大将が首相にあひまして、小川友三が側近などと申して居ります故、之はあまり面白くないといふ事を話し、旅券等の問題について外務省の方へも話を通して貰ふといふ事になりました。田島が十六日の夜山梨を訪問しました際は、金沢は次官の時の副官、野村は艦政本部長の時の下役ではあるが圧迫的の話はせず、やんわり流産になる方がよろしいと申して居りましたが、昨日とか金沢に話しました処、小川が首相へ近い旨などきかされて、金沢にやめたらどうだといふ風には話さず、今日の相談になりましたが、元宮様が理由のない個人の金で洋行遊ばす事は如何であらうかといふ事は正面きつていひ得られますし、小川の人物は、選挙の時に利根川御視察の時か何かに両陛下ととられた写真を印刷して町々へはりました事などから考へましても凡そ見当はつくのでありますが、山梨大将は小川などについては吾々より慎重であります。野村大将も参議院をねらつて居りますとか、尤も山本英輔〔元海軍〕大将に相談しましたら、オレが出る、止めろといはれたとかいふ人だそうでありますが、金沢は利口、野村は押出しがよく、どしつとして刀の大小のやうないゝコンビとか申して居りました。海軍の大将、中将、少将が〔ママ〕此際視察団とかいふて出掛けるのも如何と存じられます。参議院選挙の為か急いで居りますので、うつかりしてる内に事の運ばぬやうと存じて居ります。宮内庁の考をきいた上で、更めて殿下が両陛下の御許しを受ける積りだとかいつて居られるそうですが、又海外の移民が皇族に来て頂きたいといつてるといふ理由でありますが、それならば皇太子様が英国の御帰途御立寄りになりますので、どうもその前に取急いで一世、二世が元皇族にどなたかといふ話も少しどうかと考へられます。それからいろ〳〵の事で野村、金沢がコンビの様でありますが、小川は最近、宮東(?)とかいふ一寸変つた人[166]の紹介で知つたらしくありまして、三人がふるくからの仲間ではないやうであります。結論はお出掛なきやうと存じまする点は一致でありますが、山梨は宮様の意図を山梨等で直接挫けば、顧問として将来宮様の信頼がなくなり、何も出来なくなるからといふ事を憂へて居るやうであります。宮内庁の意見はといはれゝば、理由は一々申さず反対といふ事に申す外ないと存じますと申上ぐ。

一月二〇日(火)　願出御座所　一一・五〇―一二・〇五

皇后様御出ましは午後との事で、昨日のお金は充分間に合ひまして既に侍従次長の手許にありまする。又、侍従次長に詳細を話しまして、陛下から皇后様には既に仰せになつて居りますが、こういふ訳だと詳細打合せを致しました。それから臨時的のものは、相続税は〔遠藤胖〕

主計課長が宮家事務官と共同して致しまする故その方で定まりまするが、宮家職員退職手当の方は、今後の経常費の範囲になるやう、いはゞ減員が必要でありまして、宮家事務官は秘書課の所管で、必ず〔高尾亮一秘書〕課長と相談致します故これも其方で判然致しまするが、それの基本ともなりまする毎月の内廷御輔助の金額を御定め願ふ事が先決となりまする故、之を御許し願ひまする為、公正な意見の一致を見たく存じましたが会議する訳にも参りませず、次長、侍従長、侍従次長、式部官長等の要職のもの丶個別的意見は、期せずして年額七十万円と申しますが(月額六万円でも結構)、妃殿下として国家から御受けになります丈け位を内廷から御輔助になるのがよろしいと一致致しました故、之で御許しを得たいと存じます。つまり宮様御在世時の三分の一にしか法律上ではなりませぬのを、内廷の御輔助で三分の二に願ふといふ事であります。之は一面、将来皇室経済法が改正されましても、妃殿下御一方で一宮といふ場合は親王様と同額といふ以上には望めませぬと考へられますので、この額で御許しを得たいと存じます。猶、先日高松宮両殿下御来庁御話の事もありまするので、申上げまして御了承を得たいと存じて居ります。よろしいとの仰せ(六万円見当に決定)。

ヴァイニング夫人から、陛下の思召によりまして送りました皇太子様の昨年の御儀式の写真帖の御礼と、秩父宮様御亡くなりになりました御悔みとの手紙が参りました。非常に感佩のやうでありますから全文を訳して申上げますとて日本文に訳し申上ぐ。

猶、昨日手続をふみましたが、和辻〔哲郎、哲学者〕より先般献上しました思想史の下巻出版(167)につき献上致しました。又、書陵部の委員をして居ります丸山二郎〔千葉大学文理学部教授〕が、日本書紀の諸種の校訂を致しましたもの(168)を献上致しました。皆御手許へ近く出ると存じますと申上ぐ。

一月二〇日(火) 御召し御座所 三・〇〇―三・二五

高松さんのところへ行くといつてたが、今夜会食がある故、どんな風だつたか一寸聞いておきたいが、どんなだつたかとの御尋ねに付、一時に参上致しまして、陛下に申上げました大要を申上げました処、非常に御満悦の御様子に拝しました。田島拝命以来「長官御苦労だつた」との意味の御言葉を始めて頂きました。丁度殿下の御考へのものと合致してたと存じますと申上ぐ。そうかとの仰せ。

首相は先刻内奏の時は、カナダ飛行機の事は何も申しませんでございましたかと伺ふ。何にもいはないとの仰せ。一寸ネ、予算に関してインフレの事をふれたら、三百億の赤字公債なら大丈夫だと一万田もいつてたが、五百億になりましたからといつて多少不安でなくもないらしいが、人事院や経済計画局〔審議庁〕のやうな役所の行政整理をやるつもりで、それでもインフレは……といふ様な事をいつてた。それから予算の説明には明日向井蔵相が出るといふ事であつたとの仰せ。

東宮様の御渡英の費用は一億一千万円として、二十七年〔度〕の予備金支出ときまりました。それも東宮様の報償金と随員の旅費といふ様な綱目でありまするから、政府は非常に便を計つてくれたと存じますが、議会開会中の自然休会中に政府限りで予備金で出しますのはどういふのかネー。別に秘密の事でもなし、堂々やつたらいゝと思ふがとの仰せ。全く田島も同様に考へまするが、政府に何か都合がありまするか、こちらとしては予備金では困るとも申されませぬ次第でございます。秩父宮様の七百万円は性質上当然かとも存じますが、御文庫改造費は二十八年度予算決定後予備費と申して居ります。どうもおかしいネーとの仰せ。

今夜は高松宮は妃殿下は御風で、三笠宮両殿下とお三人との旨、御話あり。

一月二一日(水)　御召し御座所　一一・〇〇―一一・四〇

良宮との話で充分よくは分らぬが、昨日良宮が秩父さんの処へ行つた時、妃殿下が財政の事は宮様が全部おやりで今迄は少しもふれなかつたといふ御話があつたそうだが、もしそうだとすると妃殿下にこちらの好意のある所を伝へても結果に於て申出がなく、好意が無になるやうな恐れはないかとの御下問故、今回医療、相続税、減員退職金の三つの臨時的のものは内廷で御支払といふ事で、経常的のものは昨日の月額六万なり年額七十万円なりの事でありますから、経常費の分は政府から参ります御金と合せて年四回に差進じまする事務的の扱となりまするし、臨時的のもの丶内、医療費につきましては、既に昨日御手許上げとして皇后様より御渡済であります。相続税は宮家事務官と主計課で共力して事務を致します故、その額は分りますれば昨日同様に願ひまするか、又は代つて御支払の旨を申されまするかといふ事になります。減員についての退職金の問題は、経常的御収入を御考慮の上宮家でおきめになりまするが、それは溝口事務官が致します事で、之は宗親係即ち秘書課長の部下といふ事でありますので、必ず秘書課長の処へその数字は表はれまする。之も昨日同様の順序に願ひまするかと存じまする故、妃殿下が従来秩父宮家の財政に御触れになつてゐなかつたといふ事は何の障りもございませぬ。只それは事実で、田島拝命の当初宮様に申上げ、高松宮様には渋沢敬三〔元日本銀行総裁、元大蔵大臣〕等、三笠宮様には入間野〔武雄、前帝国銀行頭取〕が経済顧問でありまするが、若し御用とあれば田島〔が〕致しても結構でございますと申上げました節、宮様は、自分の処は何も人を煩はす程の財産はないとの仰せでありましたし、御泊り頂く(169)やうになります前から事柄事柄で御下問などあり、意見は申上げましたやうな訳で、それから見ましても全部宮様のおつむり〔頭のこと〕で財政の事はせられて、家職は使あるきをしてたに過ぎませぬので、妃殿下がそう仰せになつたのだと存じますと申上ぐ。

昨夜高松宮様は何か仰せになりましたかと伺ひし処、何も話しは出ぬ。御満足な為だらう。像の御話も御遺書にあつたが一向御話もなかつたとの仰せ。左様でございますか。御墓の設計は管理部で進めて居りますが、土饅頭の下部は大きい石、上部はさゞれ石といふので、何でも像は別にお立てになるといふ様な御話に伺つて居りますがと申上ぐ。高松さんは解剖の朝日に出た話をされて、夜中に自働車が二、三台出たから、それをつけたといふ説があるが、それなら待機してた新聞社は各社故、朝日だけといふ事はないから、解剖の方の助手達からでも洩れたのではないかとの話であつたとの仰せ。田島も左様に存じます。あの時の車にはついて来た形跡はありませぬし、あそこに出た名前の中から折笠〔晴秀〕、児玉〔周一〕といふ結核に直接薄いやうな人の名が少しも出てない処を見ますと、隈部〔英雄、結核予防会結核研究所長〕、岡〔治道、病理学者、元東京大学教授〕といふ様な側からではないかと一応存じて居ります。

昨夜、三笠宮様は特に別段御葬儀に関して御話はありませんでしたかと御伺ひせし処、イヤ何もなかつたよとの仰せ。今朝の朝日新聞の記事に、(170)三笠宮様が式部の部屋へニユーヨークタイムスを御持参になり、それには陛下が御葬儀に列せられなかつた事、御生前に御見舞に御出なかつた事を何かかいてあるのだといふ記事がありましたがと申上げし処、そうか何も話しはなかつたよとの仰せ。イエ、これは中々八釜しく、覚悟の前で御願した事ではありまするが、式部官長にある新聞記者が質問に来ましたとかで、官長は、御葬儀だけの事で両陛下の秩父宮に対する御親愛の情を見ないで、前後に於ける儀式的以外の御行動を見なさいといつてやつたと申して居りましたが、独善でおせつかいなどは困りますと申上げし処、日本人の普通の常識のある人は黙つてる癖があるし、投書でもする人とか、何かいふ人はやゝ癖のある人で多く無名の人だが、大体行はれてる事に同意の人は多くても黙してるし、一寸独善的、批判好きの人の議論が人の前に出て如何にも多数説の如く見ゆる点がある。大宮様の御葬儀の時でも賛成の人は黙してゝ、反対の人がいつて来たネーとの仰せ。それは葬儀の事だけではない。反米思想の問題でもそうだし、又古い事をいへば、戦争勃発前の日米間の関係もそうだ。又、此問題になると、米国も又一寸うまくやればよいのに、あの時も通商断絶とか何とか強く出る。海軍々縮でも、五、五、三が無理なら、も少し日本に認めて秘密の紳士協定で適当にやるとかとすればいゝが、アメリカの国柄中々出来ない。(171)今日の場合も同じで、米国側が例へば、奄美大島返還とか、巣鴨戦犯釈放とか、占領政策中の行過ぎを認めて其改定に協力するとかいふ、事実に表はれる事の手をうてばいゝのだが、米国はそれをしない。しなければ占領中の失敗はどうしたつて無くはないから、反米思想は日本人の例の批判、独善的の人の議論であふられる。誠に困つた事だとの仰せ。

山梨より今朝電話がありまして、吉田首相には二十四日迄は会見出来ぬとの返事でありましたが、急を要する故に重ねて依頼したとの事でありましたが、二十日午前に野村直邦の同級生の筆頭近藤信竹〔元海軍大将〕が訪問して来ました由で、又偶野村大将も来て、話があの事に及び、終戦迄現役の海軍大将たりし人一人、中将たりし人二人が揃つて軍事視察団などといつて出ては、日本の軍国化を世界に疑はれ、又海軍は従来世界に信用のあるのをこんな事で打こはしては困るといふ話で、野村大将もマー止めですかネーといふ様な話であつたとの中間報告がありましたと申上ぐ。野村は参議院へは矢張り出るらしくありますと申上げし処、参議院へは随分出るネー。宇垣〔一成、元陸軍大将〕や何か老人だといつて順宮さんの〔結婚の〕時に来なかつたようなのが出るが、健康が堪へるかしら。健康さへ堪へれば経験のある人の出る事はいゝが健康がどうかネー。ジつとしてるのが淋しいといふか、虚栄心といふか、どうか参議院へ老人が多く出るネーとの仰せ。選挙といふ事が重労働との事でありますから、当選した後で疲れて活動出来ぬでは何ともなりませぬ旨申上ぐ。

辞せんとして、ケネスヤスダ〔Kenneth Yasuda〕といふ二世が、万葉集等翻訳[172]した人でありますが、この人を理解する辰野隆〔仏文学者、東京大学名誉教授〕、石川欣一〔翻訳家〕の紹介もあり今日やつて参りまして、御製や御歌を翻訳して日米親善に資したいとの申出がありました。事柄としては結構でありますが、具体的な申出の後に、はつきりした事の返事をする旨申しておきました。高松宮様に御目に懸つた事もある人らしく、何か御話が出ますかも知れませぬ故、一寸申上げて置きますと申上ぐ。

一月二七日(火)　御召し御文庫　一〇・〇〇―一〇・五〇

〔前夜侍従長より電話あり、明日秩父宮妃殿下御上りの前に、長官又は侍従長御召しの旨、侍従に御話ありしを秩父宮に関係ある事と侍従長も推量して長官出るやうとの事にて了承し、御都合を伺ひ十時御前に出づ。然るに案に相違して〕読書新聞といふのがある。それの広告に「情報天皇に達せず[173]」が出て居るが、高松宮と争つたといふ様な事の内容が書かれてあるやうだが、又序文を志賀〔直哉、作家〕や武者小路〔実篤、作家〕のやうな人が書いてるのは一寸困るが……との仰せ故、単行本として既に出て居りますやうでございますが、田島はまだ読んで居りません。然し雑誌に二度位その一部が出ました節、陛下から御話もあり読みましたが、其節は大した事でもないやうに存じましたが、細川は近衛に近い人で木戸には余り同感でないらしく、木戸が東条を支援しました形で、陛下が特に東条内閣を倒すことをされなかつたといふ様な風な気持のものかと存じますが……と申上げし処、私は田中〔義一〕内閣の時に少しハッキリやつて立憲君主としてはどうかといふ事をも考へ、東条のやり方についても、どうかと思ふ点はあつても、私が内閣を主動的にかへるといふ事はせぬ方がよいと思つて居つた。海軍はあの時マリアナの大砲などもつてブーゲンビルの方へ持つて行つて、マリアナは全然空になつてたやうな状況であつて、東条内閣が倒れても出来たのは小磯〔国昭〕内閣のやうなものであつたやうに、次に出来るものを考へなければ倒すといふ事はいへぬ事だ――……等その頃の細い断片的の御話をなさる。まだ読みませぬ故何とも申上げられませぬが、早速読みました上で申上げまするが、たとひ何が書いてありましても、陛下があれは事実だ、事実でないなど対等に仰せになる必要はないと存じます。それよりも後世の為に、原田日記でも木戸日記でも、又この本でもの誤りや実状を御指摘頂いた記録を宮中に保存する事は必要かと存じます。拝見仰せ付けられましたあの御手記の外に、大金〔益次郎、元侍従長〕が伺つて居りましたやうに、既に小泉も喜んでさせて頂きますと申して居ります故に、次次に出ます記録類のものをとり上げて、之に関する陛下の御記憶を書き記す事は必要かと存じまするが、兎に角読みました上に願ひますと申上ぐ。

それでは二件計り御思召を伺ひたいと存じますが、田島拝命の節、神様の御祭りの事は大切にとの仰せを承り、銘記致して居りまして、戦争中天皇の御式年祭に大臣又は次官で出席する事がすたれて居りましたのを、独立と共に旧に復しまして、明治天皇、朱雀天皇等、長官か次長かが参拝致しましたので、二月九日の允恭天皇の千五百年山陵祭にも参拝すべきであります。然るに一月十七日に予定の閣僚等の鴨猟が二月八日と変更になりまして、秩父宮様の御喪の為に、陛下の御思召を体して致しまする故、長官は出まするが、出来れば次長も出ました方がよろしいのであります。従来、次長の出ました時は書陵部は課長が出て居りますそうでありますが、書陵部長に必ず出る事にして貰ひまして、次長は鴨猟へ出ましたものでございませうか、それとも山陵祭へ出ました方がよろしいと御考へでございませうかと伺ひし処、次長は閣僚と懇意になつておく方が諸般に都合がよいやうなれば、山陵へ部長さへ行けば、こちらへ出た方がよからうとの旨仰せあり。それでは、今回は特例と致しまして、長官、次長欠席の代りに書陵部長に出席して貰ふ事に取計らはさせて頂きますと申上ぐ。

次に東宮様の御出発前の御行事の事でありますが、大体陛下の時の記録を参照致しまして、大体次のやうな事を考へて居りますが、御思召を体しまして具体的に案を作りたいと存じます。神宮御参拝の件は是非御願致しまするが、今回秩父宮のおかくれの御喪が短縮されましたが、神宮の方はどう考へてるか問合せましたが、宮中の御定め通りで結構といふ事でありまする故、二月二十三日位から御出掛け願ひまして……と申上げし処、二月二十三日か、寒い時だネー。東宮ちやんのからだ大丈夫かとの仰せ……その点は侍医の意見もきゝまして定めまするが、三月には大体東京に於ける御行事が次ぎ〳〵におありかと存じて居りますと申上ぐ。そうか。それでも寒いやうだとの仰せ。伊勢御参拝後、神武天皇山陵御参拝、それから正式ではありませぬ故、又陛下の場合も御参拝故、今回は橿原神宮へ御参拝結構かと存じますと申上ぐ。よろしいとの仰せ。法隆寺、中宮寺等御見学の上、正倉院も御勅許あれば御見学の上、桃山〔明治天皇陵〕へ御参拝の上、桂離宮修学院も御見学必要かと存じまするし、日本産業一般の為、大阪で鐘紡とか倉敷〔紡績〕とかビールとか、可然代表的の工場を御見学願ふと致したいと存じます。此選定は公平に、当事者の依頼でなく致したいと存じて居ります。よろしいとの旨仰せあり。

次に、陛下より賜餐を願ふのは三つ、関係国大公使が一回、皇族、元皇族、王族が一回と申上げし処、菊栄親睦会だネとの仰せ。ハ、と申上ぐ。次に総理初め一回でありますが、衆参両院の関係もあります故、その範囲はまだ考慮中でありますが、一番少いのは首相、両院議長

〔大野伴睦衆議院議長、佐藤尚武参議院議長〕、最高裁長官〔田中耕太郎〕でありますが、普通なれば年末御慰労のあの範囲、即ち関係は全部といふ事になります。又議会の方を少し考へますれば、皇室経済会議の関係もあります故、両院副議長〔岩本信行衆議院副議長、三木治朗参議院副議長〕を入れるといふ事も考へられますと申上ぐ。それは二人だけだからどちらでもいゝが、如何に少くしても……閣僚全部はやめとしても、官房長官と外務大臣と大蔵大臣は入れなければいかぬ。或は運輸大臣〔石井光次郎〕もか……との仰せ。まア御趣意を体しまして、よく相談を致し、更めて御許しを得ますと申上ぐ。

それから、東宮様が常盤松で遊ばすのは、両陛下御兄弟方の際に皇族即ち、叔父様方をも御一所がよろしいかと存じますと申上ぐ。あそうかとの仰せ。それから関係外交官のカクテルパーテイーといふ案でありますがと申上げし処、それは重複だネ、大使以外の大使館員で範囲が違へば別だが……との仰せ。研究を致しますと申上ぐ。それから今一つ、東宮様の昔の先生等を相当大勢よぶ案が出て居りますが、之は先日の御祝の時とは意味が違ひまするし、陛下の場合にもありませぬ故、ずつと範囲をせまくして、大きなのはやめたらばと存じて居りますと申上げし処、イヤ私の時とは事情が違ふ。学習院との関係は濃厚だから、それはある程度やつた方がよいと思ふが……との旨仰せあり。御学友はありますと申上げし処、それなどを考へてそれは秋山〔幹、皇太子学習院初等科在学時の主管教授〕なども入れた方がよいとの仰せ。参与などは勿論ありますが……と申上ぐ。それから、陛下の時には宮内省の幹部御召しがありますが、今回はやめに願ひましてと存じますと申上げし処、何れ随員はよぶだらうから、其時長官とか次長とか式部官長とかはよんだ方がいゝと思ふとの仰せ。それから靖国神社といふ案がありまして、外国で無名戦士の墓に何れ御参拝でありませうからそれと照応しまして……と申上げし処、私など無名戦士は皆いつたよとの仰せ。靖国神社となりますると明治神宮を先にといふ事になりますと申上げし処、無論それは先だよとの仰せ。陛下の時は御帰朝後でありましたがと申上ぐ。それから、国会の様子を一度御覧の方がよろしいと存じます。陛下は御帰朝後、プリンスオブウエールス〔Prince of Wales 英国皇太子〕(174)の歓迎で、始めて日本の歌舞伎を御覧になりましたそうでありますが、東宮様は一度歌舞伎御覧がよろしいかと準備致して居ります。東京方面にても工場の適当のもの、社会事業等御覧願ひたいと存じて居りますと申上ぐ。皇族や兄弟の会合は可成東宮ちやんの出発に接近して欲しい。順ちやんが非常に忙しい時になるそうだから、出発と近〔づ〕けて欲しい。照ちやんの産後も遅い方がいゝから……との仰せ。

侍従長に一寸相談して貰ひたいが、朝鮮のミツシヨン〔金溶植、韓国代表公使〕と明日あふ時に(175)、私としては朝鮮に在る李王〔李垠(イウン)、大韓帝国最後の皇太子、元王族〕さんの親類方の安否の事と、李王さんの事をきゝたいのだが、どうも時機尚早だと思ふがとの仰せ故、侍従長と相談の結果は侍従長より申上げまするが、田島一人の只今の考へとしては仰の通り時機尚早でありまして、何も御触れにならぬ事がよろしいと存じますと申上ぐ。

それから、既に書類で御裁可を得ました随員の発令の事に関してでありますが、最初は東宮侍従長といふ様な事も考へましたが、随員首席でよいかと存じましてあゝ願ひました。侍従長留守中の事でありますが、侍従次長に少し荷が重過ぎになりまするが……と申上げし処、侍従長を新たに命ずれば三谷を出す事になるし、臨時の侍従長といふ訳にもいかぬし、私は三谷は信用してるし出す意思もないから、稲田の次長でやればよいと思ふが、稲田は外交〔内政〕の方の事は分るかも知れぬが、外交の経験はないから、そういふ事は式部官長、又大きい事は長官といふ事にすればよいとの仰せ故、田島も左様に考へ、事実上臨時にそれ〲手助けするといふ事が一番よろしいと存じて居りますと申上ぐ。

一月二八日(水)　願出御文庫　五・二五—五・五〇

東宮様御出発前の御日程の事につきまして、今日東宮大夫、侍医、黒木等に来て貰ひ、次長と同席で相談致しましたが、東宮様御自身、御旅行等は早くして御了ひになり、一寸葉山で御休養の御希望もありますので、二十二日秩父宮様五十日祭の翌日から関西へ御出掛になり、月末に御帰京後一週間か五日位葉山御休養の御希望でありますから……と申上げし処、それならそれでよろしいとの仰せ。実は侍医に風邪の流行の事も申しましたが、関西でも幾分下火となりつゝあり、又三月ならば御安全といふ訳でもありませぬし、只今は御洋行前の御勉強が相当御負担が多い様でありますが、万全を期していろ〳〵御講義をと思ひますが、御疲れでは何ともなりませぬから……と申上げし処、それは適当にしたらいゝだらうとの仰せ。ハイ、工場、社会事業の御視察等もすべて御疲れにならぬ程々と考へて居ります。それがよろしい旨仰せ。

それからはしかの問題でありますが、必しもかゝらぬとは限りませぬが、軽いといふ事でありますから、その注射の事の御許しを得たいと存じますと申上げし処、あれはいゝ血清だとかゝらないよとの仰せ。清宮、順宮様の時かゝる様にとしてもかゝらなかつた云々、一寸解し難きやうな御話なるも、一年位の有効かとの仰せ故、イエ、三ヶ月位のやうでありますと申上ぐ。それなら二度しなくてはならぬとの御話。ハイ、それ故いゝ血清を見付け次第御願する事に致します。アゝよろしいとの仰せ。

それから、行事の問題、昨日陛下仰せの重複の外交官の問題は、田島の了解違ひでありまして、目的は各国大使館員中、特に御巡遊に骨折りましたものを主に考へまして、コクテルパーテー〔カクテルパーティー〕と申すのでありますが、東宮様の御招き故、大使その人をよこす訳に参りませぬ次第でありますと申上ぐ。それならばそれはよろしいとの仰せ。

旧先生等の範囲の問題、陛下の仰せもありましたが、大夫が小泉とも相談しまして適当に縮少しまして、之と同時に宮内庁の主なるものも御召し願ひ、御茶といふ事として、宮内官は陛下からは御呼び頂かぬ事に致したいと存じます。よろしいとの仰せ。

次に随員は、陛下の場合は〔閑院宮〕載仁親王以下御陪食でありましたが、今回は御召状なき御相伴程度に御願致度、但し右の次第でありまする故、随員でありませぬ随行員も同時に御召し願ひたいかと存じます。式部の渋谷〔忠治、式部職外事課長補佐〕も、内舎人〔うどねり〕の坂本〔秋芳、総理府事務官〕も、又外務省の人も皆、係長位の肩書ありまするので、御相伴程度ならばよろしいかと存じますと申上ぐ。そうか。それは良宮や東宮ちゃんも出るのか、との仰せ。ハイ、田島の考へでは陛下御一方のつもりでございました。お揃ひでは少し重過ぎまするように存じまする。そうかそれでは私一人でよろしいとの仰せ。

次に御話のありました本は八分通り読みましたが、細川は自分の考へ計りを考へる流儀で、よその事を余り考へぬ書き方であります。海軍の人の会合、酒井〔鎬次、元陸軍〕中将、伊藤述史〔元情報局総裁〕という人間などの話でありますが、細川としては、近衛の弁護で、木戸、東条に反感あり、柳川〔平助、元陸軍中将〕内閣案のやうな動きをして居り、テロも賛成のやうな口吻もあります。松平〔康昌〕は内大臣秘書官長で、こんな方面の事に関係ありました故、此本の事を話し細川護貞の人物の事なども話し合ひましたが、あれは高松宮情報とかいふので評判でありますが、あゝいふ一方面だけの秘話といふ様な本は沢山ありますそうで、そう御気に遊ばす事はないかと存じます。近衛は後継内閣の時東条がいゝと申しましたと松平は申して居りましたが……陛下は、私もきいたよとの仰せ……近衛は細川護貞などには決してこういふ事は洩らしませぬ。そういふ風で、余り本気にする必要はないかと存じます。高松宮のおことばは、あの本の上でも非常に慎重で、東条内閣を倒すといふやうな事を護貞が申しますと、それはいゝが後はどうするといふ様な調子でありますと申上ぐ。陛下は、高松宮はまづい事を外部には仰せにならぬと御信用の様子に拝す。そうだよ〱との仰せ。それから、志賀〔直哉〕の序文は一部読んだだけだが、あとの為、兎に角有益だらう、記憶はあてにならぬ故、色々のこんなものがあつて本当の正確なものが出来るといふ様な書き方で、全面的に此本をほめてる訳ではありませぬ。武者〔小路実篤〕の方は少しほめ加減で、一応うそはない消息のやうな、そして局外の者には今まで知られなかつた消息が知れてといふ様な書き方でありますが、そういふ真否は別に色々の人物が出て来るので面白い読物だといふ様な意味であります。何れにしましても大して御気に遊ばす事はなく、皆自分の知る一方的なものは今後も出ませうがかまふ必要はなく、それより陛下御自身の御記憶を記録する事が必要と存じます。小泉も願ひたいと申して居りますからと申上げし処、今は一寸忙がしいけれど、それは又やらなければ……との仰せ。

一月三〇日(金)　願出御文庫　五・〇〇—五・三五

東宮様の御出発前の御日程は一昨日申上げましたが、御申付の次第もあり一応、日取りをあてはめました。即ち、二十三日から三月一日まで関西御旅行、二日は清宮様御誕辰、此日多摩へ御参拝になり、葉山へ御休養に御出掛け願ひ、六日の地久節(皇后誕生日)には御帰京に相成り、又葉山で九日迄御滞在になります。三月十日関係国大公使御陪食を御願し……と申上げし処、カナダ大使(Robert Wellington Mayhew ロバート・ウェリントン・メイヒュー)等その時始めてではわるいよとの仰せ。ハイ、二月六日、七日の外交団以外の分は、此三月十日以前に御願致す積りであります。此上信任状捧呈の国がなければ二国だけでも御願致すつもりであります。翌十一日は閣僚、両議長、最高裁判所長官の御陪食と申上げし処、副議長はやめかとの仰せ。ハイ、大臣について限定の事も副議長の事も一応相談致しましたが、結局歳末御慰労の例に従ふのが穏当との結論になりました。そうかとの仰せ。十七日に随員、随行員一同陛下に御相伴仰せ付けられます様御願致します。それから十八日に東宮(仮)御所で外交官コクテルパーテー、二十日に先生、旧奉仕(皇后宮大夫等)、現役宮内官を一所に東宮(仮)御所で御茶を賜ふ事にし、皇居では宮内官は一切なしと御願致します。二十二日御学友の茶会、二十三日は御装束召して三殿御参拝願ひ、陛下仰せの通り二十七日菊栄会御陪食、二十八日東宮(仮)御所で両陛下直宮御兄弟方の御晩餐、二十九日は御文庫御内宴、三十日は正午皇居で御食事で御出発、四時御出帆といふ事を予定致しましたと申上ぐ。よろしいとの仰せ。

靖国神社は明治神宮のあとで適当の日に御参拝……と申上げし処、矢張り靖国神社へ行くのかとの仰せ。ハワイへ御出になれば、四四二連隊などの墓(176)へ御出の事が想像されますからと申上げし処、それは一寸違ふとの仰せ。違ひまするが、敵国たりし国の無名戦士の墓へ参られゝば、我国の戦死者の為には当然と……と申上げし処、そういふ風の遺族の(軍人のと仰せかハツキリせぬ)側の考へかといふ様な旨の御返事あり御了承(何だか少し勘違ひの仰せの様に拝す)。国会、工場、歌舞伎等はあまり御負担にならぬ様適当に配しまする。よろしいとの事。

次に関西御旅行の場合、奈良、大阪等ホテル御泊りと存じまするが、京都は大宮御所がありまする故、大宮御所御泊りがよろしいかとも存じまするが、御出発前の御見学御旅行でもあり、他地ではホテルでありまする故、又一夜だけの予定故、都ホテルに御願ひ出来れば、寝具運搬、大膳同行(木藤〔京都にあった料理旅館〕等に命じましても監督の為)等大袈裟になりまするので、東宮職でも本庁側でもホテルに願ひたいと存じます。只、京都の土地柄、御思召を伺ひますると申上げし処、京都出張所の石川〔忠、京都事務所長〕の方とか、旧公卿の方とかいふ方に問題さえなくばよろしいとの仰せ。その方は別に問題はないと存じますと申上げ、よろしいとの事。

次に汽車でありまするが、先達て御乗りの車は元皇族用で、戦後米軍高官用となりましたものを修繕して東宮様用と致しました処、動揺が殊の外ひどく随員の車に御移りになりましたとかで、今回は第二号の皇后様の御車を御許し願ひたいと存じます。第一号の御料車も拝謁の時侍立致しましても随分動揺致しまするが……と申上げし処、よろしい。只、赤くて少し女らしいがとの仰せ。第三号の大宮様御乗用のはもつと御女性向と伺ひました。猶、列車のダイヤへ連結致します事は却て鉄道でも困りまするし、又満員等の場合却てよろしくない感じを与へまする故、矢張り宮廷列車で別に願ひたいと存じます。又、立太子の礼の後行啓の時は御紋章を外しました処、奉拝に不便でありました故、今回はつけさして頂きます。よろしいとの仰せ。

次に、又内廷費の支出の御許しを得たいのでありますが、実は随員は支度料として十五万乃至七万五千出まするが、到底そんな事では洋服は出来ませず、備品の形で元より銘々の分を作るのでありますが、予算が九十七万円ありまするが、是でも到底不充分でありまするので、之は均等に分配致しまして、別に内廷費から百四十万円程頂きたいと存じます。松平式部官長洋行の節三十万円内廷費を頂きました故、侍従長に三十万、松井二十万、他の随員十五万、随行員十万といふ事に差等をつけまして賜りたいと存じます。よろしいとの仰せ。猶、東宮様の御調度は、主として外国で御作りの分として二百十万円宮廷費で認められて居りまするが、御身廻りの化粧かばんとか、又は燕尾のワイシヤツの真珠のボタンとかと申上げし処、それは私から餞別にやる事にしてある。良宮とも話し、東宮職にいつてある筈だ……との仰せ故、それは田島はまだ承つて居りませぬが、それならば勿論それは二重になりませぬやうに致しまするが、色々ありますので、五十万円程、又今年度は旅費が宮殿改築の為、那須に行幸啓を願つたり致しまして少し欠乏致しました故、関西等行啓の費用を内廷から頂きたいと存じますと申上げし処、陛下はそうなれば私は葉山行止めようかとの仰せ故、それでは田島が困りまする。内廷費がいろ〳〵で減少致しまするけれども、皇室経済法の改正等の場合に又適当に方法を講じまして、困る事には決して致しませぬ故、行幸啓御取止めの事などなく、此支出御許しを得たいと存じますと申上ぐ。御了承に拝す。

それでは大体右申上げました事で適当に運びますと申上げし処、あの高松さん何かが東宮ちやんの為に又会をなさるかと思ふ。其時私をも呼ぶかどうかは知らぬが(此事二、三度御繰返し)、順ちやんの時の様な光輪閣の時、あれは私も行つたが、あの程度、あの範囲で一度にして貰ひたいとの仰せ。高松宮様からまだ何も承りませぬが、若し御話がありましたならば右の様に相成ります様、田島心得置きまするると申上ぐ。

次に、陛下の御感じを伺ひたいのでありますが、天長節は始めてでありますが、従来参賀といふ、国民一般、二重橋から入る事はありませなんだが、是は皇室国民の接近上止めてはよくないと存じますが、如何でございませうかと申上げし処、それは止めてはいかぬとの仰せ。拝賀と参賀と同一日ではさばきがつきませぬ故……と申上げし処、天長節の場合、拝賀も参賀も其日でなければそれはおかしいネとの仰せ。従来、外国使臣等は饗宴に預ります丈けで別に拝賀はありませぬやうでございますがと申上げし処、旧奉仕か何か拝賀の人も確かにあるよとの仰せ。皇居外とすれば、赤坂離宮が宴会場といふ事で、皇室用ならばよいが、外ではいかぬとの仰せ。晩餐もない事はないとの仰せ等等。

序だがネーと、御席をお立ちになり辞去せんとする方に御近き相成、あの私の記憶を世間に出てる本と比較して書留めるといつてた会ネー。今は忙しいからといつたけれども、第一回は今度の葉山へ行つてる時にやらうかとの仰せ故、ハイ、矢張り東宮様御出発後に第一回御開き願つて結構かと存じますと申上ぐ。そうかとの仰せ。

二月二日(月) 願出御文庫 四・一五―四・三〇

今日御祭り〔故雍仁親王三十日祭〕へ参つて居りましたが、御召しでありましたそうで……と申上げし処、そちらの話を先へ聞かうとの仰せ。それでは申上げますが、緑の週間の植樹祭が、先日申上げました通り千葉県にきまりましたやうで、千葉県から御日程を持つて参りました。十二時四十分頃に青〔堀駅〕に御着きを願ひますので、御食事は汽車中で御願致しまするが、それから砂防の御説明とか御植樹とかで二時九分頃御発で御帰京も願へるのでありますが、房州の方を此際御巡り頂くとしますれば鴨川が宿屋がよろしいやうで、そこで御一泊を願ふとの申出があります。牧畜、花卉栽培、灯台等の外、水産試験所とかもありまする由と申上げし処、それは県立か何かで大したものでないとの仰せ。折角千葉県へ御出掛けでありまするが、陛下は三里塚〔下総御料牧場〕へ御出ましになりました事は……と申上げし処、皇孫の時だとの事。それでは管理部の御奨励にもなります故、三里塚へ猶御一泊願ひます事として、今少し千葉県内を可然御覧相成ましては……と申上げし処、こんな時に一寸よるのはよからう。然し、銚子など来てくれといつて来るのではないかとの仰せ。それは前年行幸ありましたのでないと存じまするが、植樹の御機会に鴨川と三里塚に御泊りといふ事で、御日程は千葉県庁に可然致させましてよろしうございますかと伺ふ。向ふに任すがいゝ。それでよろしい。本当は四月三日の神武天皇祭の御神楽で夜おそいから四月四日は困るのだが、これはもうきまつてるし、仕方がない。それでよいとの仰せ。

照宮様御安産で御男子〔東久邇真彦、盛厚・成子の三男〕御出生誠に御目出度うございました[178]。御後れになつてると伺ひ如何かと存じて居りましたと申上げし処、勘定違ひだよとの仰せ。御孫様御四方で早く孝宮様の御目出度をと……申上ぐ。

それから、東宮様御渡欧に関し何か御催しあれば、月末についた頃で、光輪閣の順宮さまの時の範囲で一度だけにとの旨を、一寸高松宮様へまで御内話も上〔ママ〕置きました。先達ての光輪閣の御集り（大勢の）で御金を御使ひになりましたそうで、小範囲のやうな御口振でありましたと申上ぐ。

私の長官にいはうと思つてた事はそう大した事ではないが、長官も此間、東宮ちやんが洋行の為に少し詰込まれ過ぎではないかといつてたので一寸聞いて見たのよ。そうしたら〝エ、少し〟といつてたが、之は遠慮して言つてると思ふから、少しでなく疲れてると思ふから、色々の勉強準備するは結構だが、病気になつては何にもならぬから小泉にでも一寸いつてくれ、大夫にでもとの仰せ。陛下に「少し」と御答へなれば「少し」以上でありますす故、小泉に適当に致しますす様申しますと申上ぐ。私など行く前に何もしなかつたよとの御話。

それから此間の天長節の話ネー、赤坂離宮が宴会用になれば理想的だが、それが出来ぬ以上は、四月の末で日を少し長く寒くもないから、参賀の時間を少し早くし、拝賀か午餐かの人の為に一時中断して、それの済んだあとで又始めて、夕方も少し長くするといふ事はどうかと思ふとの仰せ。此点よく研究を致しまする。実は宮内庁各部にその傾向ありまするが、細部の点を詳細に知つて居りまする判任官的の人が一番よく承知して居りまするので、式部官よりも渋谷〔忠治〕事務官が一番細部に亘り詳しく、御伴して出発の前に一応案を練りたいと存じて居ります故、此際少し早う御座いますが練りますのでございます。仰せの点よく研究致しますと申上ぐ。侍従職の田端〔恒信、管理部用度課長〕のやうなものだらう。渋谷も、田端が侍従職に居なくなつて、時に一寸ぬけるやうな事もあるようだ。田端も渋谷も判任出身でそれらの欠点もありまするが、実に主〔ヌシ〕のやうなもので、その多年従事しました事はよく存じて居ります。宮内庁のやうな役所では、パテント(179)になりませぬやう後継者を養成します必要が大にあります。それはやらなければいかぬとの仰せ。式部官は従来華族が多く、細部の点はこういふ人がなければ届かなかつたかと思ひます。英語に関しまして、黒田〔実、式部官〕も中々勉強でありまして、秩父宮の御不幸の外国の弔詞も百通近く、それらも致して居ります云々。

本日、秩父宮様三十日祭は権舎祭も墓前祭も済みましてございます。御祭り後、各宮家の御墓所を直宮様五方で御巡りになり、予て御考案の模型も今日は御目に懸けまして、大体おきまりになるかと存じて居りますと申上ぐ。

二月一一日(水) 願出御文庫 一一・二〇—一二・〇〇

(こ、数日、御文庫御帰還前に何か申出の事あり、拝謁の願出なきや侍従より御下問ある事三回に及び、いつも只今は申上げる事なしと奉答後、葉山行幸啓に付、願出拝謁)

東宮様の御旅程の事は昨日おそく出来上りましたがと申上げし処、大体は侍従長から昨日きいたが、今一度きこうとの仰せ。既に侍従長申上済みならば重ねて申上げる必要はありませぬ。素より予定でありまするが、御帰途の場合、大西洋及太平洋とも飛行機御用ひの御許しを得たいと存じます。猶、近距離としてはアムステルダムからコーパンハーゲン(コペン)、ソフイエロ〔スウェーデン王室の別荘〕からストックホルム、オスローからコペンハーゲン、コペンハーゲンからフランクフルト等も飛行機の御予定でありますが、何れもサス〔SAS、スカンジナビア航空〕又はKLM〔オランダ航空〕等、安全優秀な飛行機会社のものに限られてありますと申上げし処、大西洋はアメリカの飛行機、太平洋は他のアメリカの飛行機がよいと思ふとの仰せ故、御着の時の事を考へますれば米飛行機結構でありますが、只今の処では巴里(パリ)御発ではありますが、結局ロンドン経由であります故、矢張りBOACの方がよろしいかとも考へて居ります。太平洋はパンアメリカン機で結構と存ぜられますと申上げし処、そうかとの仰せ。只今の思召の事はよく随員とも協議致しますと申上ぐ。訪問国が増減するといふやうな事はこちらへきいてからきめてくれなければ困るが、訪問地の問題、又旅程等は随員首席の責任で適当にきめなければ困るだらうから、それはそうしなければ駄目だとの仰せ。此日程も在外公館の一応の案のまとまり故、近く松本〔駐英〕大使帰朝の際の話合ひの材料のやうなものでまだ確定的のものではありませぬと申上ぐ。松本は十三日に帰りますそうで、十四日の土曜に早速会合相談する予定を致して居ります。

次に、御出発の時の横浜は相当の混雑が予想されまするので、横浜迄御見送りは可成少くします為に、何れ其日は午餐を御所でおとりになり、三時御出発でありますゆゑ、御食事後御出発前に元皇族の方々等、横浜まで御出掛なき方と日本酒で一度杯を御挙げ頂きましたらばといふ事を考へて居ります。船のロンヂ〔ラウンジ〕は百三十名位は入れるそうでありますが、可成少くと考へましても、只今は埠頭は税関の支配でなく市でありますそうで、〔平沼亮三、横浜〕市長、〔嶋村力、横浜〕市会議長となりますと、〔内山岩太郎、神奈川〕県知事、〔松岡正二、神奈川〕県会議長も除き得ず、地元の関係はその程度としましても関係等もありまするし、次長は此辺の事只今よりいろ〳〵考慮致して居ります。

それから千葉県の御日程も大体出来て参りまして、四月四日汽車中で御食事で、植樹式は午後にすみましてから館山迄汽車に御願ひし、館山御下車で白浜町野島崎の灯台、それから安房郡畜産共進会の牧牛等御覧の上、千倉とかで漁港を御覧願ひ、その途中で花畑御視察を願ひまするが、只今ですと色々の花が珍しくありますが、其頃では一向つまりませぬかと存じますがと申上げし処、イヤ夏のものが咲いてるだらうし、牡丹はどうかナなど仰せあり。そして、鴨川は旅館がありますので、こゝで御一泊願ひ、翌日東大清澄演習林〔東京大学千葉演習林〕に御成り頂き、同日三時に三里塚御着のやうになつて居りますが、此山林は美林の上いろ〳〵の植物もありますとの事故、三里塚御着を五時頃と致しまして、二時間計り此山林に御出になりましてはと存じます。自働車五十分で先方に十分では少しつまりませぬやうで、多摩の山のやうに御歩きになりましてはと存じますと申上げし処、よからう、そうして貰はう。そして三里塚は翌日見ればいゝ、との仰せ。ハイ三里塚は当日日曜で花には少し早くはありまするが、人は多少出て居ります故、三里塚御巡視は月曜の方がよろしく、午前中御覧願ひ、午後は自働車で御帰京でよろしいと存じます。只問題は寺院でありますず。成田〔山新勝寺〕は大宮様御願掛け遊ばしたとかいふ事で、三里塚の帰途御立寄りがありました。又小湊の誕生寺は日蓮〔日蓮宗の開祖〕関係でありますが、今後皇后様行啓の時京都などでは仏閣一切御止めとも参りませぬと存じますが……御礼拝は……と申上げし処、御寺では礼拝はせぬとの仰せ。併し史蹟とかいふ意味ならばよつても悪くはないが……成田は社会事業をも致して居りますので、天理教の図書館行幸(180)と同様、御寺でなく社会事業御視察といふ事も考へられますと申上ぐ。これは今日御きめ願ひませんで結構で、皇后様の御思召もありませうし、田島の方でも猶よく研究致しまするが、四月四、五、六、三日の大体の案はこれでよろしふございませうかと申上げ、よろしいとの仰せ。

それから、秩父宮の今後の事につきまして、河井弥八〔元侍従次長〕など参議院議員が一生懸命(181)で、田島はあひませぬが、秘書課長に、又内閣は官房副長官にいろ〳〵申して居ります由であります。陛下の思召で当分大丈夫となつてるとも明白には申しませぬ事故、心ある人が心配するのは尤もでありますが、皇室経済法改正となりまするし、その為には皇室経済会議開催、又予算計上と法律改正を伴ふ必要もありまするので、目下次長の処で対案をいろ〳〵考へて居ります。公務員のベースアップの問題がありますので、従来の経緯上、多少今回は無理とも申せまするが、同時に出来ぬ事もないと考へられますし、内廷費も影響ありまするし、いろ〳〵でありますが、内閣と交渉致しまして適当に致す考へでありますと申上ぐ。

それから、先日千家〔尊祀、出雲国造、出雲大社宮司〕が来庁致しまして、出雲大社が六十年振りに改築されますので御下賜金を御願でありました。大神宮も御遷宮でありまするし、熱田神社も御造営でありまするので、此三社のことをよく考慮しまして御願したいと存じて居りますと申上ぐ。それは三社ともやらなければなるまいとの仰せ。

其後山梨とあいませんが、野村直邦大将が手を引きましたことは確かで、金沢正夫といふのがまだ何か申して居りますそうでありますが、小川の人物は大体分つて参りました故、近く立消えと存じますと申上ぐ。

二月一一日（水）　御召し葉山御書斎　三・四〇―三・五〇

葉山への御車中、御陪乗の侍従次長へ御召しの仰せあり、御前に出づ。

今朝の話は良宮とも話したが、成田など願かけなどの事は大宮さんのようにないから、どうでもよいといふ事だつた。山林の方はそれでいゝしするから仏閣へは参拝しないが、適当の方法ならどちらでもよいとの意味の仰せあり。

次に、前回仰せのありました、東宮様の御洋行前の御用意の御勉強の事でありますが、早速小泉に伝へました結果相談を致しまして、半減の事に致しました由でありますが、又御模様を拝見して変へると申して居りました。昨日御進講致しました中山〔伊知郎〕博士〔一橋大学学長〕が経済の問題三回御進講致しまして、図表で御説明致しましたそうですが、中山は無駄が少しもありませぬ故、随分御疲れになりましたようでありますが、今後は適当に御からだ本位に進むと存じますと申上ぐ。

十六日御迎ひ、十七日御伴は致す旨、二十日はクラーク大将鴨猟の為次長代ります事、明日の鵠沼〔故雍仁親王四十日祭、天皇皇后行幸啓〕は主務官のみで侍従次長に供奉長官たのみます旨申上ぐ。

二月一七日（火）　願出御文庫　一一・一五―一一・四五

東宮様の関西御日程の書類は、田島持参変更の個所申上げの積りに致して居りましたのが手違となりまして申訳ございませぬ。京都の御宿所の点は都ホテルと前回申上げました処、下検分に参りました処、奈良ホテルで京都の都ホテルのやうな事は当ホテルはないと申しました由で、其理由は風儀のよろしからぬ事のやうであります。京都府庁でも同様の旨の話がありましたそうで、京都ホテルかと考へました処、之はまだ駐留軍の手にありまして、一応其同意を得る必要がありとの事で之も差控へました。他面、大宮御所は陛下行幸の時とは違ひ、京都事務所から夜具を運びますれば事足りまするし、食事は別に監督致しませぬでも木藤ならば大丈夫との事でありました故、已むを得ず下検分の結果、変更の事と相成りました。何卒御許しを得たいと存じますと申上ぐ。よろしいとの仰せ。

次に、松本大使が十三日帰朝致しまして、十四日長官官舎で小泉等も一所に、外務省は次官欠席の為、島〔重信、外務省大臣官房審議室参事官〕事務官が参りましたが、いろ〳〵話合ひました。詳細は侍従長同道明日拝謁致すとの事で、其節申上げますと存じますが、出発前よりも非常に元気で、今回行啓先のアームストロング邸なども実地検分済の様で、すべて信頼出来るやうに存じました。猶、瑞典の方の御都合で独乙〔西ドイツ〕の方が先になりました為に、KLMの飛行機はない事になり、総て大陸はサスのみとなりました。サスはスカンヂナヴイヤ三国経営で大丈夫でございます。アクセル殿下も一時会長であり、今も重役と承つて居ります。それから、大西洋はBOAC、太平洋はパンアメリカンがよろしいとの事で、公の方面から連絡しますれば特別機が出るかも知れぬとの事でありました。只、第一御着になりますハワイ、又桑港での新聞社との関係など、中々六ケ敷、内地通りには参りませず、又そう致しませぬ方がよろしいかと存じます。昨夜も準備委員の打合を致し、準備の慰労を致しましたが、遺漏は先づないと存じて居りますと申上ぐ。

十一日の歌舞伎の事[182]は既に東宮様から御聞きに相成りましたかも……と申上げし処、まだあつてないよとの仰せ。あ、義宮様だけ葉山へ御出でになりましたので……実は新聞写真の騒ぎが大変で、小泉など為に尻もちをついたと申して居りました。何分大谷〔竹次郎、松竹社長〕はどうしても広告的でありますから……と申上げし処、そうだらうとの仰せ。御入場前にも狂ひが一人ネクタイを差上げると申し騒ぎましたそうでございます。御人気がおありの為でなくても困りますが、六ケしうございます。それから、歌舞伎はあまり面白いとも御感じでなかつたやうに伝へ承りましたと申上げし処、そうだらうと（さもその筈といふやうな御様子にて）仰せあり。行幸啓といふ様な場合は余程気をつけませぬと歌舞伎は……と申上ぐ。小泉は其後別にどうもないかとの御尋ね。十四日も平気で参つて居りました故、何でもございませぬと申上ぐ。

東宮様は横浜御出発の時も大変であらうと存じて居りますと申上げし処、船中の身辺は大丈夫かとの仰せ故、それは先日カナダの大使も申上げました通り、各国それ〴〵充分注意致す事と存じます。船は米国はいはゞ領土で充分注意致す事と存じます。アメリカのトルーマン〔前大統領〕の娘〔Mary Margaret Truman メアリー・マーガレット・トルーマン、歌手〕が米国の護衛をつれて瑞典へ参り、写真班を退けましたか何かで非常に評判をわるくしました(183)そうですが、今回はボデーガードは一人もおつれになりませぬ故、其国々を信頼する事と存じて居りますと申上ぐ。

先達て長官が一寸いつてた、宮内庁員を公務員から外すといふ事はよいと思ふが、私が如何に政治から離れても、離れた範囲で関連があり、内大臣のした事だが今はそれはないが、公務員でなくなつた為に政府がそういふ事は一切連絡せぬ様になつても困るから、閣僚の一人が連絡するとか、連絡の委員会を作るとか、連絡局を作るとかいふ事は考へねばいかぬとの仰せ。ハイ、公務員から外して予算も一本の独立といふ事は、行政整理等の為に終始波をうけぬ点はありまするが、政府があまり連絡せぬやうになるとか、或は只今仰せのやうに連絡をつければ、公務員である政府の連絡員が実権をとりすぎるといふ事も考へられ、中々一利一害でございます故、公務員を外すといふ方向で一応の具体案を練りました上、御思召をも伺はなければ具体的に動きませぬ。昨日も半蔵門を一度入りますと、御文庫まで何の支へもありませぬ実状でありました故、先般垣を作りまして、既に御研究所への御出入に、御覧の通りのものを南辺に、又北側はあの上に忍び返しをつけまして、又西辺はお堀もありまする故、茨線〔有刺鉄線〕で一応完成しましたのを昨日検分致しました節、斎藤〔春彦、管理部業務課長補佐兼庭園第一係長〕庭園の係にきゝましても、園丁は四十五人位増員して欲しいやうな事を申して居りましたやうな次第で、政府の行政整理の度に常に連座しますのは、誠に困る事でございますと申上ぐ。が、何れ公務員を外すや否の問題は、具体的に更めて御思召を伺ひますと申上ぐ。

北海道へソ機侵入の事、(184)朝鮮のやうに北海道に侵入して日本を二分する計画などある新聞に見える事、中共引揚問題のソ、中共の真意は、日本混乱に資する為ではなきやと邪推さるゝ事等申上げし処、反米思想に道理のや、ある点に乗じてソ連的になる事の危険、マーフィ大使はよくやつてる、ダレス〔John Foster Dulles ジョン・フォスター・ダレス、米国国務長官〕も外の人もいゝといつてるから変りはしまいとの事（アリソン〔John Moore Allison ジョン・ムーア・アリソン、次期駐日米国大使〕は選挙に骨折つたとの話でありますが、人物はマーフィの方〔が〕上に思ひますと申上ぐ）。中立あり得ず、然し社会党が中立を希望するならば自立の軍備論をする必要ある事、吉田も憲法改正、軍備、そしてアメリカ援助要求、外資導入と行けばすつきりするが、その点どうも駄目な事、そうはいふものゝ更るものがない現状のこと、東条小磯の事等仰せあり。

二月二三日（月）　願出御座所　一〇・四五―一一・一〇

今日は御許しを得たいことが二つ計りございます。それから、侍従長を経て御下命のクラーク大将に対し労苦を多とせらるゝ旨を鴨猟で申しまする事は、既に侍従長を経て御報告申上げました通りでございますと申上げし処、きいたとの仰せ。当日、高松宮殿下は御欠席でありました故、田島一人の考でありまするやうにして、拝謁の際、陛下が感謝の御心持を御持ちの様に拝察すると申す言ひ方を致しましたが、よく了承しまして、そういふ御心持に対し感謝し、戦況等御必要あればいつでも御説明に出ますと申して居りました位でございますと申上ぐ。

秩父宮妃殿下の喪も昨日で第二期を終られ、今日より四十日間第三期の心の喪でありまするので、神様関係以外の事は公の事でも結構と存じまする。そこで三月十日、東宮様御外遊の為の大公使御呼びの午餐会に皇族として御出席願ふ番でありますが、喪の期は規則ではありませぬが、御許しを得て定められましたもの故、結構と存じまするが、妃殿下には何か御こだはりの様でもありまする故、陛下の御思召をも伺つて御願したいと存じまするが……と申上げし処、喪の期の事は勿論それでよいのだが、それでも御遠慮気味で昔の喪の事を何か御考への様なら、それよりも長官は不賛成だつたそうだが、落語を御通夜にといはれた位の殿下である事と、殊に東宮ちやんの今回の事の主唱者で殿下があつたのだから、それからいつても妃殿下の御出席になる事を殿下は望んで居られるといふ事をいつたらい丶だらうとの仰せ故、田島は其点は考へ及びませせなんだ次第でございますが、早速申し上げませう。陛下の其御気持ならば無論御出席と存じます。何となしに御子様もありません為に、段々御淋しく御感じのやうに存じます、と申上ぐ。二十七日には上られるとかいふ事だつた。

次に、東宮様御外遊の随員首席に三谷がきまりまする際、総理は小泉もといふ事を申しまして、十二月十六日、陛下の御考へ通り一旦打切りました事は其節申上げましたが、吉田は小泉外遊の必要は変りません為か、先日皇室経済法改正の事で緒方を訪ねました節、全然別の観点から小泉洋行の説が出まして、東宮様御帰朝後の先生として十五、六年前に洋行したのみでは不充分で、戦後劇変の欧米を見学する事は御教育上必要といふ立場で、又主張致して居ります事を伝へられ、此前の時は小泉はあまり進みませんよりは御断りするといふ立場でありましたが、此話には小泉もむしろ望みまして、御教育上一度洋行する方がよろしいとの意見であります故、此際あつさり之を御許し願ひたいと存じますと申上げし処、それならばそれはよろしい。然し全然別であるといふ事をはつきりさせてくれとの仰せ故、イエ、実は此問題が今起きましたのは、どうせ洋行致しますならば戴冠式を往来でも見物した方がよろしく、その為には座席の予約を早くする必要もあるといふ事を松本大使が申しました事によるかと存じます故、その方面だけに話せば、出発は東宮様御出掛後でそれまで秘密にすれば……と申上げし処、イヤ、ぢきいろ〳〵の事は洩れるから、時を延すよりもハツキリ東宮ちやんとは全然別だといふ事をハツキリして貰はねば困るとの仰せ。ハイそれは承りました。尤もヴァイニング御訪問といふ様な時とかなどには御一所になる事もありませうが、随員でない事はハツキリ致しますやう申しますと申上ぐ。

それから緒方訪問し、東宮様御乗船の御警衛の事は為念き丶ました処、特別警察官は乗せぬ方がよいと〔米国〕国務省の返事で、船長に充分旨をふくめるとの事でありましたが、き丶ますれば船員等にも余程注意してるとかいふ事であります。本土の問題につきてはまだはつきり致しませぬが、之は御帰りの事でと申上げし処……イヤ桑港が先づあるとの仰せ。ハイ、それはそうでありますが、バークレー副大統領が昨年〔一昨年〕来朝致しました時[185]の警衛振りなど大したものでありましたから、皇太子様の御警衛はそれは万遺洩なきを期すると存じます。バークレーを訪ねました時、式部官長と分つて居りましても、中々護衛が面倒であつたときいて居ります程でございます。

あ、そうかと御安心の体に拝す。

それから之は思召を伺ひたいのでございますが、地久節〔三月六日〕の日には首相、両院議長、最高裁判所長官と閣僚といふ限定的に致しましたが、之はあまり問題無いかと存じますが、天長節には中々問題でありますが、議員との権衡上、今迄のやうにはやれませぬので、矢張り範囲が少くなると存じます。それ故、園遊会を新緑にでもして頂いて、議員も入れ、大勢よんだ方がよろしいかと存じますがと申上げし処、それはよばなければいかんだらうとの仰せ。それも随分無作法のやうでありまするので、或は外交団とは別の方がよいとの説もありますと申上げし処、それは別の方がい丶だらうとの仰せ。それより天長節の参賀、拝賀に関し時間的にいろ〳〵六ケ敷申上げ、万一祝宴を夜に致します事は、陛下の御都合は如何でございませうと伺ひし処、今年は東宮ちやんは居ないが、東宮ちやんなんかとの会食は学校の都合などで夜が多いが、天長節は休みだし、私の方は午で少しもかまはぬから、其点では夜にしてもい丶との仰せ。然し外相の催しは夜だらうとの仰せ。それはまだないのではないかと存じますがと申上ぐ。ハイ、その点はそうとしまして、服装がと申上げし処、モーニングは夜は駄目だし、背広といふ訳にはいかず、矢張り燕尾服だらうが……との仰せ。その点に又難点がありますと申上ぐ。

先日陛下から、モーニングの範囲の広過ぎる御話がありましたが、今回の東宮様御出発は御旅装故、背広と存じまするが、御見送りの服装はどうかといふ問題であります。首相は陛下の那須へ行幸の時すら原宿[186]へモーニングであります故……と申上げし処、それは背広ときめて、それ以上のものを着て首相が来ても黙認するさ。去年の国体に、どこかの市長が燕尾服着てたようなものだとの仰せ。

二月二四日（火）　願出御座所　一一・一五—一一・二五

昨日、陛下の仰せを鵠沼へ御電話致しまして、陛下が左様仰せ頂きますれば出席させて頂きますとの御話で、十日御出席の事はきまりましてございますが、妃殿下は御遠慮勝ちの御様子に察せられますと申上ぐ。

それから、秩父宮の家職の退職恩給金の問題、五十日祭後にといふ事で六人退職の案が出て参りまして、全額八十万円でありまするが、秘書課で調査の結果、宮内庁の場合よりは稍内輪になつて居りまするそうでございますから、近く二十七日にでも妃殿下御上りの節、御直きに御進じになりましたらばと存じますが……と申上げし処、よろしい、退職金だといへばい丶、ネーとの仰せ。ハイ、家職を減じられて退職の手当が御入用でせうからとの仰せで結構と存じます。御手許上げを致しますからと申上ぐ。

猶、既に御許しを得ました事の御報告でありますが、大蔵省が七百万円の秩父宮の御葬儀中には宮内庁職員の超過勤務は認めぬといふ事でありましたので、内廷費よりと御願申上げまして御許しを頂きました分を昨日施行致しました。一八八、—〔〇〇〇〕でありますと申上ぐ。そうかとの仰せ。それから、或は侍従次長から申上げましたかと存じますが、孝宮様の御会計状態でありますが……まだきいてないとの仰せ。先日入間野が参りましての報告に、只今九、六七六、—〔〇〇〇〕といふ風に非常に御財産が御殖えになつて居りまして一寸億に近いかと存じます。経費の方もチヤンと御支弁になり赤字はありませぬ。大変結構でありますと申上ぐ。それはい丶、ネーとの御話。

拝辞せんとせし処、あの昨日の小泉の問題はよろしいといつたのだからい丶のだが、秘密だなどといつても洩れるし、一体いつ発つのだとの仰せ。飛行機では早うございますから、五月でもよろしいかと存じて居ります。まア、小泉遊学の地でありますから、剣橋〔ケンブリッジ〕などへ御出掛の時などは御伴します方がよろしいのではないかと存じますが、その頃迄に到着致しますればと存じまするが、まだ何も極つて居りませぬと申上ぐ（小泉の事御許しになりしも、御不満の為の多少の御懸念的表現かとも拝察す）。そうか、小泉が出掛けると、あの小泉がやるといつてた東宮ちゃんの出発後の記録の問題はやめだなとの仰せ。ハイ、あれは少し延びる事と相成りますと存じますと申上ぐ。

　あの別の事だが、安倍も帰つて来たやうだし、小泉も出掛けるし、それからあの小説家も帰つて来たらうとの仰せ故、志賀〔直哉〕でございますか。あれは飛行機旅行で疲れて一寸病気して居りましたが、もう直りましたかも知れませぬがと申上げし処、一度お茶でもやつて話をきいてはどうか。侍従長にいふべき事かも知れぬが……との仰せ。安倍も米国の番犬だなど〻いふ言葉をい〻(187)、共産党に利用されるやうな事を時々やりますので小泉とも困るといふ話を致しまするがと申上げし処、あれは言葉で実行はしないが、言葉では左社位のいふ事のやうだ。共産に利用される。単独でもい〻が一度話をきいてやつた方がよいとの御話に付、それでは侍従長とも相談致しまして、一度御話申上げる機会を作る事に致しますと申上げし処、天野〔貞祐、元文部大臣〕ももう官吏をやめてるから一所がよいかも知れぬとの仰せ。ハイ、侍従長と相談致しまして目録見(もくろみ)を致しますと申上ぐ。

　昨日、中国大使館に招かれましたが、董〔顕光、駐日中華民国〕大使はことにい〻人の様に存ぜられますと申上げし処、どうも支那人の策略家といふ様でなく正直な人のやうだ。私に第一に中国、次に日本を愛するといつたよとの御話(188)。〔蔣介石〕大総統の先生をしたといふ話を申上げし処、良宮にもしたと見えて(ママ)いつてたよとの御話。宮内庁のもの計りでよばれました。高木〔多都雄〕御用掛と小泉夫妻をふくめてでありました。帰りがけに中日親善を大に又いつて居りました。宮内庁だけ呼ばれましたので御返礼をしなければと存じて居ります。そうだネーとの御話。

　猶、その前に東宮様御出発前の行事の事、三月十日、十一日、十三日、十八日及十七日の事等申上げ、御準備大体緒につきし事申上ぐ。

二月二五日(水)　御召し御文庫　一・四五—二・五〇

　来年の事をいふので少し早過ぎるかも知れぬが、四月四日の植樹祭の事だが、代理を出してい〻とか、又は其日の式とは別の日に植樹してい〻といふのなら別だが、矢張り式の日両陛下に御出頂きたい〔陛下自身、他人の事の如くかゝる表現遊ばす〕といふのであるなら、埼玉県とか栃木県とかいふその日の朝出発して間に合ふ処はいゝけれども、遠い処は距離に応じて一日でも二日でも先へ、式の日を延ばして貰はないと困る。神武天皇祭の関係[189]だが……との御話に付、先日御神楽があり夜分御格子〔就寝〕がおそく、近くでも四日は余りよくない旨承りましたが、只今の事は一応四月四日といふ事で数年致して居りますが、別に根拠が強い訳もない様に存じまするし、それは矢張り行幸啓を頂きたい気持でありませうから、遠方の場合には四月四日にはどうにもなりませぬ。明年の事で早過ぎるとの御話でありますが、此四月の千葉県の時等に予めいふのがよろしいと存じますから、申入れを致して見たいと存じます。御巡幸も北海道以外一巡済みました故、秋は国体、春は植樹で行幸啓になる事はおよろしいと存じますから、話して見ますと申上ぐ。話してくれとの仰せ。

大した事ではありませぬが、久邇朝融王の問題が、海軍の野村直邦大将、金沢正夫中将は離れましたが、肝心の小川友三といふつまらぬ元参議院議員が離れませず、遠山丙市〔元法務政務次官〕とかいふ、都会議員で代議士〔参議院議員の誤り〕もした事のありまする人物も加りまして、ララ〔アジア救援公認団体〕物資の御礼として御出になるといふ事が伝はりまして、盛厚さんからの通報もありまして厚生省方面、都庁方面の知らぬものならばインチキでありまする故調べました処、両方とも何も知りませぬとの事であります。山梨大将は、今後も宮務監督のやうな立場で行く為には、始めから御機嫌を損ねては何も出来ぬからといふ理由で朝融王にふれず、何もいはず自然に問題の解消するやうとの方針であります故、田島など少し不安で、円満に解決は結構でありますが、後くされの残らぬやうにと度々申しました次第でございます。海軍の人は山梨大将の御蔭で手を引きましたが、肝心の宮様に何等ふれてありませぬので、御出でになりたくて仕方なく、外務省へ旅券申請が出ましたとの事で、旅券の容易に出ませぬやう話はしてありますが、御本人に不可といふ事を申上げなければ問題が変転してつゞきます故、円満主義は結構でありますが、此際は最早御本人に申上げんでは済まぬ時となりました故、昨日山梨大将を訪ねまして話しました処、大勢の人の衆議の結果でいきませぬと申上げる説をいひ、又其理由も事勿れの事をあげたいとの事でありますが、どうも少し円滑に事を運ぶ事に一生懸命過ぎて、事こはしの事があるやにも思はれますと申上げし処、高宮〔太平、元京城日報社長〕の「天皇陛下」といふ本に、山梨の円満主義の為に海軍々縮〔ロンドン海軍軍縮条約〕は末次〔信正、元海軍大将、元軍令部次長〕などに押されたといふ批評が出てた[190]よとの仰せ。それから、野村吉三郎を海軍の方から参議院議員に出したいらしい話をして居りましたが、山梨は野村と吉田と仲がわるいといひ、山梨は吉田とい〻口吻で従来はありましたが、昨日の話では山梨も吉田を離れた口吻でありまして、重光ではどうかと申して居りました。旧軍人一般に吉田はもうあ〔飽〕かれた様子でありますと申上ぐ。ウンそうかナーとの仰せ。

〔明仁皇太子の歓送会が〕三月十三日になつた事、長官に月末といつて置いて十三日に変更されて承知した事は、長官の面目（とか立場とか仰せあり）にも関係あるかと思ふから……といふ様な御話（よくは分らぬも、陛下御自身三月末希望の旨を田島に授け、田島に何も御話もなく十三日に御決定になりし事の事情を御弁解なさる様の意味らしきに付、外〔そ〕らして）、何でも東宮様、肝心の東宮様の御都合とか承りましたので……と申上げ（この事は別に御話承らず）、それについては、田島に高松宮様から十三日にきめたよと御話ありました次第で、最近秩父宮様のお亡くなりになりましてから何か、高松宮様の陛下に対する御心持にも何か御近くおなりの様に、之は田島の感じだけでありますが、どうも感ぜられます。先年陛下に御願致しまして、御話の機会を御作り願ひましても駄目でありました事もありましたが、或は秩父宮様御喪儀について、逸早く侍従長を以て賜物のありました事なども御感じよく、秩父様の御亡くなりで御兄弟の御年に近いので、陛下に対せられましても御近きの感じではないかと存じます。田島に秩父様の御後事につき、けちするなと陛下の仰せになりました事なども、殿下は御感じになつておいでではないかと拝察されます。田島などに対されましても、近時はもととは何だか少し違つた御態度のやうに感じまするが、之は単なる感じでありますがと申上ぐ。

それにつきましても実は三笠さんの事は心配でありまして、先達て申上げましたウイン会議の事とか、メーデー事件の人の貰ひを警視庁に御頼みの事とか、「青年よ銃をとるな」といふ文章や、最近はクラーク大将等、米軍を鴨猟に御召しの節、皇族として御出を願ひました節、拒否するなど、反米的の御気持が相当露骨の様でもありますると申上げし処、その事は始めてきいた、そうかとの仰せ。就ては長官の職として何等かの事を考へませねば曠職(こうしょく)〔職責を十分に果たさないこと〕かとも存じまして先般来考へて居りまするが、総裁の仕事を願ふ事もいろ〳〵六ケ敷い点があり、矢張り此際御洋行の事が一番よろしいかと存じます。曽て御希望ありました際、M.R.A〔道徳再武装運動〕とか在留邦人とかいろ〳〵有りましたが総て阻止申上げ、先般御自分様は英国戴冠式への御希望を高尾にも田島にも申出ありましたが、秩父宮様の御発議で東宮様となりました故、秩父宮様は先帝[191]〔ジョージ六世、前英国国王〕戴冠式、高松宮様は勲章答礼等既に御出掛済であり、今回はと御思ひになりましたので、宮様としては御失望かと存じます。それ故、政府にたのみ何かの名義で御洋行の機を作る事は、宮様の為にも皇室にも日本国にもよろしいかと存じますと申上げし処、高松宮妃殿下もそんな事をいつて居られて、洋行は第一の方法と思ふが、随員が大切だとの仰せ。それは松平式部官長の意見で日高がよいとの事でありますと申上げし処、外務次官かとの仰せ。イエ、駐伊大使を致した事のある日高信六郎〔外交官〕であります。三谷侍従長もあれはよいと申し、東宮様随員首席についても、三谷は一度申した事がありますと申上げし処、あれはいゝ立派な人物だと思ふ。但し、三笠さんに対して影響を及ぼす力があるかどうか、其点が駄目なら人物がよくても駄目だ。長官がいふよりは高尾の方がいゝと長官も曽ていつた事があるが、その点で、年令の余り違はんで、三笠さんが其意見に動かされるやうないゝ人はないものかとの仰せ。陛下の仰せの点は御尤もであります。大宮様御在世の時に、小泉に反共産の御進講の御話もありましたが、おきゝになつて御納得の行くやうな人でないと駄目でございます故、もつと人物をよく考へまするが、御洋行は是非とも考へなければならぬと存じますと申上げし処、洋行は是非出来るやうにしたい。い丶が人が問題だとの仰せ。御年の違ひのせいと存じますが、秩父高松両宮と三笠宮とはどうも離れておいでのやうでありますが、下世話に申す末つ子は可愛いといふので、皆様は皇孫で御生れになり、三笠宮様は皇子として御生れ[192]で、大宮様が多少御可愛がりになつたといふ様な事もございませうかと申上げし処、私なども、おもう様、おた丶様と御一所の事は余りないが、日光や葉山の附属邸といふものは三笠宮の為に出来たといふ一例を見ても、田島の今いつたやうな事はあつた。随分澄宮〔三笠宮崇仁親王〕さんは腕白で、籐椅子を御振り上げになつたのを女官が御止めしたのを、大宮様が子供は活発でなければと御止めになつたといふやうな例もある。田内三吉〔元陸軍少将、元澄宮御養育掛長〕といふのがずつと御附きしてたとの御話。又、秩父さんや高松さんは三笠さんとちつとも遊ばない。遊ぶのが恥かしいのか、少しも一所にしないが、私は遊んでやつた事があるとの仰せ。兎に角、随員の問題は考へると致しまして、保守党内閣の訳の分る時代に政府に話して運びたいと存じますと申上ぐ。

辞去せんとせし処、田島が此間斎藤の話で園丁が四十五人とかいつてたが……との御話故、増員は少し六ケしいと存じますと申上げし処、イヤ、園丁は地位は卑い者だが、勤労奉仕などで直接人に接する者で、こういふ風の処から皇室がどうとか、宮内庁がどうとか話が出るもの故、地位は卑くても接触面の多いものには言動に注意して貰ふ事が必要だ。新規採用の場合の人物を詮考するにも、又勤務の上にも注意して欲しいとの仰せ。承りました。注意致しますと申上ぐ。朝鮮や台湾の統治などでも、南〔次郎、元陸軍〕大将〔元朝鮮総督〕などは別だが、総督とか何とかいふ幹部のものは内鮮一如とか内台同一視とかいふ事で分つた事をしてるが、末端の卑い役人が之と違つた言行をする事がある。朝鮮のある教員の話がキングに出て丶一寸読んだが、末端の人の事は大切だ。そこへ行くと、風呂敷とか何とかいはれてたが後藤〔新平、元台湾総督府民政局長〕は偉かつたネー。此間も芳沢〔謙吉、駐中華民国特命全権〕大使が、台湾では日本の統治の間うまく行つてたと後藤の事をほめてた。尤も児玉〔源太郎、元陸軍大将、元台湾総督〕が軍人だけどい、コンビでやつたし、それから稲なんとかも居たとの仰せ。ハイ新渡戸稲造〔元台湾総督府技師、元国際連盟事務次長〕でございます。当時台湾にすぎたるもの二つあり、児玉総督後藤長官とか総督にすぎた新渡戸とかいふ歌がございましたとかで、新渡戸博士は砂糖産業を起した[193]のでございますと申上ぐ。

クラーク大将から礼状の参りました事は申上げましたが、先刻ブリスコ〔Robert Pearce Briscoe ロバート・ピアス・ブリスコ、米国極東〕海軍司令長官からも田島に宛御礼の手紙が参りました旨申上ぐ。

猶、順宮様三月末御上京は中々御無理しておいでの御話あり。

二月二七日（金） 願出御座所 一一・四五―一一・五〇

クラーク大将夫人から高松宮妃殿下へ御礼の手紙が参りまして、御持参になりました。両陛下へ申上げるといふ事で全文を訳して申上げますと（言上す。逐文訳にて）、そうか、先達て食事によんだ時にも、二十日には鴨猟云々といつてた。余程楽しみにして喜んだようでよかつたネーとの仰せ。昨日、又朝日新聞の屛風を見せます会[194]で大将夫妻にあひました。矢張り非常に喜んだような挨拶でございました。先日の鴨場での会話は陛下に申上げたと申した事でありました。

あの関係ない事だが、三笠さんの事は、長官のいふ通り洋行より手はないと思ふが、その日高なら日高に長官からよく話して三笠さんとも話すやうにし、日高が三笠さんを呑込み、三笠さんも指導を受けるといふ気にならなければ駄目だから……先づ長官が日高に話して……との仰せ故、政府の同意、財力を要しまする事で、東宮様の御帰朝後、可然時をまたなければ出来ませぬが、吉田内閣はぐらぐら致して居りますが、吉田は話しが分ると思ひますから、一度話して見たいと存じて居ります。第一に、政府が予算と筋の通つた使命的のものを考へて貰はねばならず、日高が果してよろしいか、人選の点も充分考慮する要があると存じますので、之は充分研究致しますと申上ぐ。一つよく研究してくれとの仰せ。

それから今日の話[195]はよかつたネーとの御話。三原山で死にました三鬼〔隆、八幡製鉄〕前社長[196]もいゝ人間でありましたが、儲り過ぎまして税金が一寸不充分の為色々の人に愚図られ、金をとられたとの事でありましたそうですが、渡辺〔義介、八幡製鉄〕社長になりまして其等の点余程ひきしまつて来たとの事であります。人物真面目で、永く製鉄所勤務の人でよろしい人と存じます。田島も日銀参与会で一月に一度はあひますが、いゝ人と存じます。

二月二七日(金)　願出御文庫　五・二〇―五・三五

晩く願出まして申訳ありませぬが、今日山梨が久邇様を御訪問致しました結果を御進講後きゝましたが、実はラ、御礼との事でありますが、厚生省も知らず、東京都も知りませぬ事で、推察でありまするが、落選しました遠山丙市といふ人の利益の為に久邇様をかつぐやうでありますので、海軍の野村直邦は山梨大将の尽力で離れましても、小川友三は離れず、遠山といふ新たなものが出現致しまする故、どうしても御本尊様の久邇さまの御出にならぬ御気持を直接申上げる必要がありと存じまして、又田島は二十五日朝〔山梨へ〕手紙を出しました処、昨朝電話で今朝九時宮様を御訪ねして直接申上げるとの事でありましたが、矢張り円満主義で、大将[197]は軍人恩給復活で二十五年勤務で一ヶ月一万千何百円とかいふ事の報告を主として参上し、同期生の長沢〔直太郎、元海軍中将〕といふ人が海上警備の幕僚長〔山崎小五郎、保安庁第二幕僚長〕とかいふのを同行して、此人には警備隊の現状を御報告として之を主にし、序に海軍では野村吉三郎大将を参議院に送るとの事でありますが、費用がかゝりますといふ話から、きけば遠山とかいふものが殿下を米国にとか申して居りますそうですが、居留民から金をとつて参議院選挙にするらしい様子で、一寸きいた処では法律すれ〱の事をする男ですから、自由党の為に利用されるやうな事になりますから、此行はおやめの方よいそうでないかと長沢に話し、同意する形の話をして、それでは金沢中将に今少し遠山の事をきかなければと殿下がいはれ、それは長沢と金沢が近処故申しますといふ様な言ひ方を致しました様子で、実は今の遠山の話は、山梨が栄木に調査を命じました処、その報告により広川弘禅〔農林大臣〕の処で渡米の話をして、自分では駄目故久邇と呼捨てにして久邇をかつぐといふ話をきいて来たものがあるとの事で、山梨は広川といはず自由党云々と申したようであります。其外に東宮様御出掛前の御出掛は不可であり、又政府の金とか、ちやんと筋の通つた金と御用で御出掛にならねば云々とは申上げたやうでありますが、家職の池内の話では、三月六日に御出発とかいふので、山梨は三月七日に殿下も若宮も出て頂いて、河上など久邇家関係の一席催す事を申上げ、御承知になりましたのでまづ大丈夫といふ様な山梨の話でありますが、社交的の一席位、洋行となれば御取消にはなります故、それで宮様中止の決定と田島には稍ハツキリ致しませぬが、只今申上げましたやうな次第で、山梨はどうも円満主義と存じますが、三月六日といふのは直きでありますが、その以前に両陛下に御許しをと申しますか、御暇乞い当然あるべきだと存じますが、只今迄は何の御申出もありませんかと伺ひし処、何もない、三月六日は良宮の誕辰だし、どうも……との仰せ。円満主義で、山梨がハツキリしない内に時が近づき、殊に参議院選挙とすれば急ぎます訳故、宮様が若し極められて、陛下に御暇乞に御出になり、それはどうかといふ事になりますればまづいと存じて居りますが、若し御話がありましたとすれば、それは直ちによろしいと仰せになつてはいかんかと存じますが、大体左様の事を一寸申上げます。良宮も何もきいて居ないと思ふが、若し何か聞いてる事があれば長官にいふ。頃日内に御上りになつた事もないから、ないとは思ふがとの仰せ。若しありますれば明日にでも御召し願ひますと申上ぐ。山梨に頼みました以上、円満主義でやつてますからとて、田島が直接申上げに出る訳にも参りませぬので、苦慮致して居ります旨申上ぐ。〔欄外「翌日小畑侍従を経て電話にて、昨日の話の事は別にいふ事ないとの仰せ。皇后陛下も何等御聞込なき御様子。」〕

それから、〔松平〕慶民〔前宮内府長官〕の長男の永芳〔元海軍少佐〕といふ人はいゝ人でありますが、少し調子の違つた人でありますが、山梨を訪ねまして、学習院の御同級とかで三笠宮の御近状について非常に心配だといろ〳〵申し出ましたやうであります。今日は一寸それに触れました丈けでありますが、要するに、外の宮様のやうに出る人も少く御淋しいか、おひがみの様で、そこへ赤い系統〔共産主義〕のものが詰めかけるのかと思はれるといふ様な意味であつたやうでございます。御洋行といふ手はどうしても必要でありますが、東宮様の御帰朝迄は勿論、少し時が経ちませんと、引続き政府にも一寸頼めませぬ。準備行動は致しまするが、実行は先になります故、若し松平のいふやうな点もありますれば、も少し世間の交渉もありますやうに工夫致します事もよいかと存じますがと申上げし処、そんな事をしては、また変な人間との交渉が出来るのではないかとの仰せ。イエ、あの横浜市長の平沼〔亮三、日本陸上競技連盟会長〕の如き陸上運動の人とかいふ様な人ならば赤いような事はなく、そういふ人の出入がありますれば、変な傾向の人と御あひになる事もへるのではないかと存じます。秩父宮様のあとの運動関係の総裁にでもおなりになりまするといふ事は如何のものかとも考へられますと申上げし処、山梨とは松平永芳とに田島あつて、どういふ事を考へてるか聞いて見たらどうだとの仰せ。ハイ、それもよろしうございませう。考へて見ませうと退下す。

三月二日(月)　願出御座所　三・五五―三・五九

(起立のまゝ)侍従長が東宮様御伴の為、侍従次長が忙しくなり、延て侍従にも仕事が多少づゝ及びますので、穂積真六郎〔穂積陳重元枢密院議長の子、元朝鮮総督府官僚〕の子供の穂積〔重道、総務課長補佐〕は内務系の官吏でありました。或は侍従にもとの気持で採用致し、総務課に勤務中でありますが、充分まだ様子の分らぬ為め、輔助指導は要しまするが、侍従に願ひたいと存じますがと申上げし処、(余り人物を御承知なき為か、あ、よろしいとは仰せにならず)今は兎に角足りてるネー。病気でもすれば困るが……との仰せ。人物の点はよろしうございますし、軍隊に入つて居りまして辛抱強いやうであります。仕事は馴れませぬ点はありますが、御使になつて頂きたいと存じますと申上げ、御了承の旨仰せあり。

次に、昨日渡辺〔銕蔵(てつぞう)〕博士から憲法改正案のこれ(198)を送つて参りました(と差上げ)。一応読みましたが、書いてあります事は尤と存じます。憲法改正はいつか起きまするし、天子様としては御読み願ひましても無駄とは決して思ひませぬと申上げ、退下。

三月三日(火)　御召し御座所　一〇・一〇―一〇・四〇

長官がいつてた三笠さんの事だがネー。洋行といつても東宮ちやんが帰つてからでなくては進めないし、その前に陸上運動の総裁といふ様な事も秩父妃殿下への御遠慮もあるかも知れぬし、経済上には入間野が居ても、政治的といふてはおかしいが……との仰せ。一般的顧問と申上げし処、一般的の補佐的に意見を申上ぐ御聞きになる人が必要の様に思ふがとの仰せ。誠に御尤もでありまするが、宮様が其人の意見を御信用になり御入れにならなければ何にもなりませず、その為には年令の関係もありまするし、海外の御伴の人選の時と同じ問題が一層切実でありまするので、人選は六ケしいと存じます。赤十字社の名誉副総裁の御願を致しました処、高松宮両殿下は御引受になりまして、義務はないか位の御話でありましたが、三笠宮様はよろしい引受けるが、国連軍関係の事には出ないといふ条件付との御話がありましたそうですと申上げし処、赤十字が国連軍と無関係といふ事はない旨の仰せ。ハイ、国連軍関係の人とは御同席はおいやといふ丈けの事と存じますと申上ぐ。鴨猟にクラーク大将御召しの時、御出席御拒否と同じ御心持であります。あゝいふ事を若し無造作に仰せになり、世間に出ますれば、御地位が御地位で困ると存じます。大体三笠宮につき、最近申上げ承りし事の繰返しのやうな事に時間とり、結局よく熟考も相談も致しまして、何とか考へますと申上ぐ。吉田に話してとの仰せもあり。尤も内閣もいつ変るか分りませぬが、左社は困りますが、右社ならば松岡〔駒吉、元衆議院議長〕に話せば分りますし、改進党はと申せし処、それは重光で分るとの仰せ。吉田と違つて自由党は誰れとは分りませぬが、保守党でありますから……といふ様の御話(高松宮妃殿下も御話あり。一日御会食の時の何か御様子にもよるか、三笠宮の事御関心深げに拝す)。それから小倉女官の話だが、もう三月一杯とかきいたと思ふがズル〳〵になる事はないだらうとの仰せ。侍従次長秘書課長で処理致し居り、間違ないと存じますと申上げし処、東宮ちやんが出掛けるといふ時に止めさせるのも又どうかと思ふ。せめて四月十日頃にしてはとの仰せ〔重ねて三月三十一日付に願へばよろしと思ひしも〕。よく又其辺相談致しますと申上ぐ。

吉田は第二回総選挙[199]に勝ちました。丁度牧野〔伸顕、元内大臣、吉田茂の義父〕の亡くなりました時組閣といふ段取で、陛下が人事が吉田は心配だから伝へよとの御話で、池田成彬〔元日本銀行総裁、元大蔵大臣兼商工大臣〕方を訪ね、池田の智慧で、いつも田島は私用だと汽車で来るが、今日は自動車で来て、しきりに組閣人事の慎重話をして帰つたと吉田に話してくれました事がございますが、自分の内閣の閣僚でありました者にそむかれまするも、人事不慎重の結果と思ひます。第一には、泉山〔三六〕大蔵大臣でしくじりましたし[200]、広川など今回の事[201]は言語道断と存じます。今朝の新聞で只一つの愉快な記事[202]は、広川の子分の木村公平〔衆議院議員、運輸政務次官〕といふ代議士が欠席を否として広川に泣いて忠告したといふ事であります。吉田も随分不謹慎でありますが、弥次にあんな事は申すやうでおかしな話と存じます。今日内奏続いて認証式だが、総ていはん事にしようネーとの御話故、何にも御ふれにならず、申上げれば御聞置きの程度がよろしいと存じますと申上ぐ。

猶、今朝山梨から電話がありまして、久邇様の六日御出発は兎に角一応御取止めとの事にきまりましたが、どうも多少まだ蒸し返される様思ふとの旨でありましたと申上げし処、それはまアよかつたとの仰せ。

三月五日（木）　願出拝謁御文庫　一一・二〇―一一・三五

先に御許しを得ました小泉洋行の件は、東宮様とは全く別個といふ御話で、秘密は洩れ勝ち故、むしろ別個といつて発表を早くする事につきまして、三谷、松井等とも相談致しましたが、衆説は、東宮様御出発前に発表致しますれば、何と特別の別箇の事由をつけましても、従来の立場上、何等かの関係ありと世間でとりまする事は必定故、知つた範囲の人は少いので秘密を守りまして、東宮様御出発後に、外務省関係でありますから、文化使節とか、ロックフエラー財団仕事の打合せの為とか称して発表しました方が、却て人の疑を起させぬといふ様でありまする故、其方向の取計を御許し願ひたいと存じますと申上ぐ。アよろしいとの仰せ。

それから、一昨日仰せのありました小倉女官の事でありまするが、侍従次長及秘書課長に確めましたが、前回申上げました通り、三月一杯として辞表もとつてありますし、東宮様の御鹿島立〔旅行に出発すること〕と関係もないといへばありませぬ故、予定通りでよろしいのではないかとの大体の意見ではありまするが、前回仰せになりました通りに致しまして四月半頃に発令致す事になりましても少しも差支ない様に打合せてありまする故、御思召次第で何れとも致しまするが、一応は年度末ですつきりするのではないかと存じて居りますが……と申上げし処、理由にはならぬ。只感じ、気持丈けの問題だが、東宮ちやんの鹿島立は側近関係の者は総てで御見立てするといふのが当り前であり、無論小倉は御見立てする事も出来ぬ故、同じ事ではあるが、気持の上から行くと出発後に退職の方が望ましい。四月に入つてから……との仰せ故、只今申上げました通り、何れにも出来る様に打合せてあります故、それでは四月十日か半を目標として発令する事に致しますと申上ぐ。その方がよいとの旨仰せあり。只定員関係で今城〔誼子〕が小倉退職後でなければ発令されませぬ故、其間今城の給料が内廷費で出るといふ丈けの差でありますから、御思召のやうに取計ひますと申上ぐ。[203]

そこから、文部省が先頃作りました〔国立〕近代美術館[204]……岡部〔長景、元文部大臣〕が館長でありまするが、そこへ十二日皇后様と東宮様と御出掛になりまするが、東宮様には多少御勉強の意味もありませうかと存じまするが、公式の事ではございませぬので別の御車で鹵簿(ろぼ)立を別にしませず、御同車で行啓願ひたいと存じます。御母様と御子様と御同車御親密の御様子は、国民に対しましてもい丶感じを与へるかと存じますと申上げし処、あ、よろしいとの仰せ。

それから、赤十字の名誉副総裁の問題は、昨日秩父宮妃殿下の御承諾で御五方とも御了承済となりました。三笠宮様は前回申上げました通りでありますが、高松宮様は何も義務はないだらうと念を御押しになりましただけと承つて居りますと申上げし処、義務がなければ権利もないから、会務に御干渉になる事はいかんと思ふとの旨仰せあり。

今日、松原〔安太郎、農場経営者〕といふブラジル移民の成功者に奉拝させて頂きましたが、その後部屋に参りまして、詳細あちらの事をきゝましてございます。例の勝組負組の話[205]もどうもよく分りませんでしたが、松原から始めてきゝました事は、ドイツが降参の時は三日間御祝の休日がありましたに係らず、日本の時にはそれがありませなんだ為に、負けたのではないといふ組が出来、理解してる側のものは日本の敗北で日本の滅亡の様に考へ、皇室関係の事で不敬な事を致し〔御真影をふみにじつたといふ事を松原は躊躇していひし故、申上げず〕ました為に負〔勝〕組の憤慨となり、遂に三十何人を殺した事件となりましたが、ブラジル官憲には従順でありましたし、漸次感情問題でありましたが只今ではほぐれて参りました。まだ全然なくなつたとは申されませぬとの事でありました。それから、先の革命で、ヴァルガス〔Getúlio Dornelles Vargas ジェトゥリオ・ドルネレス・ヴァルガス、ブラジル大統領〕が十五年間政権をとりましたに拘らず、やめました時には実に奇麗で、金などは一つももうけず、田舎へ引込みました進退が如何にも立派でありました為、上院議員選挙に際して本人はむしろ関知せず、推薦者があつて当選致し又大統領となりました。無欲な立派な人と松原は申して居りました。松原は大正七年に一移民として参りましたが、只今はコーヒ〔ー〕園の外牧畜を致し、二千頭の牛、二百五十頭の馬——この馬は大統領に貰つた事に起因とか申して居りました。金持になつて居りまするやうでありますが、その選挙の時、松原がヴァルガスを訪問して、多少の援助をしたのが元で非常に親しいらしく申します。今回の四千家族移民入国の件も、ヴァルガス大統領と松原との懇意の為との事であります[206]。今回の来朝に際し、陛下に対しヴァルガスがメッセージを託すといふ様な話もありましたそうですが、私は日本人ですから無用ですと断つたと申して居りました。又之を貰へば〔Júlio Augusto Barbosa Carneiro ジュリオ・アウグスト・バルボサ・カルネイロ〕駐日ブラジル大使にわるいからと思つたといつて居りました。学歴は小学校だけであり、労働致した人で指など太いようでありますが、人物もよく、有能の人らしくありまする。数日前ブラジル大使に晩餐に招かれました節、大使も松原を大にほめて居りました。昨年十一月とかに参りましたそうですが、陛下に御目に懸りたいといふ念願でありましたやうで、今日は夫妻とも非常に難有いと申して居りましたと申上げし処、妻〔松原マツ〕も来てたのか、私は松原一人にあつたが、そんなだつたら今日のやうな扱では物足りなかつたかも知れないネーとの仰せ。イヤ結構だつたと存じますが、田島も一時間程話しましてよさそうに感じました。どうかブラジルの現状を陛下に申上げて頂きたいと申しまして、最初の渡航者は十六万位でありましたが、只今は二世三世で四十二万人居ります由であります。州会議員が一人、市会議員が八十五人とか、二世等の大学生が二百余人とか申して居りました。又東久邇〔多羅間俊彦〕さんの実情をきゝました処、養家は松原に比しますれば勿論大したものではありますまいが、先づ一応のコーヒ〔ー〕園があつて安定して居りますそうで、只俊彦さんは労働はされませぬらしく、酒をよくのまれるとの事でありました。又、結婚の問題の事もきゝましたが、何だか西洋人を貰ひたい御希望のやうだとの御話でありました故、それはいゝではありませぬかと申しました処、地位のある西洋人ならば勿論よろしうございますが……との事で、多少余りよくない人でも希望して居るいゝ人があるのではないかと想像致しました次第でありますと申上げし処、直づ日本人中にいゝ人がないものかネーとの御話。

　昨日、久邇家の家職の池内が参りましての話に、赤坂の芸者を引かされた[207]〔陛下引かされた御理解なくエ？と御質問、その説明充分出来ず〕為に、二百万円位の金をどこからか借入れられ、其期限が来て困つて居られるやうな話をきゝました。之は困つた事で、もし本当ならば、其金を得る為に色々の誘惑に又引懸られる憂がありますと申上げし処、そんな金は内廷からは出せないよとの御話。勿論御尤で、それを内廷でなどゝは田島も決して考へて居りません。中野に其女の実家か妾宅かがあるとの事でありますが皆目分りません。只、どうもこの金の為に又色々の事に引かゝられる事になるを恐れます。正夫人を迎へられる意思なく、不得已（やむをえず）正夫人でなき一定の女のありまする事はよろしいと存じますが、そして御自分も朝香〔鳩彦〕さんのやうにといつて居られるとの事でありますがと申上げし処、朝香さんはそうなのかとの御尋ね故、熱海の御邸に上りました時、若い女の人の居りました事は確かで、そういふ話でありますと申上ぐ。それで〔朝香〕孚彦さんと別居なさるのかとの御仰せ。イヤ、その為斗りではないやうな話でありますが……兎に角、一人の人に定着されゝば二百万円も致方ないのでありますが、それが又ぢきにあきられるので誠に困ります。今度の洋行問題でも、女さんの問題でも、大妃殿下は御承知かときゝましたが御承知ないらしく、大妃殿下の御耳に入る事ははゞかつておいでの様に思はれますとの事でありましたから、若し大妃殿下から朝融王に御注意らしい事あればそれには御従ひでせうかときゝました処、それはおきゝになりませうといふ様の事を池内は申して居りました。過般陛下から大妃殿下から御話頂く様したらどうかとの御話の時、田島はあまりその効果はなく、徒らに大妃殿下に御心配を御掛けする結果になりはしますまいか、近く山梨が進んで宮務監督のやうな事をしてくれる事になりますから、山梨の判断によりませうと申上げましたが、今のやうな話でありましたから、山梨に此事を話しまして善処して貰ひたいと存じて居りますと申上ぐ。

それから昨日コール〔Charles Woolsey Cole チャールズ・ウールジー・コール〕博士の紹介茶会に参りました。ロックフエラーの金でコロンビヤ大学と文化交流する会の人として参りました始めの人で、中々いゝ人のやうであります。アマスト大学総長で、アマストは内村鑑三の留学した学校であります。外にダーシー〔Martin Cyril D'Arcy M・C・ダルシー、元オックスフォード大学教授、元イエズス会イングリッシュ・プロヴィンス管区長〕といふケンブリツヂ〔オックスフォード〕の先生の坊さんも来て居りますが、之も立派な人との事であります。第三人目としてはルーズベルト夫人〔Anna Eleanor Roosevelt アンナ・エレノア・ルーズヴエルト、故フランクリン・ルーズヴェルト米国大統領夫人〕が参りますので、之は何れ拝謁を或は皇后様かも知れませぬが願ふ事と存じますと申上げし処、それではダーシーにもあふ方がいゝかとの仰せ。英国人でありますが、参つて居りますから願があれば願ひたいと存じます。此制度で日本からは安倍〔能成〕が参り、又長与善郎〔作家〕が参りました次第でありますと申上ぐ。

猶、其会合のあとで緒方と懇意な新聞記者で一寸名前を忘れましたが、一度御進講申上げました……と申上げし処、嘉治かとの仰せ。ハイ、嘉治隆一[208]〔元朝日新聞社出版局長〕にあいました故、最近緒方にあつたかと申しました処、会にいつたが会へなかつたと申して居りましたが、先達て鳩山と広川が会見しましたと新聞にありました。その家は児玉誉士夫〔右翼運動家、元参謀本部嘱託〕で、之が上海から金の延棒など持ち帰り、又何か策士のやうな三浦義一〔右翼運動家〕といふものも仲間のやうでありますそうですが、東京温泉とか、今新聞にやかましい、ハイアライとかいふもの[209]も皆此連中のやる事で、それが吉田懲罰などでまづ第一勝を得たと申したとかいふ噂で、こんなまア右翼といふ連中と広川の資金と関係があるといふ様なことを申して居りました。どうも吉田もまづいのでありますが、広川などとこんな連中と一所になつてやります事は将来とても困ると存じますと申上ぐ。

〔欄外「猶此日に、内廷基金より一〇、〇〇〇〔、〇〇〇〕、東宮様御手許一、六〇〇〔、〇〇〇〕、随員御手当及秩父宮職員退職金八〇〇〔、〇〇〇〕は支出のこと、今年神宮御遷宮にて内廷費窮屈の事概要申上ぐ。」「猶、小泉が洋行の為延期になるなーとの仰せの陛下の御記憶を伺ひます記録の問題は、小泉と田島と相談の上、小泉の留守中には田島不行届ながら代行致しますからと申上ぐ。」〕

三月六日(金)

願出(御尋ねにより)御座所
一〇・二五—一〇・二七

(起立のまゝと思ひしも、座せとの事にて)二日、三日、四日千葉県へ下検分に参りました結果、第一日に御立寄願ふ事になつて居りました漁港が二派ありまして面倒の為、県の方から第二日の御日程で別の漁港に願ひたいとの事できめて参りました由でありますと申上ぐ。漁港に行く必要あるかとの仰せ故、灯台、花卉栽培、牧畜、漁業とありますので、すべて御奨励の意味で結構と存じます。又行幸啓となりまするると、小湊の誕生寺が日蓮関係でありまする為、石橋湛山が〔柴田等、千葉県〕知事を呼びつけて是非願へと申しましたそうですが[210]、知事は中々しつかりして居りますと見え、いろ〳〵の御関係で願へぬと申したとかいふ事でありました。右の外変更は御座いませぬ。猶、四月四日を延すといふ御話の事は千葉県では何ともなりませぬので、何れ来年の事でもありますので適当の時に話すつもりであります。

三月一〇日(火) 願出御座所 一一・五〇—一二・一〇

三笠宮様の事につきまして、松平永芳がどういふ事を山梨大将に申しましたか同大将に尋ねました処、別に具体的の事を申した事ではなく、どうもあゝいふ御様子では……といふ事らしくありますので、且永芳は保安隊に入りまして、久里浜で缶詰で四十日位は出られませんので、陛下から御話はありましたが、先づ山梨と三人で話し合ふ事はこゝの処ないかと存じますと申上ぐ。それなら別に永芳等と話すといふ事はせぬでもいゝと思ふが、然し此前からいつてる洋行の事も十月から先の事だし、その前に少し御考へをかへて貰ふ様に、又外国へ出掛けて変な事をいはぬやうに、今から三笠さんが敬服するような人で、語弊はあるが監視するような人をさがして、其手を今から打たなければいかんと思ふとの仰せ。それは御尤でありますが、人を得る事は中々六ケしく、人を得なければ却て反発されます事もありますので、大切の事と存じ今後も致しますが、実は先月、加瀬俊一〔元情報局報道部長〕[211]が〔ママ〕米国のラチモア〔Owen Lattimore オーウェン・ラティモア、アメリカの中国学者〕の事件[212]を査問した調査書の話をきゝました〔松平式部〕官長が、実にひどいものでソ連の全く手先のやうな風で、長官も加瀬から一応話をきいたらいゝだらうとの申出がありました故、高松、三笠両宮を御招きして、そこで田島も加瀬の話をきく様にしたいと申しました処、高松宮がおきゝになつた時、松平も御一所と承りましたとの事故、それでは三笠宮御一方御招きしてと申しました処、官長はそれは高松宮様から三笠宮様へあの話一度おきゝになるやうとの御話があつて、後に申出でないとまづいとの事でありましたからその順序を運び、この事は一つ致さうと存じて居りますと申上ぐ(加瀬俊一、同名異人の外務省の役人につき陛下御疑念あり、二人ある事申上ぐ)。

次に、首相には先日会ひまして、内廷基金等、宮内庁会計について再検討の要ある事を話し、三笠宮さんの為にはどうしても適当な早い時期に国費を御洋行の為に出して貰ひたい旨話して置きました。了承したとは申しませぬが大に考へてくれると存じます。又、東宮様の御祝の屛風は安田靫彦〔日本画家〕が進行して居りますので、献上は駄目として、御目に懸けるべく持参致す旨申して居ります。先度大宮様の大理石像は、全然了解なしに作成して献上願出ましたのを御覧願ひ、御言葉を賜り、返しましたが、今回は献上でなく、只御覧に入れたのを御止め置き願ふ事に田島の責任に於て致したいと存じておりますと申上ぐ。そういふ事が皇室経済法に無理のある証拠だとの御話あり。

それから、明日の閣僚等御陪食の席は、今日北の間で外交官のがありますので、その儘北の間で願ひたいと存じます。いつもは御食後表三の間で円陣でございますが、議会中でもありますが一人の欠席もなく出ますするので、去りとて多忙と存じます故、西洋人の今日の式で願ひたいと存じますと申上げし処、一寸御返事なく、西洋人はい丶が閣僚などは堅くなつて了ふし、私がわるいのかも知らぬが、大臣がよく変るので私もよく知らぬし、果してうまく行くかしら（と御疑念の御様子）。然しそちらでうまく行くといふならそれでよろしいとの仰せ。よく参るとは存じて居りますが、初めての事で確かにとも申上げられませぬが、今一度それでは相談致しました結果、うまく行くといふ見通しがつきましたならば此方法で願ひ、若しそうでございませんければ従来の通りに願ひますと申上ぐ。よろしいとの仰せ（此事は、外人御陪食後首相にも話し、首相の助力と同意も得たる旨にて陛下に此旨申上ぐ）。それから東宮様の御席でありますが、皇后様の御席の処へ東宮様に御座り願ふのが一番よいとの意見に、次長、侍従長、官長とも一致であります故、御許しを得たいと存じます。よろしいとの仰せ。実は、高松宮様に御事になります。高松宮様は陛下の御右といふ前に願ひまして、東宮様に陛下の右に御就き願ふといふ事も一寸考へられまするが、既に御成年でもありまする故、皆此方がおよろしいとの意見でありますと申上ぐ。よろしいとの仰せ。

それから学習院の卒業式が此二十六日で、行幸啓を安倍から願つて参りました。両陛下御出身校ではあり、父母として御子様方の御通学の学校故、特別の事由は十分ありまするが、他の私立学校の立場も考へまして、お子様方の御卒業其他、中学から高等学校とか又は大学へ御進みといふ時だけの方がおよろしいのではないかと存じまして安倍に話しました。安倍も了承致しまして今年は願はぬ事と致しました。そう、来年はあるとの仰せ。

それから、この四月靖国神社の大祭でありまするが、御親拝等に関する御気持ち的の御思召は如何でございませうと伺ひし処、結局、靖国神社は別格〔官幣社〕であり、明治神宮は官幣大社である。其上祭神からいつても私としては明治神宮を先にし、之と同等といふよりは一寸低い位に致したい気がするとの旨をいろ〳〵仰せあり。東宮様の明治神宮、靖国神社御参拝の時にも右様の御趣旨は拝承致しました。今後明治神宮並に靖国神社は毎年起きまする故、大体の考へ方を統一して、御親拝又は勅使等のことを、戦前とは又別の角度で再検討致したく、次長は神社局に勤務[213]のこともあります故、一つよく考へて貰ひます。東宮様、四月初旬第一にハワイ御着きになりますれば、無名戦士の御墓へは必ず御参りと存じます。陛下も御外遊の節御出になりました故、それとこれとも考へ合せる必要があるかとも存じますと申上ぐ。

それから、秩父宮様へ毎月六万円御届けのことは、臨時的の御医療費等とは異りまする故、事務的に事務官に手交する事に致しましたと申上ぐ。アそうと、稍不納得の御様子にも拝す。

三月一二日(木)　御召し御座所　一〇・一五―一〇・五〇

先日大要を申上げました、内廷会計の二十七年度補正予算と、二十八年度の予算と、昨日委員会に掛けまして満場一致で決定致しましたので、御裁可を仰ぐ事になつて居りますので、後刻書類を差上げますが、大体は東宮様の一千万円と、御供に賜りまする百四十万円の外、秩父宮様への八十万円でありますが、昨年の株の利益の税金百七十万円もありまして、それだけ補正を致しまして内廷基金会計より繰入れとなりました。今回の東宮様の為の一千万円の株処分の利益金に対しましては、税法改正の為め税金はございませぬそうであります。二十八年度は伊勢の御遷宮に要する臨時支出百余万円もありまするのと、従来御積金致しました、皇后様の御和装の特別会計を一般支出に致しました等で給与の引上もありまして、百五十万円しか予備金を置く事が出来なくなりました。実は、皇后様の毛皮の外套の御要求等に対しまして金額を減じて五十万円と計上致しましたが、田島の思ひまするに、一国の皇后様の御召物は、場合によりますれば国威に関しまする場合もありまするので、予算の制限下で安いものを我慢して頂きます事はよろしくない場合があると存じます故、そういふ特殊の御事情の時は直接田島に仰せありまして、何とか考へがつきますれば恥かしからぬものを御調へ願ひたいと存じて居ります。あ、よろしいとの仰せ。

　次に久邇宮様の事でありまするが、小川が二月二十八日出発の筈ときいて居りましたが、旅券を外務省は出さぬ筈にしてありまするのでまだ日本と存じまするが、在米総領事から外務省に照会がありまして、久邇様御渡米の為の資金募集を在留邦人間に致して居るとの事で、外務省としては否定の通知を致しましたそうでありますが、段々真相が出て参ります。又、此間山梨に電話致しました処、去る土曜日に山梨の名で一会催しました……従来の田島の名で致したと同じ種類でありますが、田島は監視すると御思ひの為か、左程でもありませぬが、七日の催しは大層御喜で、今後もやつてくれと仰せになりましたそうでありますが……其席上で池内家職が、最近御渡米中の大谷御裏方〔大谷智子、東本願寺裏方、朝融妹〕から大妃殿下に御手紙で、朝融様御渡米の噂があるが本当かと御問合せあり、大妃殿下付の老女に御尋ねがあり、老女はそんな御噂もありましたがおやめのやうですの程度を御返事致しましたとの事でありましたので、予て陛下から仰せの大妃殿下の御耳に達しまする事は、山梨の判断に任せまする事として御許しを得て置きまして、山梨も近く大妃殿下に言上のつもりで居りました処、それらの事のきつかけに適当に御参考迄にと申す程度で、別に朝融王に何か仰せ頂くといふ程度でなしに近く申上げるとの事でありました。それから七日の会議の結果やら栄木が話に参りましたが、尾張徳川が財産を総て会社に移しました[214]事を高橋が承知して居りますので、それに倣ふ事に大体方針をきめましたやうであります。滋賀県の山林は中々大したもので一億位の価値があるとの事で、青木時代に御邸の交換の為に出来ました金で、平常の事の御経費はちゃんとあるとの事であります。

それから横浜へ東宮様御出発の時間を少し繰上げさして頂きたいと存じます。途中奉送の人の為、徐行必要のやうであります。東久邇、鷹司、池田等の元皇族華族の御親類方は横浜まで御出掛けと存じますが、大抵の元皇族は皇居で御見立といふ事かと存じます。首相にも一寸横浜か皇居かと申しましたが、その返事はありませんでしたが、三月三十日議会の終了頃にも係らず、余り忙がしくもないやうな話でありました。それ故、皇居でも乾盃の席が出来る訳であります。首相とも打合済で、黒背広程度と御見立の者の服装は定めたいと存じますと申上ぐ。

又、千葉の事昨日下検分の結果をきゝましたが、大学の演習林には一時間余り亜熱帯植物のありまする辺、其他御徒歩を願ふ事になつて居ります。又、灯台は陛下お一人ならば兎に角、皇后様には一寸御無理故、外部からレンズを見て頂く事に致してあります。水族館は、水族館と申せば怒りますそうで、水産大学の研究所〔東京水産大学小湊実験場〕……と申上げし処、そうだ、そうだ。服部〔広太郎、侍従職御用掛、生物学者〕の処へ芝エビの事を頼んだ水産大学の教授〔数文字分空白〕が来て、どういふものを御目に懸けやうかといふ事で、凡そ見せるものもきめたとかで水族館ではないそうだよ……との御話。ハイ、御説明申上げるべく陳列のものも大体きまつたやうであります。鴨川の宿は政党の派がありますそうでありますが、今回のは自由党的の方ではないとか聞きました。そうかとの仰せ。それから三里塚は行幸啓久し振りで張切りすぎまして、田島など回りました以上の案でありましたから、少し少くする様に申してあります。それから開拓地も一寸御覧頂き、人々を御激励願ひたいと存じます。厚東〔篤太郎、元陸軍中将〕、後藤〔光蔵〕両氏は前夜に一度拝謁を願ひたいと存じて居ります。よろしいとの仰せ。

植樹祭の陛下の仰せの事は、先日佐藤参議院議長に申し、昨日又田子〔一民〕農相及水田〔三喜男〕国務相〔経済審議庁長官、訪問先の千葉県南部が選挙区〕にも話して置きました。是非御出では願いたい故相談すると申して居りました。

　此日御召しなりし為、最初に陛下御召しの御話は？と伺ひし処、昨日吉田に会つたが不相変〔あいかわらず〕強気で、重要法案も全部通るといふ様な事をいつてた。旧憲法でもどうかと思ふが、新憲法ではとても出来ないが、私が思ふに、真に国家の前途を憂ふるなら保守は大同団結してやるべきで、何か私が出来ればと思つて……との仰せ故、仰せの如く旧憲法でもどうかと存じまするが違法ではありませぬ。新憲法では違反になります故、国事を御憂へになりましても何も遊ばす事は不可能でありますと申上ぐ。吉田はどうも楽観で昔の考へのやうだ。新聞記者の東宮ちやんの船での取締の事を緒方と話してから、そんなにせんでもといはふと思つたが、横槍は出さぬでもと思ひ止めたが、そら私の橋立の処で新聞社の写真のいふ通りにしたらう(215)。あれであとがよかつたやうなもので、取締るばかりでは駄目だが、横槍は余計だと思つて止めたよとの御話等、最初にありたり。


三月一二日（木）（再度）　願出御文庫　一・三五―一・四〇

午前申上忘れましたがとて、国有財産法第十三条（第二項の皇室用財産の取得に関する条項）経常金参千万円（年間）、金参百万円（一件）の事申上ぐ。

三月一三日（金）　御召し御座所　一一・四五―一二・〇〇

今夜三笠さんにあふが、特に聞いておくべき事はないかとの仰せ。中共帰還に関してメツセージとかの話……と申上げし処、新聞に出てたよとの御話(216)。其外は先日来の赤十字社名誉副総裁御引受の条件、クラーク大将の会拒否等、古くは陛下のおことば英米にせよ、又は米をとれの事等であります旨申上ぐ。

　実は只今、天長節の呼人範囲の問題等討議中でありました旨申上げし処、正月の外は良宮は出ず、従て外交団も女はなし。但戦争前と時勢異るといへば勿論別論だとの旨、紀元節などはけがれの関係もあり、勿論女なし云々。

　渡辺銕蔵の再軍備の本よんだとて御返しになり、統率権が首相だが、〔源〕頼朝〔の鎌倉〕幕府になるネー、元首がもつべきものだが前例がわるく、軍人が元首を利用する故で反対されるが、正常の有様ならむしろい丶との旨御話あり。只今はその余地ありませぬ。新に軍備整つた上の問題かと存じますと申上ぐ。

尚、小川友三が東宮様拝謁斡旋する云々にて募金の情報、新木〔栄吉、駐米〕大使より外務省へ打電の旨申上げし処、御紹介するのは新木大使だらうとの仰せ。小川の正体が段々出て参ります云々申上ぐ。

三月一四日(土) 願出御文庫 一〇・一〇―一〇・一五

松井が御伴致しまする故、御通訳は英語は島〔重信〕氏、仏語は田村〔幸久、外務省大臣官房儀典課長〕氏に、又外交御進講は島にたのむ事の御許しを得たいと存じます。よろしいとの仰せ。尤も外務省は、むしろ在外勤務を好みまする関係上、一応松井留守中と御了承願上げます云々申上ぐ。

三月一六日(月) 御召し御座所 一〇・一〇―一〇・二〇

選挙といふ事になつたが[217]、千葉県はい丶か、どうするとの仰せ。只今次長と相談致して居りましたが、植樹祭の四月四日は御日帰りで願ひまして、其他の日程は御延期願ひましたらばよろしいかと存じます。千葉県副知事〔友納武人〕も次長の所まで参りました由でありまするが、御止めでなく御延期といふ事ならば納得致しますとの事であります。下検分もすんで居りますから、選挙さへすみましたらば適当な時に御願致したいと存じます[218]。

それから御文庫の壁紙の事など主殿からきいて来てるが、国会の解散で予算等の関係はどうなつてるか……との仰せ故、田島は一向存じませんが、準備の為、米国注文等の関係より御選定を御願致しましたかと存じまするが、二千五百万は二十八年度予備費のあてになつて居りまする故、一応其予算はない筈でありますが、普通予算通過致しますれば、営繕の一般といふ分で相当金額ある筈でありまする故、何かの普通営繕で壁紙代位はよし、御文庫修理予算が通りませぬ場合でもどうにかなるかと存じますと申上ぐ。そうかとの仰せ。猶よく管理部長とは打合せますと申上げ〔後刻直ちに連絡す〕。猶、十四日の解散の手続は今回は如何でございましたかと伺ひし処、吉田に会つた時大体解散のことはきいてた。実際の手続は研究所に行つてる時もつて来た内にあつたよとの御話。

三月一七日（火） 御召し御座所 一〇・二〇―一〇・五〇

昨夜三笠宮さんが活動〔写真の上映会〕へ見えた時の話に、聖心女学院や立教大学の卒業式へ行つたが非常によいといふ御話であつたから、宗教的の為かときいたらそうではないといふ事で、それならば欧米的〔あまり意味不明〕かといつたら黙つておいでであつて黙認されたと思ふが、それは結局伝統を認められた事と思ふ。日本でも昔は伝統的に私の写真に敬礼して君が代を歌ふといふ事が伝統的になつてたが、戦後自由主義のはき違へで伝統を重んじなくなつたが是はどうかと思ふ。三笠さんの洋行もいゝが、それまでの間に此伝統の精神を重んじて頂く為に、そら、あの俳句の富安〔風生、俳人〕は季を重じる故、俳句としては伝統を重んずる所だと思ふから、三笠さんは俳句は御好きであるから、その俳句界の中で伝統を重んずる富安など、御話になれば自然伝統といふ事がお分りになるのではないかと思ふとの旨仰せあり〔どうもあまり判然せぬ仰せであり、一寸首肯し難き点あるも、三笠宮の事御心配の余りの事故〕、よく一つ相談しまして、御好きの道から致す事も一方法でございませうから……とて申上げ置く。

それからソ連では、ピータ大帝〔ピョートル一世、ロシア皇帝〕とかカタリナ二世〔エカチェリーナ二世、ロシア皇帝〕とかの事をいひ、現に革命で暗殺されたニコライ二世〔最後のロシア皇帝〕の事すらいふとの事であつて、共産主義国も今は立派な帝国主義国であり、小泉などは共産主義国と思つてるが、事実は之に違つて居るのではないか云々の仰せあり。

三月一九日（木） 御召し御座所 一一・四〇―一二・〇〇

千葉県はいつにするのかとの御下問。参議院が二十三日のやうだが衆議院がすめばよいのか……との仰せ故、それは両方共選挙がすまなければと存じます。就ては衆議院の首相選挙後には親任式等もあります故、その式迄の間か、その式後といふ事になりますが、何れも選挙はすんでからでないといけませぬと存じますと申上ぐ。

それから御文庫改築に関して、女官長を経てこちらの考へなどき丶に来るが、予算はどうなつてるかとの仰せ故、御文庫の改築には植物の移植とか、那須又は葉山の御留守中に仕上げるとかいふ様な事で、係のものは何れ予算はとれるとの意気込のやうでありますが、実状は此前申上げました通りで、心得の為に係が好み等を伺つて居るに過ぎませぬと存じますと申上ぐ(退下の途中、鈴木管理部長に誤解なき様督励す)。

猶、〔東〕本願寺の裏方〔大谷智子〕が昨日御訪問がありましたが、人の話は違ひますもので、此前久邇大妃殿下の許へ智子様から久邇さん御渡米の御通信がありましたとき丶ましたが、裏方の御話では、直接に朝融さんに御出しになつたらしく、反対との事を(それは羅府〔ロサンゼルス〕からで)、ホノル、では青年会の人が何か申して、それは西〔本願寺〕の人で少し筋は違ふと思つたが、今度は弟〔東伏見〔邦英〕伯〕の所へ出したとの仰せ。それではそれから大妃殿下の所に入つたかと存じます。それで米国邦人の御話を伺ふ事かと存じましたが、却てこちらの事の様子をきかれました故、小川友三のこと、野村直邦大将の事、金沢中将の事、遠山丙市の事など、従来の経過、青木辞任の事など要点は一通り御話しまして、姉だとい丶が妹だから云々の御話もありました(一寸速修信仰の事や、女道楽のことの片鱗を申上ぐ)。それから宗務局長が云々との御話、此秋にでも京都行幸啓の事があれば本願寺へ願へるだらうかとの御尋ね故、東といへば西、又続いては佛光寺等の関係もあり、又門跡寺院もあります故、京都には本山も沢山あります故、一寸六ケ敷いと申述べ、皇后様御親戚〔智子は皇后妹〕の意味で大谷家といふ事ならばと申上げし処、中々それに御食付かれそうでしたから、大谷家と申しても東本願寺とは切れませぬし、皇后様の御親類と申せば、お西は大宮様の御親類(219)、佛光寺も陛下の叔母(220)といふ事故、矢張り六ケしくなりませうと申上げて置きましたと申上げし処、私にも話があり此秋とかいつてた。公平は大切だから、私はどこか別の所へ行き、京都に二泊といふやうな時に良宮だけ大谷家へ行くならよからうとの仰せ。よく考へましてと申上ぐ。

三月二〇日（金） 御召し御座所 一一・〇五―一一・二五

昨日話した千葉県の事は、良宮の都合は天長節前か五月十日頃がいゝと思ふとの仰せ。国会関係ともにらみ合せて御都合のよい時を考へませう。御思召は承りましたと申上ぐ。

猶、本願寺へ良宮の行く問題は、昨日私は他へ行くといつたが、御警衛等の関係もあらうから、私は大宮御所で京都方面の人とあつていゝよ。東京ではいろいろの人にあふが、京都方面は常に其事はないからとの仰せ。承りました。実は、十月二十二日が松山の国体の開会式でありますが、十月八日頃東宮様の御帰朝で其後の行事もありませうし、例年の例で十一月三日の文化の日は御在京でなければなりませぬので、其間出来れば皇后様は御始めて故、四県御巡りの方がよいのではないかと存じて居ります。高知は相撲一つでありますが、会場の松山以外の高松徳島へ御出になれば、土佐だけなしもどうかと存じます。〔阿波〕池田から汽車で願ふのでありますと申上ぐ。五月は学士院、芸術院の授賞式ともあり、よく見合ひまして思召を体し御日程を考へますと申上ぐ。

昨夜伊大使〔Blasco Lanza D'Ajeta ブラスコ・ランツァ・ダイエッタ、駐日イタリア大使〕に話せし服装の話も申上ぐ。

三月二五日（水） 願出御文庫 五・五二―六・〇三

又も健康の為に御用を欠きまして申訳ありませぬ。もういゝかとの仰せ。ハイ大体……大分老年になりまして……又御言葉を賜り恐れ入りましたと申上ぐ。Mary〔Mary of Teck メアリー・オブ・テック、ジョージ五世皇后〕太皇太后崩御(221)につきまして、まだ公報はありませぬが、半旗を大使館は掲げ、御記帳も受けて居ります故、間違ありませぬが、此為戴冠式が延期せられるや否やも従つて何等確報はありませぬが、一年も延期になるといふ様な事の確定でも見ませぬ以上、東宮様の御出発は矢張り三十日予定通り御願して結構だと存じます。そうかとの仰せ。次に宮中喪の期間を、今朝官長には八日間の先例を御望みの様に拝しましたが、George V〔ジョージ五世〕の半年の本喪、三ヶ月の半喪に対し、George VI〔ジョージ六世〕は三ヶ月位に過ぎませぬ。英国の喪期の短縮もありまするし、日本としましても大宮様の時は旧制その儘に願ひましたが、秩父宮様の御喪に際しましては随分短縮を御許し願ひました。従つて、東宮様は叔父様の喪十日間といふ事になりましたのが近況でもござりまする故、今回は五日位で御許しを得たいと存じます。あ、よろしいとの仰せ。

次に、其宮中喪仰出され中の御服装の問題がありまして、侍従次長に御話の次第もありまして、実は侍従長、次長、侍従次長、式部官長と只今熟議を致しましたのでありまするが、御内廷のみの御集りの場合は比較的地味な御召物に蝶形の御喪章を御婦人はおつけを願へばよろしいのではないかと存じまする。誠に窮策でありまするが、折角の東宮様の御鹿島立に黒の御喪服で御集会では、葬式の時か何かのやうで何ともふさわしくございませぬし、去りとて宮中喪を仰出された以上、御喪服にか丶はりない為には除喪といふ事になりまするが、国事公式ならば官報に除喪も結構でありますが、明二十六日の皇后様の東宮〔仮〕御所御成、二十七日の菊栄親睦会の御送別会、二十八日夜の東宮様の両陛下始め御招きの御発別会又二十九日は夜の(ママ)御昼と夜……〔陛下昼だよとの仰せ〕その昼と四日間は皆御内輪の内廷の行事でありまして除喪はおかしふございます。又除喪されれば毎日除喪で、宮中喪の意味ありませぬとも申されます故、只今のやうな便法は如何かと存じまする。但し、今回都合のよろしい便法でも、一般的に考へまして好ましからぬ事は慎しむべきでありまするが、その点、外国宮廷の御不幸の国際儀礼の宮中喪の時、内廷のみの行事に限り、御婦人は蝶結びの喪章を附して喪服に代る事を得ると致しまする事は差支ないと皆で只今一致致しました次第でございます。男様方は黒ネクタイで結構でありますが、之で如何でございませうか、一同まだ待機して居りまして、御許しがなければ、又何とか練直す訳でありますが……と申上げし処、それでよろしい。が、地味な着物といつても若いものは派手だと思ふがとの仰せ故、二つあります場合どちらかといふ時には比較的地味といふ意味にすぎませぬので、一つの着物が若い御方に事実派手でありましても、胸に附せられる喪章で打消すといふ考へ方であります。

そうか、よろしいとの仰せ。御服装の事故、皇后様の御意見もございませうからと申上げし処、これでいゝと思ふ。何ともいはなければそれでいゝといふ事に……との仰せ。ハイ、皆まだ集つて居りまする故何れか……と申上げし処、そうそれなら長官一寸まつてくれ。良宮と話すからとの仰せ。ハイとて退下す。

三月二五日（水）　御召し御文庫　六・〇九―六・一二

今、良宮と話して、すべて長官のいふ筋で異議はないが、二十七、二十八の話で、二十六日や二十九日はどうなるかとの仰せ故、それは総て先程申上げました通り、宮中喪中は同一の主意で願いたいと存じますと申上ぐ。あそうか、私が少し誤解してたがそれならそれでよろしいとの仰せ。

先程申上げませんでしたが、白耳義（ベルギー）の（陛下、丁抹だらうとの仰せ）皇太后様〔Alexandrine of Mecklenburg-Schwerin デンマーク王クリスチャン一〇世王妃〕は昨年崩御で、十二月二十九日七日間の喪を仰せ出されて居り、一貫せぬとの思召あるかも知れませぬが、あれは秩父宮様薨去前の事で、日本の喪期短縮前の事であります上に、今回は太皇太后、丁抹は皇太后との差もあります故、陛下の官長及侍従次長に仰せの点は総て之で一貫矛盾なきものとなりましたと存じます。公報あり次第、前例による御弔電其他は御願致します。

東宮様のカナダ御経由が問題でありまして、之は公表後、式部官長か式部官が加国大使館に話合ひまする筈にしてありまするが、之は恐らく御通過になります事には問題ないと存じます。若しいかん場合は？との仰せ故、それは万一にもないと存じますが、カナダが駄目なら北米御経由の外ありませぬと申上げし処、それが急に出来るかとの仰せ故、どうしてもカナダ駄目の場合は、変に応じて米国についての事を手順運びます丈けでありますが、十中八九カナダに儀礼的に一応申すだけで、どうぞと申すと存じて居りますと申上ぐ。からだに気をつけてとの仰せ。恐れ入り退下す。

三月二六日（木）　願出御文庫　五・〇〇―六・〇五

メアリー太皇太后崩御に関しまする事は全部決定致し

ましたと申上ぐ。弔祭式の事がまだ残つてるとの御話。それから、之に関連しましての東宮様の御出発及御旅程に関しましての事もきまりつきまして、今朝式部官長が加奈陀大使を訪問しまして尋ねました処、尋ねる事を不審に思ひますやうな様子で、太皇太后崩御の為何の変りもありません。只、宴会が多少小さくなるかといふ位の事はあるかも知れませんといふ様な調子でありましたそうで、早速その官長、大使の話の要領を駐加井口〔貞夫〕大使に電報を発して念を入れて居りますが、御旅程については問題はないと存じます。そうかとの仰せ。皇太子様御出発の準備は全般整ひましてございますと存じますと申上ぐ。

次に、人事数件御許しを得たいと存じます。東宮侍従清水〔二郎〕から辞意申出がありまして、小泉、野村もよろしいとの事でございますから、又御留守中に発令になるかも知れませせぬので東宮様の御許しをも得ました由でありますから、御許しを得たいと存じますと申上げし処、よからうと思ふがどういふ訳でやめるのか、又何になるのかとの御尋ね。多少は同僚間の折合のよくない事をきいて居りましたし、田島は御用掛から任官の時に実は小泉、野村に再考を促しました事もありますが、その時は両人とも責任者として主張しました故、之に従ひましたが後、両人とも田島の考への方がよかつた旨申して居りました次第でありますし、本人は歴史の教授として大学にでも勤務するのではないかと思ひまするが、数年勤務の者でありまする故、東宮様御留守になり御用がないとて早速といふ事の必要もありませんので、適当の時期に実行したいと存じます。あ、よろしい。そして後任は？との仰せ。それにつきましては小泉とも相談致しましたが、東宮様御成長と共に侍従としての御用務とは従来とは異りまする故、教授風の人がよろしいか考へを要しまする処で、時間もありまする故、御帰朝前には適任者を得たいと存じて居ります。野村大夫は病気の為申出でました辞意に変りはありませんが、立太子礼の頃、御奉仕上の事を健康から心配しましたのでありましたが、案外御式の頃は健康がよく無事に奉仕致しまして、却て健康はよくなつたのではないかと存じますが、是亦交代の方針に変りはありませんが、小泉との関係で教育上は小泉に専念して貰ひ、大夫は事務的の識見ある人がよいかとも考へて居ります。陛下も御洋行後は大夫は珍田〔捨巳〕で……と申上げし処、いや少しの間浜尾〔新、元東宮大夫〕で珍田が代つたとの仰せ。重大でありますからよく考へますと申上ぐ。

次に官制の上から、侍従次長が当然侍従長の代行は出来ませぬ由でありますから、侍従次長稲田に三谷侍従長不在中、侍従長事務代理の辞令を、又黒木〔従達〕不在中浜尾〔実、東宮侍従〕に〔東宮職事務主管〕代理を、又吉川〔重国〕式部官は儀式課長でありまする故、内藤〔政道〕式部官に代理を発令致したいと存じます、御許しを願ひますと申上ぐ。あ、よろしいとの仰せ。猶、稲田は少し負担が増しまする故、葉山等行幸啓の際の交代の場合には永積〔寅彦〕を次長の援助といふ事に事実上御許しを願ひたうございます。あゝよろしい。

次に久邇さんの事が到頭毎日新聞の紐育通信員からの通信で数日前に一寸出ましたが[222]、官庁新聞といふのには、在米邦字新聞の憤慨から小川の名前から除名された事、東宮様に拝謁の御世話するとか、久邇さんの御紋付盃は何ドル、何は何ドルと、在米邦人の血を吸ふ悪らつな事といふ事が出て、久邇さんの御名もはつきり出て居ります。却て之でよろしいのではないかと存じますと申上げし処、それは却てよろしいとの仰せ。山梨は穏便に運び過ぎ如何かと存じて居りましたが、其やり方でうまくいつたと存じて居りますようでございますと申上ぐ。

それから確定的の事ではありませぬが、天長節について思召をも伺ひたいと存じます。昨年は平和条約発効の翌日且御喪中で問題ありませんでした為、今年は始めてであります。然るに、戦前にはありませんでした一般国民の参賀といふ事が行はれ始めまして、この為に他の行事を戦前同様に致す事は非常に差支ます。一案としましては十一時で参賀をきるといふ案でありまするが、之は一番人の出盛る時であります故、二百人位の高官の為に多数の人が断たれるといふ批難があるのではないかとの強い反対もありますし……と申上げし処、それはきつてはいかん。参賀は戦後の事だけれども、国民とのつながり上、之は重んじなければいかんといふ旨仰せになる。

そして、午食は陛下御一方御出ましで首相以下に宴を賜ひ、四時頃外交官には両陛下出御で夫妻御茶に御召しといふ事との案でありまするが、参賀も二重橋でなければ無意味でありますし、御召しの人も又二重橋でなければどうかと存じますので、こゝに困難があります。或は参賀を十一時で切らぬ為に日本人高官連の宴を晩餐にとの説もありますが、之は服装で難点がありますと申上げし処、モーニングを夜の会にきるといふ事はそれはいかんと強く仰せになる。そこでモーニングと申せばおかしうございますが、通常服と申しますればフロック又はモーニングであります故、通常服でよろしいと申せばよろしいかとも存じますがと申上げし処、洋服だらうモーニングは、そうすれば西洋のやり方と余り違ふ方はどうかネーとの仰せ。陛下は、日本の習慣として男子はモーニング、婦人は紋付和装が一般との仰せもありました意味で、一般には夜の国民普通の結婚宴でもモーニングは行はれて居りまするがと申上げし処、どうもそれは……私服なら又別だ……との旨仰せあり。それらは結局、天長節が二十四時間の一日に限られまする為に起る事でありますが故、別に天長節祝日が出来ますれば別でありまするが、去りとて只今では大礼の饗宴第一日といふ様な式も出来ませぬ故無理を生じまするが、陛下は此日は非常の御負担で、早朝御祭りがあり、私共の拝賀の次に皇族始めの拝賀がありまする上、バルコニーに御出ましになり、内外の宴二つといふ訳で其上に旧奉仕者の会がありますが、之は万一の場合は翌日に願へませぬでございませうかと伺ひし処、どうしても出来ぬといふ場合は已むを得ぬ故翌日でも仕方ないが、やり方は矢張り今の様に各のテーブルを廻る様な式にして貰ひたい。段々会ふ機会は少くなるし、あいたいから又旧奉仕の者にはそうすべきだから、当日で略風にするよりは翌日今やつてる風にした方がよいとの旨重ねて仰せあり。まだ時もありまする故、今日の御思召を体し又よく皆と練りますと申上ぐ。そうして貰はうとの仰せ。

次にもつと之は急の事ではございませぬが、二、三年来前から田島は申して居りましたが、やつと宮廷の御殿等の綜合的計画の案の疎なるものが出来ました。陛下は嘗て東宮御所は余り皇居に遠からぬやうとの事を承り居りましたので、賀陽〔恒憲、元陸軍中将〕さん邸、大臣官邸、侍従長官邸の焼あとの処はどうかと存じましたが、余り評判よくありませんので、結局大宮御所の焼跡又は現在の処が最適でなからうかとの一応結論であります。そうか、ふん、それはよからうの意味仰せあり。今後は木造はどうかと存じまする故、矢張り鉄筋コンクリートとなりました場合には、百年後の事も考へますれば、結局大宮御所と東宮御所と交代になるかと存じます。ふん、それはそう、といふ様な仰せ。国民の再建の声もありまして、結局奥御殿跡に洋風の快適な奥御殿、之も百年の後には御子様と御一所に御住居願ふ場合の増築予定まで考へて立案し、Palace はバッキンガムの真似では到底駄目でありますから、田島は拝見致した事はありませぬが、焼けました御殿は日本風でよかつたと〔の〕事でありまする故、構造とか換気とかは西洋構造をとるとしましても、造作等は矢張り日本風の千草の間の天井式のものと致さねばと存じます。之はいつになりますか分りませぬが、今から之を設計、綜合的に決定せねばと存じますと申上げし処、（非常の語気（御満足的）にて）随分皇居は分割とか何か建てるとかいふ議論もあつたが、大体そういふ議論はだめになつたのか?! といふ旨の事繰返し仰せあり。実際の大部分のものは只今の皇居に再建といふ考への様でありまするが、一部には勿論異論もありませうが、都会の中央には緑樹帯と申しますか、建物なき場所が相当あります事は必要といふ立派な議論も立ちまするかと存じます故、大体皇居は此儘かと存じますと申上げし処、三笠さんは通勤して Palace と住居は別の処といふ事をしきりにいつて居られたが、私はそれは警衛の現状がつゞくとすればとても出来ぬ事と思ふし、又私としては世間から見て家でも建てる、あまり贅沢と思ふかとも思ふが、皆のやうにどこにも散歩出来ぬ私には、吹上のやうな処を一つおいてくれれば実にいゝのだとの仰せ、繰返し仰せあり。それらの事は宮内庁のもので定めましても、閣議の正式の決定がなければ動かぬとは参りませぬが、只計画（綜合的）だけ故、或は閣議の決定とはなりませぬかも知れませぬが、御思召も伺ひ猶練りました上、兎に角内閣とも協議すべきであると存じて居ります。

只今の東宮〔仮〕御所は、坪数は相当ありまするけれども、東伏見宮妃〔依仁親王妃周子〕の御一人の為の御家で一寸不用の所もあり、東宮御所としては将来如何かと存じまするが、又続いて義宮様の一家御創立の際の御殿は、之は国より費用を貰ひたいと存じ、皇族には公邸といふ制度に進みたいと存じまするが、之も要するに青山御所の元の昭憲皇太后〔明治天皇の皇后〕の大宮御所とか、皇太子殿下の御殿あととか以外にはないのでありまするが、一部は陸大〔陸軍大学校〕[223]跡の隣にアパートが立ちまして従来よりわるくなりました点もありますが、まづ差当つては東宮御所御造営後は常盤松に義宮様に御出で願ふ事かと存じます。あ、そうネーとの仰せ。

猶、義宮様に皇族公邸の観念を国に認めて貰へば、秩父宮にも公邸、三笠宮にも公邸といふ事になります。現に秩父宮妃殿下が御一年祭後東京御住居となりますれば、元秩父宮〔邸〕焼あとに少く御住居といふ問題もおきませうと存じまするし、左すれば、曽て御子様の学習院御通学の為に青山御所内に御移転の御希望を承り、それは御断り致しました。六三制学校の為に電車通りを皇室用財産から御外しを願つた時代でもありましたが、幸に内閣の異議で今日として旧三笠宮邸跡も残つて居りまして、結局三笠宮邸も公邸といふ理想を持つ事となります。実は三笠宮邸は陛下行幸になりましたかと申上げし処、いつたとの仰せ。実は今日になりましては、宮邸としては威厳が如何と存じまする。高松宮邸は御立派でありますが、之は理屈からいへば国で買つて公邸とせねばなりませぬが、少し大きい様にも存ぜられます。秩父宮の薨去で宮邸の公邸問題の必要は迫つて参りましたが、義宮様一家御創立前には一寸国への要求が六ケ敷、一時は御借りになつて私有として皇室用財産の上に御建築になるといふ事かと存じますと申上げし処、それは内廷から貸せばよいとの仰せ。(少し話先走りの傾向故)此点でまあ大体の構想にすぎぬ旨御話申上ぐ。

陛下は、あの沼津〔御用邸〕は西邸だけ残してあとはどうかしたらどうだとの仰せ。只今は東京についての大体の構想を申述べましたが、実は葉山の附属邸とかも問題と考へて居りますし、沼津は実は全部御止め願ひましてどこかへ……と申上げし処、(又話気を御加えの上)いや、あの暖い温泉のある処と代へるといゝよとの仰せ。ハイ、熱海の様な繁華に過ぎますより、温泉量の豊富なやゝ僻遠でも構ひませぬ土地……と申上げし処、〔伊豆〕白浜当りがい丶よ。那須は夏の温泉、海岸は葉山、そして冬は白浜当り。沼津の代りは暖い土地で温泉のある事が条件で、海岸に近く採集出来る処はなほい丶といふ旨の御話あり。それらも一応の疎なる構想はありまするが容易に口外出来ませず、土地の人の関係売込み等の事のありまする故慎重に研究致します。それより侍医、宮内庁病院の一元論の持説、宿直医の大家に過ぎる事、宮内庁病院は宮内庁に其特殊の立場さへ持てば一般病院としてよい事、林野庁あと希望の事等申上げ、猶官舎増築（一番町又は本丸に）、宮内官の性質上より論じて、内容的には住宅施設に福利を考へる事等申上ぐ（構想の事なれど御異論なし）。之はほんの構想だけでありまず故、只今の御思召の方向を体し、猶研究して一歩づ丶進みたいと存じますと申上ぐ。

三笠宮御洋行に関して高松宮妃殿下が御話になりましたと見えまして、田島欠席致しました春季皇霊祭の日〔三月二一日〕に、次長に三笠宮から御話がありまして、高松宮妃殿下は私の子供の事など少しも考へて居られぬとの御話がありましたとかで、次長は何れ御出掛願ひたいとは内々考へて居りますと申上げました処、自分は外国旅行よりも留学したいとの仰せで、次長は英国にと申上げし処、結構との御話でありましたそうですが、御子様の問題、妃殿下御同行の問題等について、或は直接陛下に御話あるかとも存じます故、一寸申上げますと申上げし処、それは高松宮妃殿下からきいた。高松宮妃殿下を通して三笠さんの考へといふのをもきいた。我々は御父さま、お母さまといはないで、おもうさま、おた丶さまといふのだが、之を三笠さんは改めて普通のおとうさま、おかあさまとして御実行になつてるそうだが、それはそれでい丶として、私はその裏付になつてるものに何かあれば、表はれた事は兎に角として面白くないと思ふとの旨仰せあり。又高松妃殿下への御話に、子供をつれて行かなければ百合君〔三笠宮妃百合子〕さんが神経衰弱になつて了ふとの事だが、私は神経衰弱になるのは三笠さんでないかと思ふ。なぜなら何かの裏付の下におとうさま、おかあさまの様な皇族としては従来なかつた事を始められてるのが、御留守中にこわされるのを御心配になるからだとの旨繰返し仰せあり〔これは田島余りピンと来ぬ事にて、その為却つて数回仰せになりしかと思ふ〕。これは皇族たるの権利と庶民たるの権利とを二重に亨有せんとする思想で、ある権利あるものはその為の義務〔不自由の意とも拝さる〕がある筈だ。二重の権利はいかぬとの事〔にて之は了解し易く、宮様方が皇族たる御身分は離れられぬ以上、あまり総て自由に御考なき様願ひたしとの念願に付〕は誠に左様と申上げし処、田島からきいた米国人の翻訳の事に対しても、どうも此二重権利の表はれだとの旨仰せあり。

それから高松妃殿下は、徳川多恵子〔喜久子妃の従兄弟の徳川圀禎の妻、北白川宮成久王の三女〕、北白川の叔母さん〔房子、成久王妃、明治天皇の七女〕の娘……東園〔佐和子、東園基文の妻、北白川宮成久王の二女〕夫人の姉でございますかと申上げし処、いや妹だらう。それが肺炎(?)の方がどうもわるいらしいとの事をきいたが、私は心配してるのに、北白川さんは西式[224]ではないか知らんが類似の事が御好きで、正当の医者にかゝつてるかどうかと思ふ事だ。竹田さんの叔母さん〔竹田宮恒久王妃昌子内親王、明治天皇の六女〕は全く西式信奉で、愈いけなくおなりになつてから医者が拝診してももう手後れであつた〔一九四〇年死去〕事は確かだ。高松妃殿下には、三笠さんのこと、此事とは良宮に一寸いはしておいたとの旨仰せあり。又高松妃殿下はお里の徳川の事もいろいろいつて居られたが、此事は何もいはなかつたとの仰せ。

三月二七日(金) 願出御座所　三・四五―三・五五

メリー太皇太后陛下御葬儀が三十一日倫敦(ロンドン)で営まれまするに付、松本大使を両陛下の御使といふ事に御許しを得たいと存じます。前例によりますれば、皇帝の時は特派使節といふ様であり、その他は御使でアレキサンドラ皇太后〔エドワード七世王妃〕の時も御使の前例であります。つきましては、旧憲法の場合と現在の新憲法との関係も研究致しましたが、第七条以外の事実上の象徴として〔の〕行為として正当との結論に達しましたので、丁度戴冠式に御名代御差遣と同じ事と存ずるのであります。当初政府に政府代表として松本大使を出席せしむる考へ方であり、二重に陛下の御使といふ事になりそうでありましたが、政府の代表特派使節といふ事をとりやめと致して参りました故、松本大使は御使といふ事になりました。よろしいとの仰せ。

あの、序だが、沼津を全廃するといふ昨日の話だが、或は葉山も全廃して別にどこか考へてもいゝと思ふ。油壺の近くの初声といふのを一時考へたが、結局海軍へやつて了つたとの仰せ。（大体の将来の構想を昨日申上げしに、非常に熱をお持ちにつき）昨日は将来の構想を申上げましたに過ぎませぬし、葉山も長年でありまして、地元民の意向も中々御止めを承りませぬかと思ひます。一般に御用邸の問題は機微で秘密でなければなりませぬから、漸く極秘に研究を致しまするに申上げし処、あの、場合によつては東宮ちやんがあんなに好きだから軽井沢にも一つといふ事は考へられるとの旨御話あり。昨日は主として東京だけの一般構想の傾向を申上げましたが、東京以外につきましては軽井沢も実は既に話題に関係官の間では上つて居ります。まアよろしく研究を致しますと申上ぐ。

三月二七日（金）　願出御文庫　四・四〇―四・四五

度々恐れ入りますが、メリー陛下の東京に於ける弔祭式の予定を内々英国大使館にきいて居りました処、矢張り三十一日の十時とかいふ事でありまするが、先例はアレキサンドラの場合に久邇宮邦彦王〔香淳皇后父〕、同妃〔俔子〕殿下が御名代として御臨席になつて居ります。ルーマニヤの時には御名代でなく御臨場といふ事になつて居りますが、これはその方が何か特別の事情があつたとの事であります。ロンドンの御使とは一寸一貫しませぬが、御名代として宮様御差遣願度く、矢張り高松宮両殿下に御願するのがよろしいかと存じます。前回独立前にGeorge VIの弔祭式には秩父宮妃殿下といふ事を中々繰返し仰せになりましたが、今回は御心喪中でありまする故、問題はないかと存じます。皇族は回り持とも考へられませぬ故と申上ぐ。そして、その場合の行列でありまするが、戦前は御馬車で近衛騎兵がいて大変なものでありましたようですが、軍隊もなき今日、元首代表の大使親任状捧呈の式の時の行列に大体かたどりますのが穏当かと存じまするし、馬車行列では稍どうかと存じまするので、自動車行列の通りに願ひたいかと存じます。猶前回には高尾(亮一)事務官と高木御用掛が御名代としての公用で御伴致しましたが、今回も事務官一人(或は宮家事務官かと存じますが)と婦人でありますが、各宮家ともまだ御用掛がおきまりになつて居りませぬ故、高松宮から高木御用掛をと御願でありましたら御許しを願ひたいと存じます(一寸皇后様のと小声に申す)。あ、よろしいとの仰せ。それから、あの、と仰せあり。そうだ、それでよしとの仰せ。

退下の際、長官は疲れないかとの御言葉。恐縮して、大分なまけさせて頂いて居りますと申上げし処、一寸不審げの御様子に拝し、大事の御用を欠きませぬやう大分なまけさして頂いて居りますと申上ぐ。

三月三〇日(月) 願出御座所　一〇・一五―一〇・二五

冒頭、御出発の日が参りまして御天気も宜しく……と御挨拶す。昨日皇居から御帰還の後、東宮(仮)御所で東宮様に御挨拶を申上げました際、こういふ事を申上げました。御主唱になりました秩父宮様も随員に其人を得なければと仰せになり、陛下も非常に御心配になり、遂に御自分様の侍従長を御割愛になりました次第で、どうか其点よく御含み願いたい旨を、御からだ第一に御考へ願ふ事の旨を申上げました。又三谷にはよく熟談致しまして、御裁可事項の変更は事前に御許しを得べく連絡して貰ふのでありますが、いつかも一寸申上げました通りで、御日程の変更は事後で御許しを願ひたく、御訪問国の変更だけは事前に御許しを得る様にといふ事で御許しを得たいと存じます。よろしい、それでなければ出来ないよ。それから形式的に長官に請訓といふ様な事は一切入らぬと申して置きました。地元大公使館と熟議一致した事は問題ないと存じまする。只その相談で一致点がなくて相談するといふ意味ならば別であるがと申しておきました。首席の選任に人を得まするのも其為でありまする故、そういふ打合を致しました。よろしいとの仰せ。

英国女王と御対面の日の事は昨日侍従より申上げたと存じます。ア、きいたとの仰せ。エヂンバラ行きが夜行といふ事になる一応の変更ですみます。

それから今日の横浜の状況は、稲田侍従次長より御報告致します事に致してございます。

それから今後諸所でStatement式のものを御願するのでありますが、それは勿論首席以下で準備致しまするが、横浜御出発の際のは今後の大体の例とも存じまする故、御報告の意味で朗読致しますと読み上ぐ。

猶、東久邇様御子様御病気の為御出向ないとの……ハシカだとの仰せ事でありましたが、盛厚さん御一方は御出掛の様であります。三笠宮妃殿下が御出掛ありません。大臣は大野木〔秀次郎、国務大臣〕、水田〔三喜男、経済審議庁長官〕が皇居へ、他は横浜でありますが、〔高瀬荘太郎〕郵政大臣は欠席だそうでございます。

それから、久邇さんのお人形の問題は、女官長から御電話がありましたが、馬と人形とでは実際には違ひますが、筋としては馬の時は竹田さん元皇族も総務課と御話合がありましたので、表が八釜しいからどうなるか分らぬと御附言の上御受取りで結構と申上げましたが、只今侍従次長と協議の上、可然取計ひました。総務課としては東宮様関係としては全部断つて居りますが、御兄妹様としてそれもどうかと存じまして……。そうかと御首肯の御様子なりしが、実は人形でなく其人が又飛んだ人間ではないか、米国行の厄介はとれても又変の人がくつつくのではないか、その点を私は心配したのだとの仰せ故、その点はよく分りませぬが、既にその会の総裁とか会長とかになつて居られます故、為念人物を調べまして、若し注意を要すれば山梨に申しますと申上ぐ。どうも宮様は人の弁別が六ケしいと見えますが、只今の様に解放せられては変なものがよりつきますと申上げし処、意思が弱いからとの仰せ。今も松平直鎮はどうもよくありませぬやうで、経済上もよくなく、自然宮様に御紹介して何かのいゝ事でもあるのではないかと察せられます。いや、私の処へも変な神様に関していつて来たが、皇室の神道以外は御断りするとはつきり私は断つたものだから、それきり来ないよとの御話。それから甘露寺〔受長、掌典長〕ネ。あれもいゝ人だが意思が弱い。断れないと(一寸無関係の人飛出す。陛下には何等かの関連あるなるべし)の御仰せ。意思は強く、そして柔かに事を運ぶ事は中々六ケしうございますと申上ぐ。そうだよ、そうだよとの仰せ。

三月三一日(火)　御召し御座所　一一・〇五―一二・〇〇

起立のまゝ、昨日東宮様御機嫌克く御出発遊されまして御目出たう存じます。

座につき、横浜の模様は昨日申上げました通り、稲田次長より御報告申上げました通りの次第で、誠に御盛んのことでありました。Televi は御覧なれましてございますかと伺ひし処、あ、見たとの仰せ[225]。器械の備付当初は調節が六ケしい為でありませうが不鮮明の時がありますとかで、NHK関係のものが心配致して居りましたがと申上げし処、イヤ、とても明瞭で私はあれ程までに進歩してるとは思つて居なかつたとの仰せ。先年行幸になりましたNHKの試験時代[226]よりは余程進歩致しまして……と申上げし処、イヤ、先達ての馬術の時よりも又進歩した、よく見えた。然し私からいへば、東宮ちやん斗りでなく、大使連や吉田の顔などの見えて来る方がもつと興味があるのだがとの仰せ。

御召し故、何の御用かと伺ふべきであるも一寸控えて居りし処、あの、此間話してた葉山と沼津をやめて、東宮ちやんも希望してるから軽井沢とどこか南豆〔南伊豆〕の温泉と採集の出来る所といふ事をいつた時、田島もこの問題はいろいろ六ケしいといつてたが、矢張り軽井沢はむしろ止めて葉山の附属邸は別に考へる事としても、本邸は残し、沼津の代りに南豆の温泉のある所とかへるといふ案がいゝとの仰せ故、実は東京都内の綜合計画を二年前位から立案方を頼んでおきましたが中々出来ませず、陛下より予て東宮御所は皇居に近い処との御話もあり、御結婚にでもなりますれば東宮御所は現在では少し御無理で何とかしなければなりませぬ故、催促致しましてやつと綜合案が出来ました次第でありますが、案といふよりは構想と申すべきもので、それに関連して、都以外の御用邸の事も一応構想にありましたので、単に構想の方向として沼津の事を申上げました次第で、御思召の程も伺ひ綜合計画を極秘に確立し、其上之を内閣でも承認して貰ひ、そしてその一部分づゝを其時其時に発表、予算化するといふ事が順序かと思つて居りまする故、構想の方向を一定しました上で綜合案が出来ましても順次致しまする故、数年又場合によりては十数年を要するものもあると存じます……と申上げし処、多少直ぐにも御別荘の改善が出来るとの御予想でもありしか(?)多少案外の御心持らしく、十数年もかゝる事なら飛行機でゆくといふ事も考へねばならずとの仰せ故、左様の事も考へられるかも存ぜませぬが、思ひ付思ひ付で一部づゝの仕事を致します事は駄目と存じまする故、構想の方向を定め、其実施は其時勢の進歩、変化に応じて適当に現実化する事がよろしいと存じます。実は那須の如きも、実は近所の共産党が何かいつてるといふ事でありますが……と申上げし処、多少御意外らしく、どういふ事をいふのか、広過ぎるといふのか、そうなればあまり行かぬ所は外してもよいがとの仰せ。どういふ事を主張してるかも判然致しませぬが、察するに広過ぎるといふ事かも知れませぬ(焼打計画の事は一寸申上げ兼ねていはず)が、そういふ訳で一貫した綜合計画樹立後、又時に応じて適当に善処、実現する外ないと存じますと申上ぐ。

それから、今日の弔祭式の御名代に御下命の事と申上げし処、それは高松さんから聞いて来たから復命だけでい、といふ事にきめたとの仰せ。それでは丁度田島が御願致したいと存じましたと同一でございます。陛下の御沙汰の旨は文書にて長官より両殿下に申上げまする故、御復命だけでよろしいと存じますが、此御復命だけは御願しました方がよろしく、今後も同様な場合は今回の例を先例に願ひたいと存じました次第でありますと申上ぐ。

それから先きの話に戻るが、東宮御所を田島はその子供さんと一所といつて居つたが、果してその同居説は行はれるか。東宮ちやんの時、西園寺〔公望、最後の元老〕なども強硬にいつてあゝなつた事で、Viningからきかれた時には家が狭いからといつた程で、私の本心は勿論同居を希望するのだが、従来の西園寺等の意見、又表の方の話、殊に其後の私と大体同一年輩と思ふ鈴木一〔元侍従次長〕でも木下〔道雄、元侍従次長〕でも岡本〔愛祐、元帝室林野局長官〕でも皆強い西園寺以来の主義の信奉者で、Viningの時でも今更従来の主義を変更遊ばしては困りますといふのだから、私は本来は勿論同居希望説で田島の考へてる事は賛成だが、今いつたやうな事で容易に出来るとは思へない。又若し東宮ちやんの時から容易に出来るものなら清ちゃん〔清宮貴子内親王〕でもすぐ同居して少しもわるくない訳だから、空気をもう少しよく変へていかんと田島の同居説は中々行ひにくいと思ふとの旨いろいろに仰せあり。同時に若し出来るものなら今直ちに私の時代から実行出来る筈だ。Viningには家が狭いといつてあるから、私は御文庫の広くなる事はその点からも一寸気になるとの仰せ。その問題はそれ自身とは熟考の上でなければ六ケしい事であり、又その為の準備としては妃殿下の事も考へなければなりませぬし、其他前提となる事が沢山研究し、又しなければなりませぬが、次の時代からは左様御変更になりたいものだ、又そうすべきだといふ理想をもつべきだと田島は信じて居りますが、之は東宮御所の建物に関連してその理想をもつてすべき旨申上げました次第故、もつとよく研究致し慎重を期しますと申上げし処、三笠さんの御子さんが果してどういふ風におなりかは注目すべき事だと思ふ。又私達のやうに別居で養育教育せられたものに比して、宮家〔旧皇族の意味〕では御同居で御育てになつた方々の方に問題の多いといふ事も考へて見なければならぬ。之は矢張りお甘かしになる為ではないかと思ふとの旨仰せあり〔田島此点の御話題心中窮す。陛下御自身もお子様方御甘かしになる虞より別居説になり居る事を思ふて、此点用語の周到を要し言葉少くす〕。宮廷では女官が甘かせるといふのだけれどもどうも……といふ様な旨御話あり〔真剣に此問題を主として申上ぐる時には今少しく準備し又研究し、その上決論実行の時には陛下の御甘やかしの事も申上ぐるの已むなきやも知れぬも無用故差控ふ。又一寸皇太子妃殿下と一寸ふれしも、皇后陛下御甘やかしの問題にもふれねば、それがよければ今出来る筈だと仰せに反対する事は慎重を要する故、余り申上げず承るのみの態度とす〕。

それから、此間いつてた侍医制度の問題であるが、長官は若い未婚の医者を宿直といつてたが、之は絶対に奥へ入れる事は出来ぬし、又診察する事もなく、結局電話線の代りといふか、侍医のつめてる病院への連絡係のやうなものかとの仰せ。相当大家になつた侍医に宿直を課しまする事には少し無理がありまする故、病院が近く自動車と電話が正確なれば兎に角、医師の免状のある人が一人宿直すればよろしいので拝診は勿論しなくてもよろしいし、又独身者ときめた訳でもありませぬ。余り大家の必要のないといふ意味でありまする故、只今の仰せの通りでよろしいと思ひますが、入沢〔達吉、医学〕博士〔元侍医頭〕は若い独身者程度といはず、軍医の古手と申したとの事でありますと申上げし処、それだから佐藤〔恒丸、元〕軍医中将を〔侍医頭の〕後任に推薦したのだナと仰せ。ハイ、佐藤は入沢案には不賛成でありましたそうで……と申上げし処、宿直に古手軍医を使ふといふ頭があつて佐藤軍医中将を用ひたかも知れぬといふ旨の仰せ故、之も中々実現迄には年もかゝり、面倒もあり、従つて細部の点は未定の事が多いと存じますが、幸ひ御料局建物は宮内庁病院たる適性がありますので、そちらの綜合計画上からいふ構想から考へるといふ宮内庁病院と侍医との統一、及其病院の宮内庁以外の要素をふくめたといふ考へをのべました丈けで、実現されます迄にはよく細部は研究致しまするが、只今仰せの趣旨はよく分りました故、其旨を体して研究致します旨申上ぐ。

右にて退下せんとせし処、どうも中共引揚につき、日赤の外に二つの共産党に関係のありそうな団体があるやうだが[227]、表面国民として反対出来ぬ問題へ好意的の手伝をして、内実何か考へては居らぬか其真相を知りたいし、又国民もだまされぬやうにせねばならぬが、それらの真相の事も当局からきゝたいが……との仰せ故、目下は選挙でありまする故、選挙後でなければと存じますと申上ぐ。そうだネ、そのあとで……との仰せ。それからあの、今迄林からきいてた保安隊の様子は今後は？……との仰せ故、ハイ、今後は保安隊関係の国務大臣が陸と海とを一括して居ります故、只今なれば木村〔篤太郎、保安庁長官〕からおきゝになるべきと存じますが、之も選挙前は無理かと存じますと申上ぐ。そうだネー、そうしようとの仰せ。以上二件、立上りて後の御立話。

四月二日（木）　願出御座所　二・四〇―三・〇〇

御研究でございませうから、簡単に五月の大体の予定の御許しを得たいと存じます。郵政関係の奉拝が四月二十八日であります〔御承知の御様子〕。五月四日に〔国立〕科学博物館貝類等……と申上げし処、よろしいとの仰せ。

それから千葉行幸啓は四月分が選挙の為延期したにすぎぬ立場でありませぬと、知事等も亦行幸要望が出まして困ると存じますので、先日この四月四、五、六に願ひます筈の植樹関係除きました通りで願ひまするがよろしく、従て五月六、七、八、又は七、八、九の中で願ひたいと存じますが、九日は土曜故、六、七、八の方がよろしいかと存じます。あ、よろしいとの仰せ。五月十二日は学士院の授賞式、十三日はその御陪食、五月二十五日は芸術院授賞式、翌二十六日その御陪食といふ事に御願致したく、四月十八日予定の教育制度〔学制〕八十周年記念式が五月〔空白〕[228]日に願いたいと存じます。よろしい、あら方五月はつぶれるな……との仰せ。

陛下は御研究所は月、木、土でございますかと伺ひし処、木、土で月は都合のわるい時の補欠見たやうなものだ。然しどこまでも之は公に譲るもので、之にあまりかゝはつて貰はんでいゝ。今はそんな事はないが、昔は之を随分攻撃したものだ。攻撃するものがあるないに係らず、公の事を第一にする考へであるからあまり之に係らぬやうとの仰せ。陛下としては左様思召す事は正に拝承致しました。只、田島など日程を考へる場合の心得に致し、腹芸致す事にすぎず、陛下の御立場はどこまでも公務第一と承りて致しますと申上ぐ。

それから、昨夜、今朝二度、吉田から電話がありまして、小泉の洋行はどうなつてるかとの事でありました。御蔭様で東宮様御出発迄は秘密が保たれました故、別の事だといふ事の御思召に副ひます事は容易になりましたが、資格使命等、別個のやうに具体化致しますつもりでございます。吉田は大使にするなど電話がありまして、それは駄目でせうと申しておきましたが、外務省の参与とか何とかになるのではないかと存じます。

それから戦犯につきまして、法務省の岸本〔義広〕検事次長〔最高検察庁次長〕が渡欧致しました話を式部官長と共に聞きましたし、昨日は先達て長官交際費中より十万円出しました戦犯〔戦争受刑者〕救済世話会の事で、海軍中将でありました原忠一からも話をきゝました。直接も如何かと存じまするので、今日でなく田島より申上げたいと存じますが、濠洲の戦犯が一番気の毒なる事[229]、赤道近辺で重労働の事[230]、議院立法の百三号と条約十一条との関係の事[231]、最近米のpatrol再開の事、蘭国は蘭印〔オランダ領東インド、インドネシアとして独立〕を失ひし為、中々六ケしいとの事等簡単に申上ぐ。

あの、一寸と仰せられて……そうか、五月六、七、八ネといふ様な御話〔何か仰せにならんとして御止めの様にも拝察す〕。

追記、陛下に緑の週間に関して思召の旨、昨日次長が会の責任者の一人に話しました処、四月四日は多年の仕来りで式は一寸かへ悪いのでありますが、御植樹の日をかへる事は出来ると思ひます。但し関東の各地中、茨城、栃木がまだ故、それらの土地が……と申上げし処、陛下は埼玉がまだあるとの仰せ。ハイ、此三県が今迄の話合で残つて居りますが、今後関西、東北もいゝとなりますれば、それらの地方と一年置きに願ひますれば六年後には三県は行はれます次第であります。又どうしてもいけなければ、今回の千葉のやうに茨城等も御序に二、三泊遊ばす方法をとり、後には四月四日でない日に御手植願ふといふ事も考へられますと申上ぐ。今年の事ではありませぬ故、猶熟議致しますと申上げし処、式と別の日といふ事になると参列者がその儘残るといふ事にならぬ事にはなるネーとの仰せ故、それはそうなりませうが、地元の人だけは御手植の際には出ませうと存じますと申上ぐ。県民といふか一般の人と共に手植するといふ点は少し六ケ敷なるナーとの仰せ。

四月四日（土）　願出御文庫　四・五〇―五・〇〇

入江〔相政〕の母〔信子、三笠宮妃百合子の祖母〕の死亡によりまする喪の事でありまするが、只今は華族といふものはありませぬが、従来の服忌令が皇族、華族にあらざるもの丶為に皇族は喪に服せずとありますが、元皇族の場合はたとひ今日一般人でも問題とないとしますれば、将来は兎に角、今日の段階では元華族の喪には皇族も御服しになります方がよろしいと存じました……それはそれでいゝのだよ。私は母方も血縁による方がいゝと思ふのだが、良宮が母方の方の喪に慣習か何か知らぬが現に服さなかつた事があるとの仰せ故、それはあります。一、二例がありますそうでありますが、法規の上ではどうもそういふ事は出ないそうでございますし、又法規通り御服しになりました例が鍋島栄子〔鍋島直大侯爵の妻、秩父宮妃勢津子の祖母〕死去の時にございますから、今回は御許しを願いたいと存じます。それはよろしい。けれどもどういふ訳で良宮が喪に服さなかつた慣習が出来たか。多分汚れの観念による行過ぎはたまらぬからではないかと思ふとの仰せ。御食事なども御別になりますそうで、陛下に御迷惑で、母方については御血縁でも皇后様が御遠慮遊ばしたのでございませんでしやうかと申上げし処、そういふ昔風の事は大宮御所でおたゝ様の八釜しかつた事は、こちらでは順次略して来てるのだ。喪の期間短縮斗りでなしに、喪の期間中にどれだけの事をするか、どれだけの事はせぬか、といふ内容を今度一つ研究してきめて貰ひたいのだ。私は母方をもしたいと思ふ考へだが、昔は多妻主義であつた為にそこにも問題があつて、いろんな慣習があつたのではないかとの仰せ。今回の期間は、祖父母は兄弟と同じ二等親、曽祖父母は叔父母、姪で三等親故、秩父宮様の時の陛下及皇太子殿下と同じ三十日を妃殿下、十日を御子様方に願ふのでございます。それはそれでよいが、期間以外に内容をはつきりして、服喪以外の事は心の喪の精神がいゝと思ふ。但し今の時世は母方も同じでいゝと思ふとの仰せ故、実は入江の事に無関係に新服忌案を再検討致しまして、御婦人の服喪の点なども今少しく巨細に考へたいといふので、相当細かく研究致し居りまする故、喪の期間中の内容をも研究する事に致します。

それから、取急ぎ御許しを得たい事は天長節の事でありまするが、部局長会議の結果、参賀を十一時で切り放しといふ事は大問題を起す故、どこ迄も避けたいといふ事に一致致しました。範囲は両院議員も認証官並に考へまするとと入れなければならず、従つて夫人はやめと致しましても、日本人側は従来もそうでありまする故問題ないと存じますが、西洋人側を別に致しますれば、大公使丈けで夫人を入れましても五、六十人程度でありまする故、之は従来の例と違ひまするが、改良として其代り別にお茶で四時頃と致しまするると、日本人の部は午と致しました場合……夜は着物の点で駄目でございます。モーニングを夜の会といふ事は陛下が前回おかしいと仰せになりましたが、式部官長も同じ趣意を強く主張致しまして、燕尾でなければ宮廷はおかしい、食事服でもどうかと思ふとの事で、モーニングなら日本の羽織袴の方がいゝと申す程でありましたが、之も紋服が中々六ケ敷、結局午と致しますると参賀の列の中を二重橋から入る訳には参りませぬ故、又正面車寄は矢張り陛下のバルコニー御出ましの為使用出来ませぬ故、正式の門でない事は不本意でありまするが、乾門から参入、西御車寄といふ変則を御許し願ひたいと存じますと申上ぐ。御了承にて御異議なし。尤も将来新表宮殿の時には、乾門としても車寄はもつとよろしい様設計工夫致します事として、差当りは已むを得ぬと存じますと申上ぐ。又天長節祝日を別に作りましても、矢張り其日に国民の参賀も内閣の拝賀も同一日に行はれまするし、旧奉仕者位は翌日廻しと致しましてもよろしいとして、出来れば之も同一日が願はしいと存じます。首相以下の会は陛下お一方で御召しも夫人なしでありまするが、皇后様は御内宴で妃殿下等御召しの事と存じます。そうか、それなら昔の通りだな。少し御馳走が貧弱といふ違ひだけかとの仰せ故、大体左様でありますが、それら巨細の事はこれからよく考へますと申上ぐ。

そうすると長官などの拝賀といふ事はなしに、只此宴会だけかとの仰せに付、首相以下又外交団は従来も御宴に御召しだけでありますが、長官等拝賀の事、皇族、元皇族等拝賀御祝酒の事は勿論願ふ積りでございますと申上ぐ。そうか元皇族だけでなく……との仰せあり。ハイ、皇室の御親族といふ問題が猶ありますので、それは適当に全般的に考へて御一所に願ふ事になるかと存じますと申上ぐ。旧奉仕者は一般が正午になり、外交団が四時なれば、従来通り陛下の御思召のやうにそひ得る事と存じます。只当日陛下は終日大変で恐れ入りますと申上ぐ。それはよろしいとの仰せ。

猶、冒頭長官つかれなかつたかとの仰せ。イエ、誠に恐入りました、何でもございません。今日は御天気都合よろしうございましてと申上ぐ。

退下せんとせし処、一寸新聞で見たが三笠さんはどうしてあゝいふ話をされるのだらう[232]。リクリエシヨンの歌の監督といふのか、あゝいふ所まで出掛けて著作権の問題があるのかしら(此事一寸不明)。民主政治の云々はまだいゝとしても、東宮ちやんの事を引合ひに出して如何にも東宮ちやんのことに国民が熱するのに反対してるようで、三笠さんの気持ちをも邪推するものもあらう。いゝ事でもきく人にどう作用するかを考へて、もう少し自重して貰はないと……との仰せ。少し口軽い御発言と存じます。東宮様の事はなくもがなであり、東宮様に対して三笠さんの御不平見たやうにもとられます故どうかと存じます。矢張り首相にもポツポツ話してあります故、御洋行案の実現しますように、その前提としては誰かいゝ人を得たいと存じますと申上ぐ。

四月一〇日(金) 御召し御座所 一〇・三〇―一一・二〇

あの三日続いて疲れたらうとの仰せ(233)。恐れ入りました、どうにか務めましてございますと申上ぐ。皆は喜んだかとの御尋ね。ハイ、幸に御天気がよろしく矢張り場面は変りますので、皆喜んで居りましたようでございますと申上ぐ。桜は今年は少し早いようだがどうだつたかとの仰せ。例年今頃は一寸早い位でありまして、前の催の時は丁度見頃と申すことはありませなんだが、今年は丁度満開で、昨日の如きは少し散り初めて居りましたと申上ぐ。

それから千葉県だが、あれは別に変化ないかとの仰せ。ハイ、先日知事には選挙の為に単に二回に分れた次第故、変化はないでせうと聞きました節、千倉港の内部に二派あり、協調なき為め取止めと一旦決定済のものが、二派の話がつきました為に矢張り御立寄り願ひたいとの事で、その小異同位のものかと考へますと申上げし処、それでは時間は矢張りあの十時何分かに出掛けるのかとの仰せ故、植樹の事はございませぬ故、それ故に遅くても結構のやうにも存ぜられますが、鉄道の関係もございませうが……と申上げし処、あの汽車の中の弁当はどうも困る(沿道の奉拝者に対して御会釈の為、せわしなく御感じかと拝察す)故、県庁とか何とか弁当を食べるとか、又は早昼をたべて行くとかいふ事にならぬかとの仰せ。承りました。長途であれば汽車中に御食事を御願ひせざるを得ませぬが、近距離故それはどこかで御召上りか、又は早昼で御出掛けか何れかによく調査の上、願ふ事と致しますと申上ぐ。

それからあの、教育の同居問題だがネー、あれは表(侍従職?)や官房の方では男は皆一致して反対で、鈴木貫太郎〔元侍従長、元総理大臣〕も広幡〔忠隆、元侍従次長〕も女官が居るから駄目だといふので……西園寺公も反対と承りましたが、直接陛下に申上げましたでせうかと伺ひし処、いや、湯浅〔倉平、元内大臣〕や広幡を経ての話で間接だ、間接だが西園寺も其説できまつた。女官はそんな事はない。御同居で結構だといふ考へのやうであつた。私は無論賛成で、丁年〔成年〕に達する位迄は同居で教育する。結婚すれば之は勿論別居するが……といふ考へであつたが、皆反対でそうなつた。マー、其時の反対は日本では実際上奉仕の観念と教育の観念とがどうしても矛盾する面がある為駄目だといふ事だつた(之は初めて伺ふ言葉だが、簡明で要を得た反対論の真髄と心中に思つた。今はそんな問題を解決するべき時が来て居るのではなく、綜合宮殿計画の中で東宮御所の場所を申上げ、其節一寸東宮様の御時代には人間普通の御子様御同居、御養育といふ事になるべきでありますから、建築もそのやうな心組で単簡〔簡単〕に申上げしだけなるに、数回に亘り繰返し、目前解決すべき問題であるかの如き御態度にて御話しになるのは一寸理解し得ず。どうも今日の御調子では、実際問題としては陛下は常に Vining に対してもこういつてある位で、同居希望を仰せにはなりつゝも、一面別居の方教育上よきにあらずやとの強い疑問(? 或は別居の方よしとの念)を一面心中に潜在的に御抱持になるものか、此際表はれ来たものかと拝察せらる)。

あの、若し手元で教育といふ事になると、学校へ対しての父兄は皇太子妃又は皇太子が直接学校に当るか、将来は天皇、皇后が当るのかとの仰せ故、それは御同居、御別居とは関係ありませぬので、その事に関係のものが学校へ出ますれば結構と存じますと申上ぐ。それでも直接手許で養育すれば父母として最も子供の事をよく知つてるもの故、学校に対して行くといふ事が起きてくるのではないか(それは困るとの意味らしきも、かゝる事は問題でなきも御真面目に御考へになり、そうなる事もあるかとの御考へから同居説も困る点ありとの御考へに達したものかと思はる。此点は奉仕観念と教育との実際的矛盾説と共に同居反対説の論拠を仰せあり。一寸いつもの御考へ方とも思はれず)との仰せ故、それはそういふ事はないと存じますがと申上げし処、家庭教師は置くのだらうナー、そしてその家庭教師等教育にたづさわるものと、普通の女官等奥のものとは別だからといふので同居賛成説はあつたが……との仰せもあり。

又、三笠さんがいゝモデルだ。御自分の御意見であゝやつて教育をして居られるが、妃殿下がどうも健康がわるい。あれは皇族の立場としての仕事の外に、普通の家の母としての仕事を多くやりすぎられる為ではないかしらと思ふ。そして三笠さんは私達よりは永くおたゝ様の傍に居られた故、外の高松さんなんかより、より我儘の処があるやうに思ふ。私はおたゝ様とは意見が時々違ひ、親孝行せぬといふやうな事にもあるかと思ふが、同居が長ければもつと意見が一致するのかも知れぬが……(此点一寸無関係のやうな、又事理一寸理解し難く、いつもならば御言葉の不足勝ちで、しかも御真意は中々深い場合普通故御質問申すなれど、此問題は前にも記せる通り、現在解決を迫られたる問題でなく、又一寸陛下としては御発言矛盾せる如きにて此際の問題ならぬ故)この問題は只今の問題ではございませんので、よく研究を致しますると申上げし処、あ、そうして貰はう、時代の空気にもよるし、緒方のやうな人でも天皇に父母なし的の考でいつて来たといつかきいてたやうな訳で時代の空気にもよるが、元来私も希望した事故、建築を子供も同居すれば増築可能といふ方針はいゝと思ふが、物には一利一害でこの問題もどうも一利一害で六ケしいとの仰せ。よく研究致しますと申上ぐ(今日は前回と異るは、前回には東宮ちやんの時代にいゝといふなら今やつてもいゝ筈だ。清ちやんと一所になるといふやうな事は今日は一言も半句も拝せず)。

東宮様もハワイでも具合よく御旅行のやうで誠に結構と存じます——吉田のいつたやうな飛行機でなくてよかつたよとの仰せ。ハイ、勿論御出発の時は御船がよろしいと存じて居りました。然し御署名責めになつておいでの御写真が出て居りましたが、御帰りになつてはあゝは参りませぬと申上げし処、郷に入つては郷に従へといふ事もある。尤もsignは学習院では日本に居た時もやつてたようだとの仰せ。御帰り後には又いろいろの事がございませうと申上ぐ。

それから、長官からきく事はないかとの仰せ。実は小泉とも相談致しまして、一応御記録の問題は三国同盟迄は遡る必要があるとの事になりましたが、勿論御思召しを伺つての上でありまするが、陛下の御思召は如何でございませうかと伺ひし処……矢張り張作霖〔中国の軍閥、奉天派の領袖〕爆死事件〔一九二八年六月四日〕迄戻らねば駄目でそこから始めた方がい丶だらう。尤も三国同盟から始めてその事に至つたのは下剋上、派閥、陸海不一致といふ様な事によるのだから、それを遡れば派出的〔しきりに派出的と仰せあり。派生的の意味かと推す〕にそれらの問題にふれてもい丶、どうしてもダブル事になるとの仰せ。資料でございます故、勿論ダブりまして結構で、その為重要程度もそこに表はれますし、遡りますより只今の仰せの通り張作霖から始めるのがい丶だらうかと存じますと申上ぐ。たしか天皇陛下といふ本もそうだつた(234)といふ様な仰せあり。

猶、先日一寸申上げました岸本検察次長〔最高検次長〕及堀宏一〔原忠一〕中将からき丶ました戦犯の御話を申上げたいと存じますが、只今数字の手控を持参致しませなんだ故、此次に又申上げますと申上ぐ。長官の都合のい丶時いつでもきくよとの仰せ。

財界の其後の情況等につきましては、一万田から今一度御進講申上げる事に相成りましたが(235)、中共引揚問題につきましては〔山県勝見〕厚生大臣(236)かと存じますが、選挙の為在京致しませぬ故、帰京後にその話をして見ます積りでございますと申上げし処、島田〔島〔重信〕参事官の事を陛下は島田と仰せあり〕の話をきいたが、今度の停戦協定〔朝鮮戦争〕の再開、捕虜の問題等も又中共の帰還の問題も何か一貫したあるものがあるやうで、余程注意せぬと先方の宣伝用に美名の下に使はれるだけだ云々の旨繰返し仰せあり。国民の自覚を促すといふか余程注意せぬといかぬといふ事を政府がいへば、党派に捉はれて反対派は之を駁するから、根本的に日本の将来に関するやうな問題は私がいふのが一番い丶と思ふのだがネー。政治には一切ふれられないといふのだからどうにも仕方がないが……との旨を繰返し仰せあり。

昨日読みましたリーダースダイゼストに瑞典国王

〔Gustaf VI Adolf グスタフ六世アドルフ〕の話がのつて居りましたが[237]、陛下は皇太子の時おあひになりました方で今七十位で……そう……との仰せ。毎週一回閣議へ御出になり相当事務的に質問され、否決はされた事は絶無でありますが、棚上げになつた事は随分あると書いてありましたと申上げし処、之は私もそうだつたといふ意味の仰せあり。

四月一四日(火)　願出御座所　一一・四〇―一二・一五

外人(葡〔Virgilio Armando Martins ヴィルジリオ・アルマンド・マルティンス、駐日ポルトガル代表〕、菲(非)〔José F. Imperial ホセ・F・イムペリアル、駐日フィリピン代表公使〕)の拝謁すみ、御文庫へ御帰りに付、何か申上げる事あるかとの御尋ねにて御願ひ拝謁。

小泉は、愈外務次官〔奥村勝蔵〕が二度も訪問致しまして、顧問といふ事で来月出発するやうでございます。御出発後日も立ちまして、陛下の別途である意味は十分と存じまするが、此頃拝謁しました Dr. Cole、D'Arcy[238]、又近く参ります Roosevelt 夫人と、日本からは安倍〔能成〕、長与〔善郎〕等の参りましたロックフエラー財団の人選委員であります故、其面の方とも連絡するといふ立前でありますので結構と存じます。就ては三谷等には別に内廷から三十万円といふ風に頂きましたが、今回はそういふ風には参りませぬが、お金は要ると存じますし、夫婦で留守になりまするし六月末に賜はりまする手当を渡す人もない訳故、之を此際早く賜る事の御許しを得たいと存じますと申上ぐ。よろしいとの仰せ(但し三谷同様にせよとは仰せなし)。

次に千葉県行幸啓の事は前回仰せの内、早御昼では先が少し時間が足りませぬので、此間より少し早く御出ましを願ひ、館山の水産学校か何かで御昼御飯を召上り願ふ事の線で話を進めて居りますと申上ぐ。

次に、又久邇さんに関しまする事でありますが、先達ての人形献上の会の関係の人を調べました処、大して別にわるい人のやうでもなく、又同時に深い御因縁はなく、献上について一度お目に懸つた様に調べにはなつて居ります。然るに又朝融様が数日前に皇后様に御目に懸られました節、毎日新聞の重役に頼まれ、色紙を御持参になり、御製の御親筆を頂きたいと御頼みになりましたそうであります。侍従次長からきゝましたが、それは御親筆といふ事は例もありませず断るべきもので、多分色紙を御返してハツキリする事になつて居りますが、人形が献上に成功された為に又こういふ御願をされたのではないかと存じます。別に大した御礼を御貰ひになるのではありますまいが御気が弱いのでありませう。

又、皇后様に他の人からこんな話をきいたといつて二つの事を申上げられたそうであります。一つは先達ての立太子礼の如き時、御母方の御近親も式に参列出来ぬとはおかしいといふ事、もう一つはシゲチー〔Joseph Szigeti ヨーゼフ・シゲティ、バイオリニスト〕を皇后様がおきゝになるといふ催しがあるのに、久邇さんなんかにお知らせないのはおかしい[239]といふ事をいつてたといふ御話でありましたそうですが、これは田島の邪推でありますが、ある人の話にといふある人とは、多分毎日の御親筆を御願した毎日の重役ではないかと思ふのであります。と申しますのは、毎日新聞で此シゲチーを呼びまして其演奏を今日御聞きになります事故、その話が出まして、十四日に楽部で御聴きに遊しまするといふ事から、朝融王にも御誘ひのない事から始まつた話ではないかと存じます。

実は、第一の方の問題は予て解決すべき問題と存じて居ります事に関係のある事でありますが、皇族の範囲がせまく華族がなくなりました故、平民の御親族即ち池田とか鷹司とか陛下の御近親の御親族が出来まして、元皇族も同様平民といふ事で御親族でありまするが、之を何とか公の時にも御親族を適当に考へる必要がありますが、どうも六ケ敷問題であります。それから内廷の私的の御催しに、例へばシゲチーの演奏に陪聴御誘ひになります事は別に六ケしい問題はないやうでありますが、是亦久邇さんが御好きだからといふ訳には参りませず、元皇族全部平等でなければならず、又皇族様には勿論申上なければなりません。そんな関係もありますが、これは一つ前程六ケしくありませんから何とか研究致します旨申上げし処、毎日新聞はチヤンとした新聞だから人形の場合のやうな訳の分らぬひとの依頼ではないが、御礼位の御貰ひになるのかしら……との旨仰せあり。毎日は堂々たる新聞でありまするが、近来、朝日、読売と大競争で何か企画の新しい事をねらつて紙数の増加をはかつて居ります。原色版の東宮様の御肖像を読者に配布して居ります手で、皇后様御親筆〔等〕未だかつてないものを又読者に配りたいのと思ひます。他社との権衡もあります故、今後充分考へてからでなければ之はいけませんと存じますと申上ぐ。

改造の新しい号には随分ひどい斬りすて御免といふ様の記事[240]が出て居ります。漫罵にすぎますので中正の人は却て反感を持つものと思ひますから却てい丶かとも思ひますが、大宅壮一〔評論家〕とか中野好夫〔英文学者、元東京大学教授〕——此間まで大学教授であつた人があ丶いふ無作法の事を書いて居りますのはあきれますと申上げし処、どんな事が書いてあるかと（一寸いやな御顔を遊ばして御尋ねになる）。歌舞伎座へおいでになつた事など、試験勉強なども頭から罵詈讒謗するやうなもので、之は余りひどいい丶方故、却つて御気に遊ばす必要はありませんと申上ぐ。

それから、米国の映画を御文庫で御覧の時、義宮様が米国の宣伝映画と仰せになつた事について、侍従次長より仰せの事は伺ひましたので、学友連中の空気、又安倍の理想平和論の事などよく小泉とも相談を致します。只其場合に陛下からも軽く宣伝映画かも知れないけれども、そういはないで見たらどうだといふ様な風に仰せ頂きますと、小泉と相談の上何も申上げまするにも大変よろしいかと存じますと申上ぐ（George VIも軽くMargaret〔ジョージ六世の二女〕をおたしなめの記事を見ましたと申上ぐ）。此時陛下御了承の様に拝し別に反対の御発言はなし、去りとてよしいつてやらうとも仰せなし。只、米国のやりました事も百点では勿論ありませぬので、之を多少口にしまする事も安全弁のやうなもので、内訌致しますよりい丶といふ事も申せますと申上げし処、煙出しだネとの仰せ。

此日最初に時間がございませんから長い時間は頂きませんと申上げし処、長くてもい丶よとの仰せなりしも、既に相当時間立ちし故、戦犯についての御話は次に申上げますとて退下す。

四月一五日（水） 願出御座所 九・五五—一〇・〇五

取急ぎ御許しを得たい一事は、ヒリツピン（フィリピン）のキリノ大統領の娘〔Victoria Quirino-Gonzalez ヴィクトリア・キリノ・ゴンザレス、大統領のファーストレディ〕が七日以来在京致しまするのが、拝謁を皇后様に御願したいといふ事でございます。条約のありませぬ国で素より異例に相違ありませぬが、外務省は非常に熱心であります。条約の批准、賠償、戦犯等の関係もありまするので、例外として皇后様に拝謁御許し願ひたいと存じます。已むを得ぬ、よろしいとの仰せ。

娘は未婚の場合、父の地位がものいふもので、既婚の上は夫の地位に従ふのでありますが、之はその例外でゴンザレス〔Luis Gonzalez ルイス・ゴンザレス〕中尉と結婚し、中尉は朝鮮にも出てるので今は東京らしく、夫妻共にといふ事になりまするが……と申上げし処、両陛下かとの仰せ。いえ、それは皇后様御一方で結構でありますが、夫妻拝謁の御許しを得たいと存じますと申上ぐ。よろしいとの仰せ。こゝに一つ問題は、キリノの子供が戦争の時殺されて居ります由で[241]、即ち拝謁者の同胞でありまするが、此事につきまして皇后様がどういふ御言葉で御ふれになりまするか、抽象的の仰せと存じますが、式部と高木御用掛とよく打合せます様に致したいと存じます。

四月一六日（木） 御召し御座所 一〇・四〇—一一・五五

あの大した事ではないがと御前置の上、一昨日の久邇さんの毎日新聞の件は昨日色紙を返したようだが、毎日新聞といはず、総て自分の利益の為に皇室を利用せんとする者は断るといふ事は勿論それでよいのであるが、表面は皇室と国民とを近けるといふ意味で（真意は兎に角）来る者であり、毎日の如きは堂々たる大新聞であるから、競争上の企画で自社の紙をふやす事から来てるとは思ふが、表面の理由は皇室と国民とを近けるのをそうやつて断るなら、それは宮内庁が近ける事の妨げをするといふて反対的の立場になり、皇室の為にならぬやうな事になりはせぬかと思ふのは杞憂だらうか、杞憂だらうねーとの意味を繰返し回りくどく仰せあり。杞憂でありまして御心配ありませぬ。毎日は皇太子様の御肖像を読者に配りましたは、東宮様の御人気があるのに乗じて居るのでありまして、此一般の御人気が東宮様に限らず皇室にある以上は、反対の態度に出る事は損であります故、そんな事は決してないと存じます。

先年、「改造」が御製を新年号[242]に御願した事はありますが、今月の改造は一昨日も申上げましたやうな記事をものせて居ります。雑誌はいろいろの読者にあふやういろいろのせますが、新聞は大体世評の底流に沿つて致しまする故そんな事は出来ません。但し今後応ずるやうな場合がありましても、表正面の総務課を経てやつて貰はなければ駄目で、次長にはかり、よいと思へば長官にも相談ありませうので、裏道では、たとひよい時でもいかぬといふ事にしたいと存じますと申上ぐ。それはそうだとの仰せ。

それでは、陛下の御都合およろしければ戦犯の事を申上げたいと存じます。長官の都合さへよければきこうとの仰せ。それより岸本次席検事〔最高検次長〕の洋行の過日の報告と、戦争受刑者世話会の原忠一元海軍中将の話とにより申上げる事を申上げ、1)戦犯総数、内死刑執行済の人員、現在巣鴨、モンテンルパ、マヌス島受刑者の人員及刑種別のこと、2)平和条約第十一条と法律第百三号並に議院提出の此修正案通過(五日を十五日)[243]の悪影響のこと、3)岸本次長検事昨年渡欧の際の英蘭仏の態度のこと、4)米国輿論はA級よりBC級に悪感情のこと、5)巣鴨の有様AとBCのこと、共産思想のこと、6)戦争受刑者世話会の目的、施策、服役者(Manus島への慰問品)、家族、遺族のこと、7)同会の幹部、経営のこと、8)十万円を今一度場合によりては出してもよろしいと考へ居ること、申上ぐ。

その間にPearl Harbor〔真珠湾〕攻撃について、原中将の申せし日本海々戦の七段に対して一段なりしこと申上げし処、山本〔五十六〕は非戦論者なりしも、あれ以外の手は日本の力としては出来ぬといふてと仰せあり。又之を遡ればparity[244]の問題の不合理、倫敦、ワシントン会議の事に遡るとの御話あり。蘭英は領土、財産をとられた恨あること申上げし際、Jones〔Eli Stanley Jones イーライ・スタンレー・ジョーンズ、アメリカ人宣教師(メソジスト派)〕のNew Guinea買収論にて濠州賛成せぬ事もなき様子に反して、蘭は売物でないといつた話(245)。英蘭二国は米の主戦派に力を添へたこと、米にも主戦、平和両論ありしも、Roosevelt〔Franklin Delano Roosevelt フランクリン・ルーズヴェルト、元米国大統領〕を主とする主戦派が勝つた事を申上げし処、主戦派の方が勢よき議論故、平和論者に勝つ形となるものだ。日本でも平和論者に勝たせる為には米国も土産を出さねば駄目だ。満洲国承認とか何とかいふ土産を出さねば平和論者〔主戦派〕を抑へることは出来ぬ。現在でも戦犯釈放とか裁判管理権とか経済援助とか、反米論者を事実上抑えるだけのものを与へて反米論者の反対する人に加勢せねば、反米などいふ人の方が議論が勢よく、通りがよい傾きのあることを仰せあり。兎に角時勢の推移といふものは、チヤンとある勢いを作り上げた時には一寸した事で発火するといふ御話。発火点に達する迄にはいろいろの事柄の集積があるので、一寸した事で発火して了ふものだとの仰せ。

山下奉文〔元陸軍〕大将(246)などの遺族の不平をいふより、不平いふだけの余裕さへもなき、それ以下の訴へやうもない気の毒な遺族のある旨を申上げし処、山下奉文は死刑には当らぬも戦犯には当ると思ふが、本間〔雅晴〕は本当に気の毒だつたと思ふとの仰せあり(247)。BC戦犯中、下手人にて免れ無実の罪のものもあり、不平多きも当然との事を申上げし処、Aにもある、真崎〔甚三郎、元陸軍大将、皇道派の中心人物〕が免れ有末〔精三、元陸軍中将〕なども免れてるとの仰せ。巣鴨にて出獄後の為め職業指導をなし、賃金を得ると共に将来に備へつゝ、ある事申上げし処、それはよいとの仰せ。マヌス島の台湾人、朝鮮人相当数あり、今村均〔元陸軍〕大将の統制も時に及ばぬ様子との事も申上ぐ。Pearl Harbor 戦争に勝つたはよかつたが、敗ければ緒戦の華かさがなくて今よりよかつたかも知れぬとの仰せ。後にはレーダーは先方発達し、加ふるに暗号を読まれ誠に不幸であつたとの仰せ。

次に、小泉が陛下の御趣旨に副ひ、全く御一行とは別の表はれとして、外務次官に Rockefeller の文化交流要件の為といふ事を持出しました処、困る顔付きで、あれは政府は関係せぬ建前故、外務省顧問の資格では困るとの話の為矢張りそれは止め、矢張り東宮様の御留守を幸ひに十有余年欧米を知らぬ為、現地につき見学視察の事は東宮様御教育上必要にて、洋行といふ事の方却て有りの儘でよいとの旨故、それで結構と存じまする、前回申上げましたと相違の点、御許し願ひますと申上ぐ。御了承に拝す。

それから、東宮様のテープでありまするが、新聞に出ましただけでありました処、矢張り真実のやうでありまするが、空中輸送の早きを望みまして軍用機を利用したのではないかと存じますが、普通の航空郵便のものは既に着きましたが、より早いと存じたと思ひまする。軍の飛行機便によりました方が遅くなり、まだ入手出来ませぬが、羽田には来て居りますとの事であります。何か一寸こんがらがつて居りますやうでありますが、何れ今日中位には入手出来るのではないかと存じて居ります旨申上ぐ。御期待の御様子にて御了承に拝す。[248]

あと聞く事ないかとの仰せ。只今別にありませぬと申上ぐ。

戦犯問題御話中、事務所は正力〔松太郎、元読売新聞社社長、日本テレビ放送網社長〕の力で無料にて借り居る旨御話致したる処、やり手なんだネ、読売にまだそんな力あるのか。悪らつな様な評判はあるが、やり手なんだらうとの仰せ。後藤〔新平、元東京〕市長十万円を与へたこと、[249]葬式の時の感情的の事、テレビの早い事等申上ぐ。

四月一七日（金）　御召し御座所　一〇・三〇—一一・二〇

あの、あの、長官のいつてた皇室の親族といふものを公の席へ出るやうな何かの事を考へなければといつてた事だがネー、久邇さんがいつてたといふやうな事……天長節の場合にも全然ないのはどうかと思ふが……との仰せ。拝賀はあります、又御祝酒もありますと申上げし処、いや宴会はないよ、宴会は出ないよとの仰せ。宴会はございませんと申上げし処、憲法の米国案には一代華族といふものがあつたのを吉田内閣の時とつて了つたんだ。[250]長官は吉田に話すといつてたが……との仰せ。昨年の立太子礼の宴会の時、吉田はきつぱり、此際から国事には出さぬと相当はつきり致して居りましたと申上げし処、吉田は子といふものに対して愛情がないのかネー、先達て栄典法の時にも一寸きいて一代華族といふ様な事をいつたが、国民感情が許せばといふ様な事をいつてたから、あの憲法を削つた時のいきさつからかも知れない。一寸思付きなのだが、大勲位といふやうなものを認めれば、公的の場合も解決するのではないかとも思ふとの仰せ故、実は立太子礼の時は、田島の立場としては非常に苦慮致しまして大勲位説も出ましたが、盛厚王は勲一等で大勲位でないといふ事もありましたし、今後も勲章ではどうかと思ひますし、内親王方はいゝと致しましても、其夫に当る人まで勲章といふ訳には参りますまいと思ひますと申上げし処、いや、それは資格者の夫とすればよい。丁度資格者の夫人の反対の場合といふ事との仰せもあり。

いろいろ繰返し御話ありしも、要は元皇族全部ではなく、孝宮、順宮様の事、又久邇さんの話から、皇后様の御近親といふ事に重点あるらしく、一等親だけに限るかとの仰せも出でし故、一等親なれば久邇さんの朝融王は外れて大妃殿下のみとなります。その場合、御血筋で筋は一応立ちまするが、元皇族といふ一つの事実上の階級の内、一部といふ事が又他の方面に問題を起しますし、叔母様となりますれば北白川〔房子〕様等ふえますし、泰宮〔東久邇聡子〕様となれば東久邇稔彦王ともなりまするし、其点中々六ケしく、公の方はどうも中々案が六ケしき旨申上げし処、それなら御祝は膳にすればよいとの仰せ故、内廷限りの奥ならば内閣とは何も関係ありませぬが、果して御祝御膳が儀式的でない宴会的のものかどうかといふ点も少し研究する必要もあるかと存じます。内廷の場合、宮殿で行はれました場合、皇族は如何と伺ひし処、皇族はダブルから必要ないとの仰せあり。午は臣下の方宴会であり、同時に皇后様は妃殿下お三方との御内宴故夜しかありませぬが……と申上げし処、御文庫の御祝御膳に一等親関係を増員する丈けの御考らしきやうにも拝せられしも、今年は御許しを受けました案で御許しを受け、来年の正月又は天長節迄には何とか御趣意の点を考へまする事に致したいと存じますと申上ぐ。今年はマア、伺済にもしたから来年迄にはとの御沙汰。

次に一つ申上げたい事は、御文庫の改築が吉田の那須に於ける直訴以来、一旦二千五百万円の案できましました処、議会解散で如何かと存じましたが、準備もありますので大蔵事務当局と次長との間の話をも進めました結果、新国会開始前に予備金支出になる事にきまつて居りますが、その改造の間、葉山及那須に御出ましを願ふといふ事も少し長きにすぎまするので、二期庁舎又は呉竹に仮りに御住居を願ふ必要が生じましたが、侍従長は出発前に呉竹の方がよからうといふ事に侍従職の意見は一応きまりましたそうでありますが、之は直接両陛下の御起居に関しまする事故、此両説を図面を以て侍従次長より極く近くに御伺ひ致しますす事に致してございます故、御思召し以て御きめを願ひたいと存じますと申上げし処、二期庁舎のこゝでどうしてわるいかとの旨の仰せあり。両陛下の御住居には一応よろしいやうでありますが、女官、その他女孺等の場所が離れすぎるとか何とかいふ事がありますやうでございますし、又呉竹はおとう場〔便所〕が少し遠いとか婦人用のみとかきいて居ります。田島は実地はよく存じませんが……と申上げし処、呉竹は知つてるけれどあれで差支ないよ。船は皆あゝだとの仰せ。何か和式のやうにきいて居りますがと申上げし処、いや洋式であれでいゝのだ、その点はとの仰せ。何れ図面にて侍従次長より伺ひますと申上ぐ。

実は葉山、那須へ行幸啓願ひまする事結構と存じまするが、陛下のいつも御気遣ひ遊ばす国民感情の点は、昨年は矢張り御文庫修繕の為永くなりました節、一部には多少如何かとの声もありましたときいて居りますので、今年は国会開催中にも当りまます故、御在京の時も相当あり、引続き長くない方がよろしいかと存じます。盛夏の頃は那須、又その前は葉山と、中間に御在京の期もありますれば……と申上げし処、イヤ、実は私は盛夏の頃よりも六月の上旬に那須へ行きたいのだ。いつも六月十日過ぎに行くが、藤の花もあるし、つゝぢ〔つつじ〕も下の方で咲く頃一度行きたいのだ。いつも六月十日過ぎに行くので八幡の方しか花がない。尤も客観情勢が駄目なら問題ない。いつかいつてた共産党の事とかいふのもあるし……との御話故、共産党の問題は実は御用邸を焼打するといふ様の風聞もありましたが、それは風声鶴唳〔わずかなことに恐れおののくこと〕にすぎぬ事が分りましたので、一時的に東京からの共産党の指導のものの一寸申した事位のやうで、今その心配はないと存じますと申上げし処、焼打は叶はんネーとの仰せ。その点はよろしうございますが、国会開催中になりますので……と申上げし処、良宮は葉山ではとてもあついといふので、良宮の健康の問題を考へれば盛夏の候は矢張り那須がい丶との仰せあり。若し外部の事情で盛夏か六月上旬かとなりました場合には……〔と〕申上げし処、それなら六月は来年にしてもい丶から盛夏にしてくれとの仰せ。桜も一月後れだから五月故、一度見たいと思ふとの仰せ。今年は五月は駄目でございますとハツキリ申上ぐ。

それから、昨年問題になりました北海道でありますが、マレンコフ〔Georgy Malenkov ゲオルギー・マレンコフ、ソ連首相〕の政策上、平和攻勢といふ事になりますれば、或は去年と違ひまして、〔犬養健〕法務総裁〔大臣〕、首相としましてもよろしいといふ事になるかも知れませぬが、其場合は矢張り北海道だけ御巡幸として残るのはいかんといふ御考で御出掛けになりますでございませうかと伺ひし処、それは矢張り行きたいと思ふとの仰せ。若し御出掛となりますれば六月が適当の時かと存じますが、それは今年は今から準備をする必要があり、とても間にあひませぬ故、時期はむしろ雪のふる直前といふ時も中々よろしいとの事でありますがと申上げし処、それは東宮ちやんの帰国、四国行に関係して来て六ケしい。ハイ、それは九月といふ事になりますかも知れませぬが……今日は兎に角予ての北海道は御希望であり、ソの軍事的の事が休みますれば、むしろ陛下の御出ましで民心に安心と激励を与へるといふ事で願ふ方がよいかと考へまするが……と申上げし処、それはそうだ、九州で炭鉱へ行つた故、北海道も矢張り行つた方がよいとの仰せ。御巡幸は陛下御一方で両陛下といふ事は例がありませんがと申上げし処、あるよ、栃木[251]でとの仰せ。それは占領治下の総ての問題で、大体御巡幸御一方の建前で例外的に栃木に一度ありましたが……今回は独立後始めての御巡幸故、新たに皇后様御同列といふ事も考へられなくはありませんがと申上げし処、一体一般の感じはどうだらうとの仰せ故、それは御同列の方が和かで感じはよろしいかと存じますが、最近の行幸啓の場合の空気から見まして……と申上げし処、栃木の場合は柔かすぎるといふのであつた、それは外部の印象如何の問題だが、同列の方がい丶となれば同列がい丶よとの御話。但し陛下は良宮つかれるかも知れぬ故、札幌、函館、小樽、旭川、釧路といふやうな主要地だけにして、私が廻る間そういふ所に止まつて居ればい丶との仰せ。それは御同列でない地方が八釜しく申しませうと申上げし処、それなら止めてもい丶が、北海道は又といつても中々ゆかれぬからナーとの仰せもあり(左程具体的でなく昨年の御熱心ありし故、御念願故今年は如何と伺ひし処、昨年程の御希望でなきやうにも拝す)。

何れこれは先の事でありますので、只今どうといふ問題ではございませぬ。只御思召の大体を伺ひましただけと申上ぐ。実は警察は御出で願へぬ情勢とは考へて居りませず、此点は昨年同様でありますが、国際情勢がスターリンと違ひ平和攻勢となりますれば、千島、樺太の基地から飛行機の来る事などはないのではないかと存じます。従来は随分来まして四十何回とか聞いて居ります。選挙の結果どんな内閣が出来まするか、内閣の意向がきまり〔ま〕せんければどうともなりませぬし、又北海道はニシン漁とか豆の収穫等で景気に非常に影響致しますので、色々の条件の整つた場合に思召しは如何と伺つた次第でございますと申上ぐ。

マレンコフの問題だがネー、あれは平和攻勢であつて、只管平和にしようといふのではないと思ふ。何れ平和といつて米国軍駐屯の必要がないから撤兵せよとか、中共貿易をして中共の発達に資せりとか何とか、あの圏内の利益を考へてやつてる事と想像されるが……との仰せ。それはその通りで、本当に平和の為の平和でなく、何かあの圏内の有利な目的の為の手段にすぎませんから、其点は無論そうと存じます。中立論とか向米一辺倒の攻撃とかする文化人の議論に又も論拠を与へて、所謂平和攻勢を致すのに違ひはありませんが、何れにしてもそれは国として油断出来ないといふ事で、陛下の行幸には武力のふりかざすやうな気配の時でないだけで、先づ可能でよろしいといふ意味に過ぎません旨申上ぐ。

それからあの、小さい事だが、米国大使の娘よぶのか(252)との御尋ね(か丶る新例は書類以前に申上げよとの意味らしくと拝す)。ハイ、戦争以前には成年の娘の未婚の者は御召しになりました例もあるといふ事で、官長と相談の上そう願ひたいと存じたのであります。マーフェイ〔マーフィー〕大使は短期でありますがよくやつてくれました事でもあり、御許し願ひたいと存じますと申上ぐ。夫人は新任の時は到着前、クラーク大将御召しの時は病気で上りませんでしたが。そうだとの仰せ。結局一度も……と申上げんとせし処、イヤ、立太子の時と東宮ちゃんの出掛ける時の各国大使の時と二度来たと御記憶は非常に御確か。老人恐縮す。

四月一八日(土)　御召し御文庫　一・一〇—一・三〇

昨日の事に関連してゐるから昨日話せばよかつた。明日は日曜だから今日一寸話すが、元皇族に関する事だがねー、これは只私の邪推だから当つてるか当つて居ぬかは分らぬが、元皇族が多少とも天長節にでも出られぬのを不満に思ふのは、追放と臣籍降下を考へてるのではないかと思ふ。竹田〔恒徳〕さんのやうな経済上もすべてよくいつてる処は大した事はなし、又東久邇〔稔彦〕さんのやうに元々臣籍降下論者の方は何でもないが、朝融さんとか朝香〔鳩彦〕さんといふやうな方は経済的にもうまくないし、朝融さんなどは御自分がわるいから仕方はないが、洋行出来ると思つても洋行できず、どうもそういふ点で不満ではないかしら。高松宮妃殿下にきいたが、〔朝香〕孚彦さんのふく子〔朝香冨久子〕といふお子さんが〝吉田は憎い〟といつたとかいふ事だそうだから……との御話し。竹田さんは既に洋行に御立ち[253]になりましたし、久邇さんとしては御自分のわるい事は別として御不満でありませう。毎日の此頃のシゲチーには御出席になりましたそうですと申上げし処、そう？と多少驚きの御様子。経済上の点もどうも六ケしいのでありますが、又朝香さんは御父子財産は別々で、孚彦さんの方は例のつまらぬ所へ高利をかせがれて駄目になり、杉並区にありました家と極楽寺〔神奈川県鎌倉市〕の家と買替へられて、その差額を入間野が運用して差上げて居りますが、陛下は御出になつた事はございませんが、極楽寺の御邸は随分小さくもありますし、御不満はあるかと存じます。そういふ点はあり得る事かと存じますが、今の方面の事は一寸六ケしいと存じますから、社交的な事で何かいゝ方を何とか考へる事より致し方ないかと存じます旨申上ぐ。

天長節の事もそういふ点で不十分でありますが、今年はまあ御許しを願ひまして、来年迄によく考へる事に致したいと存じます。何分天長節は一日でありますので、陛下の行事が多くお大儀ではない〔か〕と存じます。或は旧奉仕者を翌日に廻すといふ事でも考へまして……と申上げし処、イヤ一日位事が多くても私はいゝよとの仰せ(元皇族方の時間を今少しく楽にとれば、旧奉仕者は翌日になるかも知れぬとの意なりしも、敢ていはず)。

それから、御文庫の改造工事の順序が六月十五日位から始まるかと存じます故、先達て御話しの六月初旬、那須御出掛は丁度よろしいかと存じます。そして八月盛夏は那須で御過ごし願ひ、七月中は適宜葉山へでも、又は二期庁舎なり呉竹なりで当時の諸種の事情で御行動願ふといふ事で如何かと存じます。九月十五日には落成の予定と申上げし処、延期勝ちとの仰せ。延期致しましても、それは地下室の工事でありませうと申上ぐ。

四月二〇日(月)　御召し御座所　一〇・三〇―一一・三〇

一昨日話した事に関連してるが、あの時考へなかつたから今いふのだが、天皇の親族の問題は保守的の内閣の時に話すがいゝか、或は社会党的の方がいゝかといふ事だが、吉田は昨年立太子礼の時、ハツキリ公式に元皇族を打切るといつたし、緒方も大宮さんの喪儀の時に私が葬列に加はる事に不賛成だつたので、考へとしては天皇に父母なしといふ風に考へるかも知れぬが、社会党の和田博雄〔元農林大臣〕(陛下は博と仰せあり)など、鈴木一と意見反対で子供は手元で育てた方がいゝといふ意見だつたといふから、天皇と雖も普通の肉親の情は一般人と同じ気持の意見かと思はれる故、社会党の方が話が分るのではないかとの旨仰せあり(多少意味充分に理解出来ぬ点あるも、保守は天皇は肉親の考以外に特殊の立場上、一般とは同様に考へぬ形式論を考へ勝ちとの前提に立たれるものゝ如し)。それは人情論の分ります事はどちらも変りはありませぬが、社会党の立場としては皇室又は皇室関係の事に何か特権又は優遇的の事は致し得ぬと存じまする故、陛下の社会党の方が話が分り易いといふ事は断じてないと考へます。之は六ケしい事でありませうが、吉田に話す方がよろしいと存じますと申上ぐ。

あの、皇族は今皇族としての特権は充分ある上に、一面昔と違つて庶民と同じ様な生活をもなし得るといふ両方のいはゞ得な立場にあるといふ事が、元は同じ皇族であつた元皇族から見れば如何にも二つのものを両方とももつて得をしてるといふ風に考へ、羨しく思ふといふ心理があるのではあるまいかとの仰せあり。それは確かに左様な事はあり得ると存じます。実際皇族としての色々の特権は元皇族とは大きな違ひでありますに、平民的の御行動の御自由も昔とは違ひ十分お持ちであります。高松宮様など地方へ御出ましの時は、かたい御歓迎の席のみでなく、日本流宴会なども御好みとの評判もありまする故、そういふ御感じは一面御尤とも感ぜられますと申上ぐ。私は一代華族は別として、栄典の一部として公爵、侯爵とか（いふ称号の意らし）いふものをやるといふ事は考へられぬかとの仰せ。華族制度の復興とかいふ事になりまして中々六ケしい事ではないかと存じますが、勲章は矢張り功労といふ事になり、只儀礼上勲章といふ事も六ケしくないかと思ひますが、そこで位階でありますが、これは田島も従来の位階を残すは反対であり、栄典〔制度〕審議会の人も全部反対でありましたそうですが、吉田一人で位階を主張致しましたそうですが、之は勲労に関係なく、身分上の栄誉として昔の一品とか二品とかいふ意味に位階といふものは考へられぬかとも思ひますが、只思付きでありますが……と申上ぐ。

実は、田島承知の華族、大大名の家の為には、旧藩士の子弟でも、中々封建的に一生懸命いはゞ主家の事を考へてくれる人もありますが、皇族は明治以後では事務官が附せられましても、転任等で単に役人であり、申さば主従関係がなく、此点は大名よりわるいのであります。昔も宮家に仕へたものがあつたと思ひまするが、大名程の力なく、どうも封建的に宮様の為といふもの、旧藩士の如きはないかと存じまするが、皇室でも此点は稍同じで……勿論一般国民が象徴として仰ぐといふ点は之は全く別のもので、一般の尊敬は他に例なき事でありますが、之は漠然たる感情だけのもので、実際具体的に皇室の御為に尽したいといふ制度になりまするが、宮家と違はぬ事ではないかと存じまする。憲法改正前は、国家の元老は即ち皇室の為に国家同様の忠誠心を持つたと存じまするが、新憲法の世の中となりましては、国家と皇室とは同様に同一の人が重んずるといふ立場ではなくなり、宮内庁の役人は国の役人となり、吉田の時その人事は陛下の御思召を伺つてやるといふ内規的の事を申上げてはありますが、法律ではありませぬので、首相が独断で任命を敢てして陛下の御思召に従はぬ場合がありましても違法とは申されませぬ。それ故、田島は吉田が首相引継事項としては、此取極のある事を誠実に後の内閣に引継了承せしめる事を忘れぬやうして貰はねば困ると思つて居りまするが……制度の上から申せば、本当に皇室の為に謀つて忠実に致すといふ人はどうして得られまするか分りませぬと気付きます次第で、田島拝命の際は芦田内閣で、芦田の方で〔松平〕慶民の後任を物色し、宮内庁側は側で牧野〔伸顕〕伯も当時は健康で松平〔恒雄〕前宮相等と相談し、生存の宮内大臣前歴者の総同意といふ様な慣習の下に人選をしてたやうに存じまする。田島退任の際には此慣習は事実上不能で、宮内大臣前歴者故人となりましたので、内閣の人選に田島協力し、皇室の為に最善の人を求める事になりまするが、宮内庁に永年勤務して皇室の為に尽すを天職とする人が特にあるとも思へませぬ。多年勤務の人は下級の人には可なり多くありまするが、幹部高級の人は皆他の役所等より転じましたもので、皇室の百年の永遠に亘る大本とか人事の重要なるものとかを、皇室を本位に真剣に考へる人の制度といふものはない仕組で、将来の為め心配な気持ちが致します。昔の宮中顧問官は名誉職でありましたでせうが、今は本当に数人の皇室の事を思ひ大事には必ず参与する、その時々の現在の長官以外に幹部の先輩顧問となる人の制度が望ましいと存じて居りますが、政治に関係ある人は駄目で、中々六ケしい次第でございますと申上げし処、佐藤尚武などは……との仰せ。之も参議院で政治に関係ありまするし、田島は従来別に辞令も何もありませぬが、色々の関係で皇室とは御縁故もあり、真に皇室の事を思つてくれてる人で相談相手になる資格もある人と存じ、場合により小泉、安倍とは相談致して居りまするがと申上ぐ。猶又いゝ人を他省からとりたいと存じましても、中々いゝ人も来てくれませぬ現状でありまして、又来ぬに来ぬ原因もありまする。下級の役人は永勤者もありまするが、幹部となる資格は到底望み難く、将来は如何にすべきかと実に苦慮致して居りますとの旨申上げし処、私は宮内庁の事を内大臣といつてはおかしいが、宮内庁長官の外に政治との連絡として閣僚の一人がなつて、国でも皇室の大事には与るといふ事は私はいゝと思ふのだがネー。首相では総ての方を裁く立場で主張する立場でないから、閣議といふか、内閣で宮内庁の事を反映させる連絡する閣僚が一人あるのがいゝと思ふがとの仰せ。現在の憲法の立場ではそれは一寸六ケしいのではございませんでせうかと申上ぐ。次に陛下は御持論にて、宮内庁にいゝ人が来ないといふが、それは昔の御料局のやうな大きな収入は望まぬが、収入のある財産と国庫からの予算とを受けて定員の俸給も自由な別個のものとなれば余程いゝかと思ふ。公務員でなくして了つてやつて行けば、独立して余裕も多少あるやうになれば非常によいと思ふとのいつもの事仰せあり。

〔話題を転じたく〕神社関係の問題でありますが、独立後には昔しの様に勅使等の御願もあります。現に靖国神社は臨時合祀祭には勅使も参向して居りますが、例大祭には御供だけのやうに存じます。鹿島、香取など戦争中に勅使の例の開けたのもありますが、之は綜合的によく研究する必要がありますので、次長〔宇佐美毅〕は神社局にかつて勤務致しましたし、掌典とも協議の上立案する事と存じますから、其上で綜合的に御許しを得たいと存じますと申上ぐ。

次に、東宮様も御順調に御旅行のやうでありますが、英国は多少今までのやうでなく日英同盟の陛下の御渡英の頃とは違ひますので、最近の戦争の時の捕虜が歓迎しないといふ様な記事(254)が新聞に出て居りましたと申上げ、一寸くもつた御表情あり。矢張り時代が違つてるからネーとの仰せ。

次に来月は、四日に〔国立〕科学博物館へ御一方で行幸の予定になつて居ります。貝類等の御説明もありますやうで午前中位かと存じます。猶三日の憲法記念日は催しはないらしうございます。六、七、八は千葉県の行幸啓で、十二日は学士院授賞式行幸、十三日は右御陪食と教育制度〔学制〕八十周年式典であります。二十五日は芸術院授賞式々典であります。差当りはまづかような点で……と申上ぐ。

選挙はどうなるか知らぬが、吉田と重光と連絡してやるとい丶と思ふ。私が一口いへるとい丶のだがなーとの仰せ。陛下は政治上には何事も仰せになります事は出来ませぬので残念でございますと申上ぐ。それは分つてゐるが一口私がいふのが一番い丶のだがネーとの仰せ。

又御話中、先月二十八日常盤松送別会の時の東宮様の皇族方に対し御話具合と、姉妹方等との御話具合に差のある事を、部屋の具合もあるかも知れぬが遺憾とて、皇族を交へぬやうしたい御希望の旨の御言葉あり。それはいけますまい。その会合で全部の御話のよくなるやうすべきと思ふ旨申上ぐ。

四月二一日(火)　御召し御座所　一一・四〇―一二・一五

昨日マーフイ大使が一度ならずいつた事だから、島(田と仰せになる)が知つて丶吉田に報告したかも知れず、又吉田も岡崎もそばに居たから聞こえたかとも思ふが、大使は私に米国へ行つてアイゼンハワー大統領とあふとい丶といふ事をいつた。私は六ケしからうといつておいたが、一度ならずいつたから吉田に一寸いつといてくれとの御話。それは出来ませんでございませうと申上げし処、私も六ケしいとはいつたが……又行くとしても東宮ちやんの帰らぬうちは行かれぬし……と仰せになり、之は一寸驚く。問題になさる迄の事でなしと思ふも、首相に伝へるだけは伝へてよろしきに付承る。

それから選挙の結果だが、絶対多数を自由党がとれなかつたが、[255]此際どうしても国の為に安定は必要だから、吉田が改進党と連立内閣を作るが一番い丶と思ふ。緒方は重光とわるいかも知れぬが、それは繆斌(みょうひん)問題[256]の事もあるかも知れぬが、この大事の時期にそれにこだわつてはいかんとの意味仰せあり。次には重光が内閣を組織して自由党が外部から後援するといふ事も考へられる。之は吉田が過半数でないからといふ事だが、それでなければ吉田が単独で政権をとつて又解散するといふ事だ。又別に考へれば社会党に政権を譲つてその手で何れ解散といふ事も考へられるが、第一の連立が一番よいと思ふ。田島は緒方と懇意故、一寸これをそういはずに伝へてくれとの旨仰せあり。ハイ、何とか一度緒方にあひませうと申上ぐ。そう何とか房之助と仰せあり。久原〔房之助、元逓信大臣〕でございますかと申上ぐ。ア、久原あれと広川〔弘禅、東京都第三区が選挙区〕のおちたのは愉快だネーとの仰せ。御同感でございます。都会はあゝいふ風に反応して広川は落ちるが、地方では比較的鳩山派が出てるネーとの仰せ。地方は矢張り地盤といふものが物をいゝますでございませう。左社がそれにしても随分意外に延びましたが、之は軍備反対のはつきりしてます事が母親とか婦人とかにひゞくのではないかと存ぜられます。自由党も其点鳩山や改進党程憲法改正を申しませぬからよかつたかと存じます。改進党の北村徳太郎〔元運輸大臣〕が落ちましたが、真面目の人で惜しいやうな気が致しますと申上げし処、松岡駒吉の落選は惜しいとの仰せ。兎に角緒方に一度あふ旨の言上す。

東宮様のニウスは御覧でございますかと申上げし処、見てるよとの仰せ。田島は昨日拝見しましたが、実に御楽しさうでございますと申上げし処、吉田が飛行機なんとかいつてたが船の方がよかつたよ。楽しそうなのはマーチヤンなど好きだからネーとの御話。昨日メイヒユー〔駐日カナダ〕大使にあひまして、メイヒユーの子息も副総督〔Clarence Wallace クラレンス・ウォレス、ブリティッシュコロンビア州副総督〕の晩餐会に出席の旨をきゝましたらば、新聞記者で三十六才とかで codes ではないといふ事でありました。カナダの停車は一時間もあると見えましてと申上げし処、私はカナダは知らぬとの仰せ。十月以後の陛下の御都合もありますので、東宮様が御帰途も船を御好みか飛行機か御問合せして、先きの事ながらそろそろ十月の順序を考へるよう次長に申した事でございますと申上ぐ。

今日は、次長は新聞記者の接待で新浜〔鴨場〕へ参りました。又二十四日は松影会[257]で皆集ります。松影会には集るが力になる人間はそう来ないネーの旨仰せあり。

又、皇族の国会開会式へ〔の〕出席は特権であるが、同時に私は義務とも思ふので義務として出席されるといゝと私は思ふのだがネー、と又も皇族、元皇族の問題に関係ある御話となり、朝香さんなんか追放の軍人であつた人も恩給は貰へるのかとの御尋ね。直接に調べた事はございませんが、山梨大将が先日の久邇さんの洋行問題の御話に出ます時、やんわり外の事から申上げるといふ話で、まづ第一に海軍中将の朝融王の恩給額はいくらいくらと申上げたといふ話をきゝました故、陸海に差はありませぬ故、元皇族の軍人は御貰ひになる事と存じますと申上ぐ。

猶、御話中テレビ御満足にて特に天気図、将碁〔将棋・囲碁〕、バレー等音声のみでない姿を見て珍しいとの御話あり。

四月二二日(水)　昨日の御召しに応へて御座所　一一・三五―一一・五〇

昨日の話の、東宮ちやんの船の方がいゝといふ話ねーとの仰せ故、イエ、只航海を御楽しみのやうでございましたから、或は御船になさいますか伺つて見ませうと申上げました次第で……と申上げし処、そう、兎に角桑港立つのは九月末位になるか、十月になると颱風の季節になるから飛行機ならその上を飛ぶし速力が早いから調節が出来るが、船では速力はおそいし低い処の風はさけられぬから……との仰せ。ハイ、単に何れになさいますかと伺ひます丈けで、随員の方で気候其他殿下の思召等考慮してきめる事と存じて居りますと申上ぐ。一寸それをいはふと思つたとの御話。

それから、天長節の事で来年のことだけれども、元は内廷皇族、照ちやんなんかも未成年でも出たがと側近、侍従、侍医、侍従武官、それから次長迄と一所に食事をして、御祝御膳はなかつたから、菊栄親睦会をどの範囲にするかしらんが、親族をこういふ風にして晩食によべばいゝではないか。左すれば拝謁後の御祝酒はやめていゝと思ふとの旨を仰せあり。その、親族の範囲を元皇族の範囲より近い方々に限りたき御意思の如く拝せられし故、此際は其方法でありますれば光輪閣などで元皇族方の親族迄ふくむのは論外でありますが、いつも菊栄会として御召しになりまする範囲の方はへらしてはどうかと存じます。例へば賀陽〔恒憲〕さんは御親類関係は比較的御薄いとは申せ、別扱は如何かと存じますと申上ぐ。それから昔は側近といふ観念は侍従職関係に限られましたが、今日では宮内庁の役人は全部側近のつもりで勤務致して居ります考へ方に変化しつゝあります故、側近は此度には不必要で、いつもの菊栄親睦会の通りでよろしいかと存じます。又此考へ方は一応考へましたが、陛下が服装の問題で夜のモーニングはとの仰せもあり、また御祝御膳は儀式的の重いものかと存じました故、どうかと思つて居りましたが、御祝御膳はそういふ風に昔はなかつたと致しますれば御召物だけでありますが……と申上げし処、イヤ、私がモーニングは晩餐におかしいといつたのは、外部の総理や何かを呼ぶ時の事をいつたので、内輪の内宴的にはモーニングでもいゝと思ふとの仰せ。それでは拝賀祝酒といふのが儀式的で、その晩の御飯は懇親的でございますかと伺ひし処、いやその中間のやうなものだが……そうすれば祝酒はいらんと思ふとの仰せ。それでは午前に一度拝賀に参内、又夕に御食事に参内といふ事に……と申上げし処、拝賀は儀式的だが夕食に近い時で一度でもいゝといふ様の意味も仰せあり。今回の御許しを得しやり方は賜餐的で、陛下が卓を共になさらぬ事に不十分の感を御持ちの様に拝す。又そうやつて晩にすれば旧奉仕者を翌日にまわさんでも済むと思ふとの仰せにて、可成一日に遊ばしたき御気持の様に拝す。猶昔のやり方は、内廷皇族と側近の為に高松さんなんか御不平をいはれたとの御話。ハイ、大体御思召の方向は一応考へて居りました事故、来年はその線で考へます。思召は承りましたと申上ぐ。

四月二四日（金）　侍従次長を通しての御下問もあり 願出御座所　二・三〇―三・三〇

二、三申上げます。千葉県行幸啓の事は昨日、一昨日、主務官、〔曽我部久〕総務課長が下検分致しまして……又行つたのかとの仰せ。ハイ、御食事を願ひます処、県立水産学校〔安房水産高等学校〕を検分して参りました。こゝと今一つ千倉港がふえました丈け、あとは前回御許しを得ました通りでございますから、九時御出門、十二時迄御食事といふ事に相成りました。よろしいとの仰せ。

次に、米国大使の申上げました陛下に御来米願ひたいといふ事は、吉田は大磯に居りますので緒方に首相へ伝へるよう頼んでおきました。首相にも聞えたかも知れませぬが、六ケしいと仰せになりました事を伝へるやう申しておきました。

次に政局の事は、陛下が政治上に御関係になつたとなりませぬやう、緒方を訪問しまして可なり話合ひました。新聞に広島で語つて居りまする事(258)にも一部出て居りまする と略同じ事でありますが、第一にもう解散はしませぬと申して居りました。田島も解散はいけませぬよ、或は社会党に天下をとらして向ふが解散するにしても、自由党でもう一度解散は駄目です。そして解散前の野党連合で吉田内閣打倒を叫びましても、一旦解散となり総選挙の結果の出ました以上は、今迄の事は御破算故、保守勢力の連合といふ事が一番望ましい旨を強調しました処、改進党とは何等か連結したい希望をもつて居りまして、改進党の方が自由党を助けたいといふ様な声明を出してくれるとい丶と申して居りましたが、之は少し緒方も手前勝手の言をすると思ひましたが、蔭で引抜くとかいふ事はいかぬと申しました処、それはせぬ、堂々と協力したいと申して居りましたが、鳩山派には持ちかけぬ様な話振りでありました。それからその際、緒方と重光とが繆斌問題の尻尾を引く様の事のないやう申しました処、そんな事はありませんと申して居りましたが、緒方は重光を軽く評価し、つまらぬ奴のやうに申して居りました。外交の事は多少分るとしても人間がつまらぬといふやうな事を申し、大阪の実業家に接触せしめましたが、その評判でも何をいつてるか分らぬ人だとの評判だと申して居りました。それにつき、吉田の周囲にはお茶坊主のやうなのが多くて吉田を誤る故、緒方はその事なきやう吉田を適当に調整して貰ひたい、時々は我儘をいつた場合には緒方に抑へて貰ひたい旨申しました処、矢張り緒方と吉田とは余程よろしいと見えまして、そんな事はありませんよ、此間もよく協調して自由党独力でなくやつてゆくやうな口調でいつてましたよといふ様な訳でありまして、参議院の結果を見てから保守派の連繋の事を何とか致すもの丶様に存ぜ〔ら〕れましたと申上げし処、そうかとの旨仰せあり。どうも外交の事を弁ずるものは内政の事が分らぬし、内政の者は外交が分らぬ。木戸は矢張り国際情勢の事は余り分らず、松平恒雄〔元外務次官、元宮内大臣〕は内政はどうも分らぬ為、此二人はどうも仲がよくなかつたとの仰せ。どうも左様のやうで、原田〔熊雄、西園寺公望の元秘書〕、木戸、近衛の線では池田成彬などにも話しまして、東条内閣中に松平宮相更迭説を考へ、前田多門〔元文部大臣〕に近衛から後任の話があり、田島は前田の相談を受けた事があり賛成しましたが、之は実現致しませなんだ。そういふ意味で、近年では原敬

〔元総理大臣〕、加藤高明〔元総理大臣〕は一寸すぐれて居つたやうでありますが、原は外務省〔通商〕局長の上に内務大臣も致しましたし、加藤は外務の外、大蔵省に勤務した事もあり、此二人は傑出してゐたやうに思はれますが、両方の為でありませうと申上ぐ。

加藤武男〔元三菱銀行会長、池田成彬の義弟〕と申し、七十五才位の元三菱の総理大臣であつた人があります。いろいろの事を知つてるといふ様な点はむしろ貧弱でありますが、物事の肝心の事を見抜き把握して、平素寡言の人が信念的に確信を以て之はといふ事は主張しつゞける性格の人で、一度は拝謁を賜りたい人物と思つて居ります程の人でありますが、向井と共に経済の最高顧問として吉田に近く、吉田も加藤の言には耳を傾けるとの事であります。田島は懇意の先輩で何でもいへますし、池田の親類でありますが、池田も加藤の人物を認めて居りました故、一度尋ねて保守系の協力を吉田にいふ様話して見やうかと存じて居ります。彼も同意見かと存じますし〔と申したのみで、小泉が秘密に話してくれし秋山〔孝之輔〕煙草〔日本専売公社〕総裁と共に、加藤が吉田に相談して改進党を自由党に近けんと試みし話の事は、小泉に敬意を表し陛下なれども秘して申上げず〕……の程度に申上ぐ。

それから、一万田の此間の御進講は、少し政治家的のいゝ方で、然らばこうするといふ案がなくてどうかと存じましたが、有明湾の干拓の事につき侍従次長に御話の件は早速電話致しましたが、外出中で後刻返事があると存じます。あの時の話の通り、食べねば生きられぬ食糧が五億弗、二千億円以上外から買入れねばならぬ国柄で、之はどうしても対策を立てねばなりませぬが、米では或は無理かも知れませぬのが、何とかして食の問題を真剣に考へねば駄目でありますし、又衣の問題も原料の綿は輸入であります故、自給しますには石炭が無尽蔵にありまする故……と申上げし処、そうだ化繊でやらなければだ。総てそういふ風にして自立する為には、労働者も西独のやうに国の事を第一に考へて、ストライキなしで資本家も労働者に出来るだけの事をして相互に協調するやうにして貰ひた〔い〕。賃上げ計りを要求してそれを消費面に使ふのでは物価の騰貴となり、どうしても駄目だ。

貯蓄をして生産に寄与するといふなら賃上げもいゝが……此点どうももう少し日本の将来に注目して国民全部が真剣になつて貰へないものかナー、との御話。誠に御尤も御同感の事故、政治家共が己等の党派の事を考へ又は自分の勢力を考へて国の前途を考へませぬやうな事は慨はしいと存じますと、平素の持論故大いに同感申上ぐ。

それから、中共引揚問題につき、或は〔山県〕厚生大臣、或は〔犬養〕法務大臣、又場合によりましては木村保安〔庁〕長官等より、引揚―治安一般申上げまするやうとの予ての御話でありますが、選挙中は到底駄目でありましたが、今日済みましても、政権が問題なしにどこに行くか分つて居りませぬ。今日大臣連はまだ一寸時間の余裕を持ちませぬと存じます。吉田も明日は上京するらしくありますので、御希望の点を伝へまして何大臣が一番適当か調べて貰ひ、時間の余裕の出来次第、御進講申す事に御許しを得たいと存じます。そうだ、急がぬから適当の時に……との御話。

それから、林のやつてた保安隊の事だが、之からは海軍もあるから統一して木村からきくかとの仰せ故、木村は奈良で最初優勢で天理教の〔中山正善、天理教二代〕真柱等も援助致して居りましたが、革新も中々勢力がよく何とも分らぬ情勢との事であります。政局収まりましてから木村からか、それとも陸軍〔林敬三、保安庁第一幕僚長〕、海軍〔山崎小五郎、保安庁第二幕僚長〕両幕僚長からか別々に申上げますかよく打合せます。飛行機も浜松で既に始まつて居りますが[259]、あれは只附属的に必要な程度のもので、只今は空軍といふものではないとの事を先日林が訪問して参り、申して居りました。又序に北海道の様子もきゝたいと存じて居りますと申上ぐ。そう、之も急がんでよろしいとの仰せ。

それから、昨日米人二名、名前を一寸忘れましたが、急に又今日午前に拝謁願ひたいとの事で、式部官長もその意見のやうでありましたが断りました。田島が二十四日に一度願ふ御許しを得ました処、Murphy〔駐日米国大使〕の都合で先へ延ばして貰ひたいと申して来まして、一先づ二十四日はやめになりましたのを又二十四日と昨夕申して参りました。あまり勝手であります故、更めてと申さうとしました処、大使の延ばすといふ事が本人等によく通じなかつた事から起きた米側の失態を、日本側宮内庁のやり方の不親切と誤解されるとわるいから一つ御願ひしたらと思つた丈けで、話の本筋は田島の申す通りの松平の事故、それは人の依頼を断るは気持のいゝものではないが筋は通すべきもので、そんな事に誤解するのがわるいので、それを余計に恐れて卑屈はいかぬ事も確かに真理といふ事で之は断りましたが、更めて願出の節は御願致しますと申上げし処、その話は私は何も始めから少しもきいてゐないよとの御話に一寸驚き恐縮し、それは何の手違でありましたかしりませんがと申上ぐ（一寸吃驚して御詫びとも申上げず、心中、式部、侍従職取調の上と思ふ）。朝融さんもそうで、つい断りはいやだからになるとの仰せ。官長もどうも個人的の問題にも頼まれていやといひ切れず、却てあとで困る事もあるやうで、内大臣府にゐた子供の母諸共に家を貸し、今一寸手こずつて居りますやうであります。少し意思の弱いと申しますか、頼りない点がありますのが、どうも吉田が松平をよく評価せぬ理由かと存じますと申上ぐ。田島は力めて断るべきは断るやうに致して居りますと申上ぐ。

それから、今日は松影会で多勢拝謁させて頂き、又長く御言葉を賜りました様子で、武者小路〔公共、元宗秩寮総裁〕は栗の御話をして居りました。山梨も今朝訪問しまして、New castle の東宮様不歓迎の事に関し、日本の海軍の為に盛になつた町のくせに[260]……といふ様な事を申して居りましたが、英国は近来多少自国の左り前の為か、日英同盟時代とは日本に対して違ひますようで、まだ独立前 George VI 崩御の時に挨拶のありませんでした事で吉田と相談しました事は先に申上げました通りでありますが、独立後の今回の Queen Mary の御不幸に花輪を御出しになり大使を使節に遊ばした事、当地弔祭式に宮様御差遣の事に対し何の挨拶もありません事は、George V の前例と大差ありますので、田島は心中気に致して居りますが、此際は事をあらゝげぬ方がよろしいと存じて居ります。そこへ今日、英国大使館から月曜に〔デニング〕大使が田島を訪問するとの事で、その事かと存じて居りました処、きゝますれば秩父宮薨去の御親書に対する御答書らしうございますと申上ぐ。

それから記録の事を御始め願ひまする為に少し勉強致

しましたが、張作霖事件から始めましたがいゝと申上げし処、田島は忙しいだらうから……との仰せ。イエ、少しづゝさせて頂きますが、あの時分外務省は不介入で、有田〔八郎〕がアジア局長でありましたが、させられぬやうに致して居りましたやうでありますと申上ぐ。イヤ、有田は少しどうも逃げるやうなところがあるよとの御話。又海軍はあの頃どんな態度でありましたかしら、何れ日時は永積から御都合を伺ひますと申上ぐ。

それから今日、松影会の前に次官でありました白根松介〔元宮内次官、中央更生保護審査会委員長〕がやつて参りまして、免囚保護の仕事を致して居ります関係上、戦犯の事にも関係がありますので宮内庁長官としても一応知つておいて欲しいと申しまして、戦犯の事、主として巣鴨に関してのことを申しました。特に皇室、陛下に対する怨言のある事を申し、平和条約第十一条の廃棄説を申し、吉田は駄目だが重光は之をすべきだなど申して居りました。田島はチヨイチヨイいろいろの方面から知らされてるといふ旨で相手をしてきゝましたが、モンテンルパやマヌスの事は余り知らず、家族扶助の事も世話人会があるとの事だけでありました。二億円の監獄費を使ひ行刑は日本がやり、赦免は外国といふやうな十一条は困ると申しまする故、田島はモンテンルパやマヌスを巣鴨に移したいと思ふ事からいへば、日本の行刑にするのはいゝ事と思ふし、赦免もあの時では先方国の握るは止むを得ぬと思はれるが、何等一つのプラスなき事をどうしたらいゝか具体的にありますかきゝましたが、吉田など余り努力してないといふやうな話でありました故、特に蘭英仏に人を出してるやうであり、大使を通じ外務省自身も在京大使に任してるやうで、此上別に手は考へられぬではないかと申しました。又天皇に対して由々しき事を申して、今日天皇陛下が如何に御心配になつても外国使臣に仰せになる事も、国務大臣に尽力せよと仰せになる事も憲法上又敗戦の今日妥当でなく、家族扶助の資金を賜ふも又戦犯といふ事で穏当でないとしますと何もなすべき手はないではないかと申しました処、それらの点は皆そうだと申して居りました。要するに此頃陛下に言上致しました以外の新しき事は何もきゝませなんだが只一つ、あの黙れの佐藤賢了〔元陸軍〕中将[261]が休暇で銀座のすしやに表はれ、(262)知人にあつた処、嶋田大将〔嶋田繁太郎、元海軍大臣〕はどうしてるときかれ、明日又一所につれて来ようといひ翌日二人で現れたとの事をきゝました。之は自由を得たいのは尤もで、家族を慰めるはいゝと思ひますが、銀座のすしやなど……どうも不謹慎の様に存じられます。之は逆効果で、こんな自粛ない行動は赦免を後らせるものではないかと存じますと申上ぐ。嶋田もそんなになつたかネーとの仰せ。十万円田島の交際費を出しました事は一言も致しませせなんだが、おきゝした程度の事は陛下にも言上してあると申しておきましたと申上ぐ。

四月二四日(金) 願出御文庫　五・三〇―五・四〇

おそく出まして、〝イヤ〟、先程申上げました一万田の有明湾干拓はあの後電話がありまして、出来たらいゝという考の程度で、利害の研究などした具体案ではないといふ事でございます。それから又拝謁の事でありますが、カムポヂヤの王様〔Norodom Sihanouk ノロドム・シハヌーク、カンボジア王〕が非公式で来朝されて拝謁したいといふ事であります。今日官長は用件があつて外出致しまして、後藤〔鎰尾、式部職外事課長〕が外務省との話合で参りましたが、こういふ多少六ケしいものは官長だと相談しいゝのでありますが、後藤は少し物事がハッキリ致しませぬので……ウン、そうだの意味仰せあり。陛下に御願致します事を〔田村〕儀典課長から申して参りますので係ではありますが……岡崎なり次官なりに確めは致しますが、その案件で一応御許しを得たいと存じます。それは元は仏領印度支那のベトナム、ラオスと共に半独立のやうな国でありますが、桑港条約には戦勝国として条約国でありますそうで、丁度英国の加奈陀、濠州のやうな形との事であります。加奈陀はエリザベス女王といふ世襲の方が元首で、マッセー〔Vincent Massey ヴィンセント・マッセイ、カナダ〕総督といふ世襲でない人が総督といふ名の王様見た様なものでありますが、カムポヂヤの場合は仏大統領が元首で世襲の王様がマセー、加奈陀で申せばの地位とでも申すべきかとの事であります。そう致しますと日本には公館はありませんので仏国大使館の関係となりませうが、国王としてはあまりそれを喜ばぬとかも申して居りました。兎に角右の資格で今回は incognito〔お忍び、イタリア語〕であります故、式部官を旅館迄迎行し、官長玄関に迎え、陛下は入口前の辺まで御出ましを願ふ程度の式で願ひたいと存じます。先づ御目に懸つてから観光に出たいといふ事で、一応月曜日に御願ひ出来ませぬかと存じます。よろしいとの仰せ。

時間は午前十一時に皇后様に独乙人の拝謁がありますが、故、午後三時、西洋流の人だらうから私は早い程いゝが、まア三時ならいゝだらうとの仰せ。それでは先方さへよければ二時半でもよろしうございますか。よろしい。まア三時としようとの旨の仰せ。食事はいゝのか、食事ならば十二時半だとの仰せ。その点は後藤にもきゝましたが、それ迄には及ばぬとのやうでありましたが、今一度外務省と打合せますが、兎に角二十七日は拝謁だけで願ふ場合がありましても更めてではないかと存じます。何れにしましても一応二十七日午後三時と御許しを得まして、更めて正式に御願を願ひますと申上ぐ。[263]

四月二十七日(月) 願出御座所 一〇・二五—一〇・三五

只今約束に従ひ、秩父宮薨去に関する御親翰に関するエリザベス女王陛下の御答翰を、デニング大使が服装を更めて持参致しました。之でございますと差出す。御開封になり、訳をつけて出してくれとの御話。雑談を少し交へましたが、チヤーチルがガーター勲章を受けましたと新聞記事にあつたがと申しました処、私にはショックを与へた。ロンドンではキングから曽て貰へとの御話の時も辞退して Mr できた人が今度貰ふのはどういふものか、引退するのではないか。首相の席次とガーターの席次といふ様な話がありました。[264] 臣下では、デニングはガーターに叙勲せられた人は、外相をやつたチエンバレン〔Sir Joseph Austen Chamberlain サー・ジョセフ・オースティン・チェンバレン〕丈けだと申して居りました。[265] 秩父宮様の御答翰は結構でありますが、Mary〔太〕皇太后に対する事に関しましては前例のやうな挨拶がありませんが、東宮様の御出掛の際でもあり、此際はまア沈黙して居ります旨も申上ぐ。

それから、此頃御話の政局安定の事は、その後の様子をきゝますのに、大分改進党の方に動いて居りますやうでありますと申上げ(前回加藤の名前も申上げたれど加藤武男極秘といひし故、加藤、向井にて十八日吉田訪問の事など申上げず)。あの、とて、メーデーに皇居前広場を使はした方がい丶ではないか。条件を附して、例へば秩序は完全に守るとか、皇居に対して不敬はせぬとかいふ事を附して許したらい丶と思ふとの事、繰返し仰せあり。昨年も其御話を伺ひまして左様にも存ぜられまするが、政府の決定すべき事で、本来は厚生省所管問題でありますが、今では内閣の問題のやうになつて居ります。之は政治問題となります事故、何とも仰せになりますは如何かと存じます。適当な機会ありますれば陛下の仰でなく申しませうが……位の旨申上げ退く。

四月二八日(火)　御召し御座所　一一・〇〇―一一・二〇

あのネ、今日カンボヂヤの王さまにあつたが、最初は仏語でぐづぐづいつてらしつたのだが、私が一寸ひつかけたのよ。あのラオスの方へ大分進んで参りましたが、貴国は御心配の事はありませ〔ん〕かと一寸いつたらネ、それまでと違つた仏語が非常に流暢によくしやべられて、仏から独立したい、印度やパキスタンの英国に対するやうに独立したいといふ事を非常に熱心にいはれて、日本の助けを得たいとしきりにいはれる。そこで私はフランスとの関係もあり、よくなつた処だから、それに対しては決してオミット(commit の事をオミットと仰せあり)はしない、何もオミツトしない。只、仏と英で共産軍に当られるを望ましいといつて、もつといはれたら話題をかへようと思つてた。それでもういはれず随員を御紹介したいといはれたからそれですんだけれども、どうもあれをい丶たくて拝謁といはれたと思ふ。勿論、田村から外務大臣、首相にも報告すると思ふけれど、為念此事を緒方にでも話して総理の耳に入れるやうにして貰ひたいとの仰せ。ドンナ方でございましたか、いくつ位の方で?と伺ひし処、年は分らぬが若い方でよさそうな方だと思つた。非常に熱心に日本の助を欲しいといつて居られたが、私は何もオミツトしなかつたと重ねてお話あり。緒方に早速通じますと申上ぐ。

それから、昨日侍従次長へ御話のありました、小泉洋[266]行の毎日の記事の見出しが思召に反するの旨の御話で、朝日か何かに働きかけたらば……との旨も拝しましたが、実はあの記事の前に毎日が次長の処へ来て申しました故、宮内庁とは何もないと申しました処書いて了ひました次第で、内容はチヤンと文化使節といふやうな事も書いてありますが、標題はアンナ風になつて居りますが、小泉の洋行の記事は此際皇太子様と連絡して考へなければニウースになりませぬ故、外務省方面から出ました種を以てあゝ書きましたのだと存じますが、あれの出て以来朝日、読売などきゝに参りますそうですが、宮内庁は関知せずといつて居りますそうでございます。然し出発も迫ります故、今日小泉と直接新聞記者にあひまする。次長と電話で打合せまして、口の違はぬやうに新聞社にはいふ事になりまして、戦後の欧米文化は一度見たいと思つてゐたが、政府、外務省が内閣からいかんかとの話がありましたのを、小泉と致しましては今回の御一行に加はる意味でなく、将来御教育上是非必要と思つて御受けした、その意味では宮内庁も至極結構と思ふといふ旨に口を合せました次第で、此問題はあまり此上何もないかと存じますと申上ぐ。毎日が朝日の秩父さんのあれ(267)で何かやらなければならんのだらうとの仰せ。どうも新聞社の競争の為に近頃は害を被りますので……申上げし処、いや、それは戦争前でも同じだよ。新聞は事がなければ駄目で、けんかなどさせる位のものだとの仰せ。ハイ、どうも事あれかしの方でございますから……兎に角右様の次第で、此問題は御思召に背くやうな事はないと存じますからと申上ぐ(昨日侍従次長への御話の旨、及元来の経緯より多少困難かと存ぜしも、非常にニコニコの御様子にて安心す。小泉氏にも此旨後刻電話したり)。

それから松影会の時に久しぶりに山梨にあひました故、今回は直接朝融王に何もいはずに片付いて、あなたの方策の方が成功でありましたがとて官僚新聞を渡しましたらば、貸してくれとの事で貸しましたと申上げし処、イヤ、穏当な方法はいゝけれど新聞に出て了つた。早くやれば新聞に出て久邇さんの名誉も保たれた訳だよ。名誉の点からいへば、矢張り穏和にやるのは……との仰せ。ハイ、此頃の人形の献上も、余り皇后様の御関係もあり、些細と存じ其儘に願ひました事が、毎日の色紙に染筆の問題となりました。あゝいふ方はどうも穏健にして御自分で考へて頂くといふ事が出来ませぬので……と申上ぐ。

繰返し穏和方法の為め新聞に書かれ、名誉を失墜した旨を仰せあり。朝融さんには油断はなりませず、誰かおつきして貰ふ必要がありますと申上ぐ。

外にきく事はないかとの仰せ。差当りございませぬが、天長節の御祝御膳は只今大膳へ参り献立を見て参りましたが、非常に御儀式的でもありませぬ故、来年ならばその拡大と申しますか、菊栄会の方にも晩餐に御よびの方で御召物の問題も適当に解決せられるかと考へて居ります。洋食に願ひましてと申上げし処、イヤ、和食でもいゝよとの仰せ。御午が和食でありますから……と申上ぐ。要はその線で一つ研究を致します。皇室の御親族の公的の資格の問題は、国会がこんなでは駄目[268]で、この問題は矢張り吉田でありませぬといけませぬと申上げし処、それはそうだ……未成年だが清ちゃんと義宮さんは入れるやうにしてとの御話。ハイ、内廷皇族といつもの菊栄会の方との御会食といふ事に考へて居ります。今年は駄目でありましたが、来年はこういふ線で改めたいと存じますと申上げ、退下す。

四月三〇日（木）　朝御召しの節不在に付伺ひし処御文庫　五・〇〇―五・三五

今朝御召しの節不在で御無礼申上げましたと申上げし処、イヤ、あの昨日は先づ大体よかつたネーとの御話。陛下は随分重労働でございましたから御疲れではございませんでしたかしらと申上げし処、イヤ、つかれない。それに関連してる事だがネー、元皇族を来年は御祝御膳をやめて晩餐に招けばその方はいゝと思ふが、未成年者であるが、義宮さんと清ちゃんは入れてネー（と之は前回も念を御押しになりて二回目なり。非常に念を御押し）。御内宴でありますから内廷皇族皆様と菊栄親睦会のいつも御召しの方だけと存じますと申上ぐ。

そして、そうしたらあの祝酒といふのをやめたらいゝ。皇族さんなどダブル。高松さんなど此間少しも食べない位だとの仰せ故、ハイ、それは承りました。そこで次の問題は、御祝酒なしで午前の御祝詞言上と六時頃の御晩餐と二度参内が果してよろしいかどうかの問題でありまして、或は晩餐に御招きの前に外人の御茶の時の様に休処に一度両陛下御出ましの節、皆さんの祝辞を御受けになるといふ事も考へられますが……と申上げし処、それは元皇族さん達の経済で、自動車のガソリンが二度往復して損だといふ事でもあるなら夜だけにしてもいゝよとの仰せ故、矢張り拝賀の儀式はあつた方がよろしい御考へでありますかと伺ひし処、それは自動車のガソリンの問題だと御繰返し故、あつた方がよろしいとの御思召と拝察する。

それから之にも関係してるが直接でもないが、元皇族の待遇がそうなればその方の不平はとれると思ふが、来年迄には栄典法が出来るだらうか、栄典法では勲一等といふものが出て来るが、之をどうするか考へぬといかんと思ふとの仰せ。今回は大勲位とか勲一等とかいふ事は廃しますと申上げし処、それでは一本かとの仰せ。いえ、英国などでナイトとかコムマンダーとかいふ勲章の名称の変化で結局は等級はありますが、等級をいはず、勲章の名前で旭日大綬章とか中綬章とか申すので、其佩用者といふ事になると存じますと申上ぐ。結局勲一等に当るものが出来る訳であり、又古い勲章を認めるとすれば現在の勲一等の内にはあまりそれに値せぬのもいるけれども、制度として栄典をきめた以上、何とか宮廷でも待遇せねばならぬと思ふがとの仰せ。宮中席次の問題で勲一等はたしかにありましたが、新勲章の勲一等を貰つた者と旧勲章との間に区別が多少ありますかどうか、栄典法が成立して見ねば一寸わかりませぬが……(と申上げしも、元皇族のいはゞ失地回復の如き観念にて、天長節御招きその他を御考へになり、又その根底には久邇さんの毎日新聞に関する不平を皇后陛下に仰せになりし事、又きけば照宮さんも何か仰せにて、何とかいはゞ逆コースの事をせねばならぬやうな御思想傾向にて、総て御話が此頃中出る事と拝する故)来年迄によく研究を致しますると申上ぐ。

栄典で勲章が回復して勲一等は何とかなるとすると公侯爵はどうするか。随分さびしがつてるらしいが、拝謁とか何とか考へねばならんネーとの仰せ故、毎度申上げますやうに、天皇制を少き御近親の皇族の外はすべて平民といふ事はどうも無理で、若干の貴族はなければ一寸変とは思ひまするが、新憲法と共に貴族がなくなりました以上、旧華族とか旧公侯爵とかを表向きに認める事は無理ではないかと思ひますから、内廷的の事になりますが、之とて一寸よく研究致しませんと、所謂逆コース等の世上の説もありまするし、一寸すぐどうといふ事は出来ぬかと存じます。之は只今御話を伺ひながらの思付きでありますが、大勲位ではありませぬ菊花章が認められ、旧大勲位も同等となりますれば、国の栄典故、公式に元皇族が国事にも御出になり得る事になりますが、其問題の解決にはなりませぬ。御近親の盛厚さんは桐花章でありますし、平通〔鷹司平通、昭和天皇の三女和子の夫〕、隆政〔池田隆政、昭和天皇の四女厚子の夫〕両氏は勲はありませんから、御親族問題の解決は充分今後考慮する必要があります旨言上す。

英国は王室の勲章があり、国王が自由にやれるビクトリヤ十字章といふのがある。日本でも貰つてる人があるバス勲章などよりも光栄だといふ人もある。栄典法に盛り込めぬかとのことに付、それは研究を要しまするので英国の随員にでも書き送りませうが、中々六ケしいと存じますと申上ぐ。

先刻御話の公侯爵に関連致しまするが、華族を復活する事は出来ませぬ故、或は麝香間祇候とか、錦鶏間祇候とかいふものとも考へられますが、あれは法律上の性質が明白でなく、皇室令が新憲法で無効となつたといふ程ではありませんが疑問があり、又少くも妥当ではなく必要ないといふのが一般の常識と存じまするので、これは止めることに内閣と協議をしたいと存じます。仏蘭西共和国にも侯爵などあるから何とかすべきだとは思ふが、此制度は廃止してよろしいとの旨仰せあり。すべて来年迄によく考へまするると申上ぐ。

話は違ふが、三笠さんが学者の仲間のやうに学会へ来月か旅行されるとの事だが、外の公共の為にもう少し旅行せられて、又そういふ事もならばいゝが、高松さんが運動とか何とかで旅行せられるやうな風はなく、只学会の為に出られるといふのは、私が色々生物学が好きでその学会見たやうなものへ出て公共のもの、為に出なければ大変な事だ。皇族も皇族の義務を重んじて、も少し考へてやつて貰はなくては本当に困るとの仰せ。

昨日は随分大変でございましたが、来年から晩餐に元皇族方を御願しましても陛下の御日程は大体同じでありますが、旧奉仕者に対する分も翌日は矢張りいけませんから……と申上げし処、外交団は一時間かゝるとしても五時だから皇族さん等の内宴は六時でいゝし、旧奉仕者は一寸時間が足りなかつたやうに思つたが、矢張り当日でいゝとの仰せ。

注

一九五二(昭和二七)年

(1)　九月二五日から一〇月一三日に開かれた第二回世界仏教徒会議のこと。結局名誉総裁は大谷光照西本願寺門主と大谷光暢東本願寺法主となり、三笠宮は開会式で来賓として祝辞を述べた（「世界仏教徒会議開く　築地本願寺に各国の服装で」『朝日新聞』一九五二年九月二五日付夕刊）。

(2)　長井は日本仏教徒会議委員長。日本に仏教が渡来して一四〇〇年の記念事業の一環として、世界仏教徒会議を招聘した。「日本で世界仏教徒会議　九月二十五日から東京中心に」（『朝日新聞』一九五二年七月一四日付夕刊）。

(3)　高松宮は一九四五年七月二一日に日本赤十字社の総裁に就任しており、ＧＨＱによる公職追放の影響で一九四八年七月三一日に辞任するまで、その職を務めていた。

(4)　「〝もろ手あげて賛成〟　三笠宮、アジア平和会議を支持」（『アカハタ』復刊第九号、一九五二年六月二八日）。三笠宮を訪問した際のやり取りについて、アジア太平洋地域平和会議の日本準備委員会事務局長の畑中政春が語っており、三笠宮は同会議がソ連の指令で開かれるとの疑念を示しつつも、自分は会議の趣旨や日本の参加に賛成と語り、この言葉を外部に発表しても構わないとも述べたという。

(5)　三笠宮が福島県を訪問中、丹治盛重郡山市長から聞いた警察予備隊誘致を批判した。その後、市長が市議会議員との昼食懇談会の場で話して報道されたこと。「〝三笠宮が予備隊非難〟　郡山で問題化　丹治市長、交通委で放言」（『福島民報』一九五二年六月一一日付朝刊）。

(6)　本件は、第三巻一九五二年五月一二日、一三日条参照。

(7)　注45参照。

(8)　『昭和天皇実録』一九五二年七月五日条に記事あり。

(9)　たとえば、「北洋漁業船団の前に機雷」（『読売新聞』一九五二年六月二一日付朝刊）、「津軽海峡に機雷発見　夜間の連絡船再開望み薄」（『朝日新聞』一九五二年六月二七日付朝刊）。

(10)　一九五一年二月八日に拝謁している（『昭和天皇実録』同日条）。

(11)　ＧＨＱにより警察組織の地方分権改革が行われ、市及び人口五〇〇〇人以上の市街的町村に置かれる自治体警察と、それ以外の地域を担当する国家地方警察に分かれていた。これを一本化して中央集権型に戻すべきだという意味。

(12)「抑留同胞救助の国民大会開く　首相欠席に騒然」(『読売新聞』一九五二年七月一〇日付朝刊)。

(13)破壊活動防止法案などの審議に関係して、会期の延長に両院の可決が必要かをめぐる国会法第一三条の解釈が問題となった。参議院側は参議院の同意が必要と一三条改正案を出したが、最終的に吉田首相が反対して否決されたことなどの、一連の混乱を指す(「野党攻勢一段と拍車　会期延長の効力問題」『読売新聞』一九五二年六月二二日付朝刊、「首相の反対で逆転　国会法改正衆院で否決か流産」同紙同年六月二五日付夕刊、など)。

(14)「戦犯の仮釈放　閣議で検討」(『朝日新聞』一九五二年七月八日付夕刊)。

(15)神八三郎のこと。釧路の馬産発展に尽力。昭和天皇は一九二二年、一九三六年の北海道行幸(行啓)時に会った。その後、一九五四年八月一六日の行幸時にも会っている(『昭和天皇実録』同日条)。

(16)久邇侯爵家は邦彦王次男の邦久王が臣籍降下して創設されたが、一九三五年に邦久が死去した後、三条西公正と邦久の妹信子の次男である実栄が継いでいた。実栄は皇后の甥にあたる。

(17)満洲事変の際、黒竜江省チチハルで関東軍と対峙した馬占山に対し、日本側はチチハル以北への撤兵を求めるなど、当初懐柔策を採った。しかし馬はそれに応じず、結果的に戦闘に至ったことを指すか(島田俊彦『満州事変』講談社学術文庫、二〇一〇年、二八一～二九八頁)。

(18)水豊発電所は、中国との国境間際の朝鮮半島北部にあった水力発電所で、日本が一九四一年に建設。朝鮮戦争中の一九五二年六月二三日にアメリカが爆撃した(「鮮満国境の「水豊」など五発電所を爆撃　きのう米機五百が出動して」『朝日新聞』一九五二年六月二四日付朝刊)。

(19)宮内庁編『昭和天皇御製集』(講談社、一九九一年)を確認したが、該当する歌を見つけることができなかった。

(20)明治四二年であることと内容から、立太子の礼について定めた立儲令の誤記である。同令では、立太子の礼は賢所大前において行うとしていた。一九四七年五月二日に廃止された。

(21)天照大神の御霊代として、模造の神鏡を祭ってある場所。内侍所ともいう。宮中三殿の一つ。

(22)立太子の際に東宮(皇太子)に代々伝承される護剣のこと。

(23)「加冠の儀」は成年式の中心の儀式。燕尾纓のついた成年用の冠をかぶせる。

(24)平安中期の九〇五(延喜五)年に醍醐天皇の命により、藤原時平、ついで忠平らが弘仁式以降の法典を集大成し、九二七(延長五)年に完成した法典。

(25)天皇が主催して行われる宮中の新年行事の一つ。天皇の前で学者が講義を行う。皇室儀制令では一月中に行われると規定されていた。

(26)歌会始のこと。天皇が主催して行われる宮中新年行事の一つ。

皇室儀制令では講書始と同様一月中に行われると規定。天皇、皇族だけでなく、選ばれた一般からの詠進歌も読まれる。

(27) 本件の関連報道に「伊勢神宮を鉱区禁止地域に」(『朝日新聞』一九五一年一〇月一三日付夕刊)がある。

(28) 海後宗臣東京大学教授が明治時代の教育について御進講をした(『昭和天皇実録』一九五二年七月二九日条)。

(29) 共産党については、「当局、動きを重視　日共結党三十周年の十五日」(『朝日新聞』一九五二年七月一一日付朝刊)、戦犯については、「戦犯仮出所実現に重点　政府、関係国に交渉」(同紙同日付夕刊)などを念頭に置いたものか。

(30) 『昭和天皇実録』一九五二年七月一七日条に記事あり。

(31) 東京都港区高輪にあった建物。一九三一年に高松宮邸本館として完成。一九四六年に貿易庁の迎賓施設「光輪閣」となり、高松宮夫妻は別棟に転居した。一九七一年に老朽化を理由に取り壊しのうえ、跡地に高松宮邸が新築され、二〇二〇年三月から二〇二二年四月まで上皇・上皇后夫妻の仮住居(仙洞仮御所)となった(「地域のあしあと　仙洞仮御所のあゆみ」『みなとっぷ　高輪地区情報紙』四二号、二〇二〇年一〇月)。

(32) 赤い羽根共同募金運動の期間である一〇月に、東京都及び近県の社会福祉施設を皇后と訪問することが一九四八年から恒例となっていた(瀬畑源「象徴天皇制における行幸――昭和天皇「戦後巡幸」論」、河西秀哉編『戦後史のなかの象徴天皇制』吉田書店、二〇一三年、五六～五九頁)。

(33) この翌日に行われることになる衆議院解散のこと。国会召集直後に突如行われたため「抜き打ち解散」と呼ばれるようになった(「抜打ち解散まで」『朝日新聞』一九五二年八月二八日付夕刊)。

(34) 「日印文化協会を設立」(『朝日新聞』一九五二年八月一五日付朝刊)。

(35) 前出の八月二八日の衆議院の解散(「抜き打ち解散」)のこと。一〇月一日が投票日と定められた(「衆院きょう解散さる　十月一日に総選挙　首相、けさ突如指示」『朝日新聞』一九五二年八月二八日付夕刊)。

(36) 八月二五日から二七日にかけて、皇太子は松本・諏訪地方を訪問し、紡績工場などを視察した。

(37) 『昭和天皇実録』一九五二年七月二五日条。

(38) 一九一〇年にセオドア・ルーズヴェルト前米大統領が英国を訪問した際、山野で鳥の声を聞きたいと要望したことに対し、現役の外相であったグレイが案内し、二〇時間にわたり二人だけで過ごしたこと。グレイは人を幸福にするものの一つとしてrecreationが大切であるとし、スポーツや釣り、読書などを好んだ(近衛文麿「英国の大政治家エドワード・グレーの風格」『キング』一九三〇年五月号、小泉信三「エドワアド・グレイ」『読書雑記』文藝春秋、一九四八年、『小泉信三全集』第一四巻、文藝春秋、一九六七年所収)。

(39) 本巻一九五二年七月二日条参照。

(40) ガスコイン夫人(Lorna Priscilla Gascoigne)は日本動物愛護

協会の初代会長。協会については以下の論文を参照(春藤献一「占領下における社団法人日本動物愛護協会の成立」『日本研究』第五七巻、二〇一八年三月)。

(41) 九月七日のこと(『昭和天皇実録』一九五二年九月一三日条)。

(42) 「田島道治日記」一九五二年九月九日条~一三日条の記述と照らし合わせると、日本ラグビーフットボール協会総裁である秩父宮が、オックスフォード大学と慶應義塾大学とのラグビーの親善試合に天皇の行幸を希望したが、田島が吉田首相とも相談の上、天皇の行幸は行わないことにした、という経過の事と考えられる。親善試合の第一回は九月一四日に神宮外苑の東京ラグビー場で行われ、秩父宮が観戦した(「オ大、慶応に勝つ 28-6 日英ラグビー第一戦」『朝日新聞』一九五二年九月一五日付朝刊)。

(43) 『昭和天皇実録』一九五二年九月一二日条に記事あり。

(44) 内廷費で生活する天皇とその扶養家族は、この時点で昭和天皇、香淳皇后、順宮厚子内親王、継宮明仁親王(東宮)、義宮正仁親王、清宮貴子内親王の六名であり、既に結婚して皇籍を離脱している鷹司和子(孝宮)が含まれている。

(45) 「雑記帳」(『毎日新聞』一九五二年九月一三日付朝刊)。郵政省が皇太子の肖像を使った記念切手を発行しようと宮内庁へ写真の借用を申し入れたところ、田島が断ったと記事には書かれている。宮内庁と郵政省との交渉については下記を参照(内藤陽介『皇室切手』平凡社、二〇〇五年、一九六~二〇四頁)。

(46) 総選挙にともなって、一二日午後に日比谷公会堂で行った政界復帰第一声の演説会。自衛軍設置などを中心に、吉田政治に対する批判を含んだものであった(「総選挙後に総決算 鳩山第一声直接ひびかず」『読売新聞』一九五二年九月一三日付朝刊など)。

(47) 『昭和天皇実録』一九五二年九月二一日条に、「英国女王エリザベス二世のカナダ国・米国御訪問の天然色映画を御覧になる」とある。

(48) 皇族と皇籍を離脱した元皇族による親睦団体のこと。

(49) 巻末の「「拝謁記」一覧表」の13のノートの冒頭(九月一九日条)にメモが挟まっており、鉛筆で「対策」「紀尾井町田島」「高野」「予定席」「06 0741」「十八日入社試験」、その他数字など。裏に「戦争未亡人の為にあかね会」「戦争放棄」「会長」「歌舞伎式」「池田純久未亡人」「久米前中将」「理事」「軍人会館」など。

(50) アメリカのモンサント社によって発表された土壌改良のための薬剤。ポリアクリルニトリルを加水分解して得られる(大橋九萬雄「クリリウム」『高分子』第一巻第七号、一九五二年)。

(51) 前者の九月号の記事は不明。後者の六月号の記事は以下のもの。"SOIL MAGIC", *The Reader's Digest*, June 1952, pp. 63-65.

(52) ここでのドミニカ国はドミニカ共和国のこと。カリブ海イスパニョーラ島東部に位置する。

(53) 「〝連立も協力も結構〟 鳩山氏、演説会で述ぶ」(『朝日新聞』一九五二年九月一九日付朝刊)などの記事か。鳩山が前日の演説会で再び吉田政治を強く批判したことだと思われる。

(54)　高松宮夫妻は、九月一七日に、国体夏季大会のヨット競技の開会式に出席するために、宮城県を訪問していた。
(55)　一〇月一九日から二一日に学習院清明寮の遠足で奥日光へ行く予定。
(56)　松平定信は寛政の改革において、倹約による幕府財政再建を図るため、大奥の縮小などを図ったが、反発を浴びて失脚した(藤田覚『松平定信――政治改革に挑んだ老中』中公新書、一九九三年)。
(57)　帝国憲法下では、皇室典範第五五条に基づいて皇族会議が置かれていた。成年男子皇族と内大臣、枢密院議長、宮内大臣、司法大臣、大審院長が構成員。天皇もしくは天皇が指名した皇族が議長を務めた。摂政設置や皇族の臣籍降下などが議題となった。
(58)　一〇月一日の衆議院総選挙で、共産党は議席数ゼロの惨敗を喫した(「共産党、衆院から消ゆ」『朝日新聞』一九五二年一〇月三日付朝刊)。
(59)　アイゼンハワーは第二次世界大戦の際の欧州戦線の連合国遠征軍最高司令官。一九四五年一一月米国陸軍参謀総長に就任。一九四六年一〇月にスコットランドを夫妻で旅行した際、五日から六日にかけて、ジョージ六世一家にバルモラル城で歓待を受けている。"General Eisenhower At Balmoral", *The Times*, Oct. 7, 1946, p. 7. "EISENHOWER, KING PRAY—General's Family and Royalty Worship in Scottish church", *New York Times*, Oct. 7, 1946, p. 7.
(60)　一〇月の総選挙における選挙法違反のこと(「大久保氏送検」「前田米蔵氏は書類送検」『朝日新聞』一九五二年一〇月二一日付朝刊)。大久保はのちに裁判で無罪となった。前田は取調中に体調を崩し、不起訴となった。
(61)　「高松宮と東条英機」(『サンデー毎日』中秋特別号)。一九五二年一〇月一八日付朝刊に広告が出ている。
(62)　サイパン陥落後に、反東条とともに反嶋田の動きが出、海軍大臣を辞任したこと(吉田裕『アジア・太平洋戦争　シリーズ日本近現代史6』岩波新書、二〇〇七年、一五四～一五五頁)。
(63)　高宮太平『天皇陛下』(酣燈社、一九五一年)。
(64)　原田熊雄述『西園寺公と政局』全九巻(岩波書店、一九五〇～五六年)。
(65)　大久保の東京都第七区の次点は自由党の福田篤泰、前田の東京都第五区の次点は自由党の鈴木仙八。
(66)　「佐藤代議士を逮捕」(『朝日新聞』一九五二年一〇月一八日付朝刊)。
(67)　「岡崎外相、一両日中に出頭　選挙違反容疑　都内で取調べ」(『朝日新聞』一九五二年一〇月二一日付朝刊)。岡崎は書類送検されたが、後に不起訴となった。
(68)　「大野代議士を逮捕　直接買収の疑い濃し」(『朝日新聞』一九五二年一〇月一三日付朝刊)。
(69)　「寺島派三十九名送検」(『朝日新聞』一九五二年一〇月三〇日付朝刊)。

(70) 佐藤の福島県第一区の次点は自由党の大内一郎、岡崎の神奈川県第三区の次点は自由党の佐藤謙吉、大野の新潟県第三区の次点は協同党の小林進、寺島の千葉県第二区の次点は改進党の椎名隆。

(71) 改進党の森山欽司衆議院議員のことだと思われる。森山の栃木県第一区の次点は右派社会党の黒沢幸一(「森山代議士を逮捕」『朝日新聞』一九五二年一〇月九日付夕刊)。

(72) 大場秀吉が昭和天皇(裕仁皇太子)の理髪師をしていたのは一九二一～二九年、その後大場の理髪店の店員が二代目、三代目を継ぎ、一九四一年から大場の息子の栄一、一九四四年に栄一が出征したため、秀吉の弟子で当時店の総支配人だった海津昇に交代した。大場栄一『遙かなり昭和――父子二代の天皇理髪師』(創英社、一九九〇年)。

(73) おそらく、皇太子の成年式に中華民国代表として張群を参列させるかどうかという問題と推測される。解説を参照のこと。

(74) 一八七三年一一月一三日に死産した第一皇女の稚高依姫尊(わかたかよりひめのみこと)のことだと考えられる(『明治天皇紀』同日条)。

(75) 皇居内の休憩所。巻末の「一九五〇年頃の皇居図」参照。

(76) 「天皇陛下に招請状　エリザベス英女王の戴冠式　皇太子、御名代で出席せん」(『毎日新聞』一九五二年一一月三日付夕刊)、「英の戴冠式に招待状　皇太子殿下を御差遣か」(『朝日新聞』同年一一月四日付朝刊)。

(77) 「プリンスの青春」(『週刊サンケイ』一九五二年九月二八日号)。

(78) 皇族(旧皇族含む)の親族会議で決めたことを、皇室会議(皇族が出席しない)が決議するという形にしたいという意味と思われる。皇族側の主導権を欲したものか。

(79) 「皇太子殿下出席せん　緒方長官言明　英国の戴冠式」(『読売新聞』一九五二年一一月五日付朝刊)。

(80) 石渡は一九五〇年一一月四日死去。三回忌の追悼会だと思われる。

(81) 「五万円御下賜　両陛下より東京市へ対し教育賜金にと下し賜はる」(『東京朝日新聞』一九一六年一一月四日付朝刊)。

(82) 「原因判らず　修学旅行の中毒」(『朝日新聞』一九五二年一一月五日付朝刊)。

(83) グラントは、大統領退任後の一八七九年七月三日から九月三日まで国賓として日本を訪問し、八月一〇日には浜離宮で明治天皇と会見した(『明治天皇紀』一八七九年八月一〇日条)。

(84) 「女王演説修正を要求」(『朝日新聞』一九五二年一一月七日付朝刊)。

(85) 英国王が一二月二五日にラジオ(のちテレビ)を通じて、英国や英連邦諸国の国民に対してメッセージを発していること。"History of the Christmas Broadcast", The Royal Family, https://www.royal.uk/history-christmas-broadcast 二〇二二年三月二九日閲覧。

(86) 秩父宮雍仁親王の妻に誰を迎えるか、という問題のこと。

(87)　高松宮と喜久子妃が結婚した後、元宮内大臣の田中光顕が血統関係について問題があるとして一木の辞任を求めて新聞などで批判。結果的に一木が一九三三年二月一五日に宮内大臣を辞任したことを指す。小田部雄次『皇族』中公新書、二〇〇九年、一七五～一七七頁。

(88)　香淳皇后の母方に色覚異常の血統があるとして、元老の山県有朋らが婚約解消を求めたのに対し、香淳皇后の父久邇宮邦彦王や、皇太子裕仁親王に倫理を教えていた杉浦重剛などが婚約遂行を訴えて問題となった(宮中某重大事件)。結果的に婚約に変更は無いと発表され、中村雄次郎宮内大臣は辞任した。伊藤之雄『政党政治と天皇』講談社、二〇〇二年、一四六～一五三頁。

(89)　修正したのは「平和条約も、すでに本年四月二十八日その効力を発生し、わが国が再び独立国家として多くの友邦諸国と国交を回復するとともに、内においては経済の発展及び民生の安定に成果を示しつつあることは、諸君とともにまことに喜びに堪えません。」の部分だと思われる。全文は『昭和天皇実録』一九五二年一一月八日条参照。

(90)　この日、昭和天皇は、吉田首相以下、第四次吉田茂内閣の閣僚を招いて昼食を共にした(『昭和天皇実録』一九五二年一一月七日条)。

(91)　前日に皇太子の成年式と立太子の礼が行われた。この日はそれに伴う一般参賀が実施された。

(92)　「航空機か商船か　皇太子の戴冠式御渡英　早や〝コメットで……〟と申込み」(『朝日新聞』一九五二年一一月一二日付朝刊)、「皇太子を奪い合う航空会社〝戴冠式は空から〟計画を一年早める日航」(『読売新聞』同年一一月一二日付朝刊)。

(93)　British Overseas Airways Corporation の略称。現在は British Airways(BA、英国航空)となっている。

(94)　平林は、これまで奇妙な宮中服で皇后が平気だったのは「それが通用する社会」があったからであるとし、服装を変えたとしても、生活も改めないと、結局は一般の服装とはズレたものになると述べた。昭和天皇が平林の主張を宮中服でいいということになると受けとめている理由は判然としないが、服装だけを変えてもダメだという点を誤読しているのではないかと思われる(「人間皇后さまの解放」『週刊朝日』一九五二年一一月一六日号)。

(95)　平林と松平信子が対談している記事は発見できなかったため、天皇の記憶違いであると思われる。

(96)　「皇后さまのデザイナー　田中千代さんの打ち明け話」(『週刊朝日』一九五二年一一月一六日号)。

(97)　「ロンドン〝テレビ御法度〟で騒然　戴冠式　席代は1万円から」(『朝日新聞』一九五二年一一月一一日付朝刊)。

(98)　East Asiatic Company 会長の資格で訪日。「デンマークのアクセル殿下入京」(『読売新聞』一九五二年一一月一九日付朝刊)。一一月一八日から二五日まで日本を訪問した(『昭和天皇実録』一九五二年一一月一八日、二〇日条)。

(99)　村田俊彦は元聖徳太子奉賛会理事。奉賛会は久邇宮邦彦王が総裁を務めていた。久邇邦昭は、自分の教育係のような人であったと述べている。久邇邦昭『少年皇族の見た戦争』ＰＨＰ研究所、二〇一五年、一八九～一九一頁。

(100) 皇太子は成年式、立太子礼の奉告をするため、一七～一九日に伊勢神宮と畝傍陵（神武天皇陵）を参拝した。

(101) 岸本英夫「皇室にも信教の自由」（『朝日新聞』一九五二年一一月二一日付朝刊）。

(102) 矢内原忠雄「式典に参列して」（『朝日新聞』一九五二年一一月一〇日付夕刊）。

(103) 小泉は一九四五年五月二五日の空襲によって火傷を負い、顔に傷跡が大きく残った（今村武雄『小泉信三伝』文藝春秋、一九八三年、三六一～三六八頁、神吉創二『伝記　小泉信三』慶應義塾大学出版会、二〇一四年、一三四～一四一頁）。昭和天皇は、小泉の顔が戦争に関する記憶を想起させる可能性を危惧していたか。

(104) 「首席候補有田氏ら　御名代の随員、早くも取ざた」（『朝日新聞』一九五二年一一月一七日付夕刊）、「米国経由で訪英か　随員の人選始まる」（『毎日新聞』同日付夕刊）。

(105) 第三巻、一九五二年六月九日条参照。Elizabeth Gray Vining. *Windows for the Crown Prince* (Lippincott, 1952) のこと。ヴァイニングによれば、日本での体験を本に書くように勧めたのは田島だったという。そのため、内容のチェックを田島に依頼していたものと思われる。ヴァイニング「新しい読者へ」（『皇太子の窓』新装版、小泉一郎訳、文藝春秋、一九八九年、七頁）。

(106) 前出の火傷の際に併発した大腸カタルから脚気に罹って以降、足に障害が残ったことをさす（前掲神吉『伝記　小泉信三』一四〇～一四一頁）。

(107) 秋山好古大将伝記刊行会編刊『秋山好古』（一九三六年）一六頁に、「秋山将軍と言へば巨眼隆鼻、その風貌の魁偉なること、一見戦国時代の古武士を想見せしむる豪快味を有し、所謂鬼将軍とは斯様な人を指すのかとさへ思はしめるものがあつた」とある。

(108) 野村は保科善四郎元海軍中将などと、海軍再建の中心人物として活動していた。佐道明広『戦後政治と自衛隊』（吉川弘文館、二〇〇六年）三五～三八頁。

(109) 第一次近衛内閣、平沼内閣の、米内海相、山本次官、井上軍務局長時代のことと思われる。

(110) 一一月四日条の頁中に、宮内庁用箋にガリ版刷りで、「下総御料牧場に繋養中の養老馬」と題する書類挿入。その中に、初雁、初雪、西徳について記載あり。

(111) 「両陛下もご覧　立太子礼記念馬術大会開く」（『朝日新聞』一九五二年一一月三〇日付夕刊）。天皇・皇后も参観した。

(112) 白洲は駐米大使に就任する予定であったが、米国の同意が得られず、新木栄吉に変更された（「駐米大使に新木氏」『読売新聞』一九五二年五月六日付朝刊）。

(113) 三谷隆信は、戦時中、ヴィシーを首都とするフランスの親独政権下の駐仏大使だった。

(114) 松本は一九四二年一一月から四四年一〇月、四五年五月から九月に外務次官を務めていた。駐英大使として一九五二年五月一〇日に認証式を行なった(『昭和天皇実録』同日条)。

(115) 西は一九四一年一〇月から四二年九月に外務次官を務めていた。認証式は一九五二年一一月二一日に行われた(『昭和天皇実録』同日条)。

(116) 一一月二七日の衆議院本会議で、社会党の加藤勘十の質問に対し池田が、「経済原則によらぬことをやったときに倒産をし倒産から思い余って自殺するようなことがあってお気の毒でございますが、やむをえない」と発言したこと(「ヤミ行為等による倒産、自殺仕方なし　通産相答弁」『毎日新聞』一九五二年一一月二八日付朝刊)に野党が反発、翌日に野党が提出した不信任案が可決され(「衆院「池田不信任案」を可決　政府、苦境に立つ　通産相の辞任は必至」『朝日新聞』同年一一月二九日付朝刊)、池田は同月二九日に辞任に追い込まれた(「池田通産相辞任　小笠原農相が兼任　国会審議一段落まで」同紙同日付夕刊)。

(117) アメリカ・イギリスとの外交交渉に期限を定めて、そこまでに要求が受け入れられない場合には開戦という方針を定めた「帝国国策遂行要領」が決定された、一九四一年九月六日の御前会議のことを指すかと思われる。

(118) 一一月三〇日に行われた立太子礼記念馬術大会で、慶應義塾大学の選手が転倒して死去した事件。「慶大選手即死　障害飛びそこね」(『朝日新聞』一九五二年一一月三〇日付夕刊)。

(119) 「新年拝賀　新春から国事　皇太子、外国使節団と公式会見　一般の参賀は二日か」(『読売新聞』一九五二年一二月二日付朝刊)。記事では宮中行事などでの席次の研究を進めていることが記されている。

(120) 西本願寺門主大谷光尊の三男。妻の紝子(きぬこ)は九条道孝公爵の娘で貞明皇后の妹。日本ゴルフ協会の設立に関与。昭和天皇にゴルフを勧めたうちの一人。エドワード英皇太子来日の際には、当時皇太子だった昭和天皇とペアを組んでいる。高橋紘『人間　昭和天皇』上巻(講談社、二〇一一年)三一二～三一八頁。

(121) 一九三〇年から三三年までは駐英大使館付武官補佐官として、一九三六年から三八年までと三九年から四一年までは同武官としてイギリスに駐在した。

(122) 一二月六日に死去した(「朝香千賀子夫人」『読売新聞』一九五二年一二月八日付朝刊)。

(123) 朝香孚彦は一九五〇年に家族全員でカトリックに受洗していた(朝香孚彦「私達の家の改宗」『声』九四三号、一九五六年、三七～四二頁)。

(124) 遠藤は一九四〇年から、寺尾は一九四四年から秩父宮主治医。折笠は泌尿器科医で一九四八年九月の腎臓の手術から治療に参加、児玉も助手として参加し、その後も治療に携わった(第一巻、一九五〇年八月一〇日条、鈴木昌鑑監修、芦澤紀之編『秩父宮雍仁親王』秩父宮を偲ぶ会、一九七〇年、八一一、八三〇～八三一、八六八～八六九頁)。

(125) アイゼンハワー次期米国大統領は一二月二日から五日に韓国を訪問したが、偽の国内での予定を発表した上で、ソウル到着まで極秘行動を取った(「アイク煙幕旅行に成功」『朝日新聞』一九五二年一二月六日付朝刊)。

(126) 「インドと国府　A級戦犯の釈放に同意」(『朝日新聞』一九五二年一二月六日付夕刊)。

(127) 一九四五年六月から駐日ソ連大使マリクを通じて和平工作を行ったが、すでに二月のヤルタ会談で対日参戦を決めていたソ連は回答を引き延ばした。ソ連は、一九四五年四月に五年間有効(一九四六年四月まで)の日ソ中立条約の延長をしないと日本に通告したが、有効期間内の八月に日本に宣戦布告をした。

(128) 第三巻注114参照。

(129) 『第十五回国会衆議院内閣委員会議録』第五号、一九五二年一二月八日、一頁。

(130) 三笠宮崇仁「青年よ武器をとるな!」(『改造』三三巻一九号、一九五二年増刊号一二月、七四〜七五頁)。

(131) 世界平和会議のこと。一二月一二日から開催され、左派的な歴史家として知られた羽仁五郎参議院議員が参加した(「ウィーン平和会議　羽仁氏も出席」『朝日新聞』一九五二年一二月一九日付朝刊)。

(132) 高松宮は一一月二八日に栃木県足利市を訪問している(「高松宮さま足利へ」『朝日新聞』一九五二年一一月二八日付夕刊)が、当地の栃木県第二区を選挙区としている改進党の議員は栗田英男である。栗田は、一九四八年に別の議員の詐欺事件に関与して国会に喚問されている(「飯村事件を追及　不当財委きょう栗田長谷川両氏喚問」『読売新聞』一九四八年七月六日付朝刊)。また、一二月八日に只見川開発問題をめぐる汚職疑惑を衆議院予算委員会で追及してこの日の朝刊で報じられるなど(「只見川の疑惑衝く　栗田氏「開発促進法に違反?」」『読売新聞』一九五二年一二月九日付朝刊)、政治的な動きが多かったことが問題視されたものと思われる。

(133) 原と萩本の典拠は、一九二一年二月二二日付内田外相より在英林大使あて電報「皇太子殿下供奉員以外ノ従者数及供奉員ノ資格回報ノ件」(外務省編刊『日本外交文書』大正十年第一冊上巻、一九七四年、五二二頁)。

(134) 一九五二年は賃上げなどを掲げた炭鉱や電力関係の労組による大規模ストライキが頻発した。この一二月も日本電気産業労働組合(電産)は大規模ストを行なっており(「電産十五次スト指令」『朝日新聞』一九五二年一二月九日付朝刊)、九日、一〇日も関東一円で大規模な停電が発生していた(「今日も緊急停電」同右、「きょうも抜打ち停電行わる」同紙同年一二月一〇日付夕刊)。

(135) 「メレンシオ大使死去」(『朝日新聞』一九五二年一二月一三日付朝刊)。

(136) 「アチソン大使墜死　帰米の途ハワイ沖で　極東通の外交官」(『朝日新聞』一九四七年八月一九日付)。

(137) 「ウォーカー中将戦死　前線で乗用ジープ衝突」(『朝日新聞』

一九五〇年一二月二四日付朝刊)。

(138)「御出発は三月下旬　皇太子さまの御旅程発表」(『朝日新聞』一九五二年一二月一六日付朝刊)。

(139)『昭和天皇実録』一九二一年三月一〇日条に関係記事がある。この日行われた香港での総督官邸における晩餐会に、裕仁皇太子ではなく閑院宮が出席したが、その理由は、香港が上海や広東などの朝鮮人活動家の策源地に近く、皇太子外遊に反対する日本人の潜入も容易なため、香港総督が自発的に遠慮して閑院宮に臨席を求めたもので、香港における状況探査の結果、朝鮮人活動家の潜入は事実だったとある。

(140)本件は一二月二〇日に実施された(『昭和天皇実録』同日条)。

(141)『昭和天皇実録』一九五二年一二月一六日条。

(142)徳川家正(徳川宗家第一七代当主)の妻正子の依頼により、三木安正が知的障害児教育のために一九五〇年に創立した旭出学園のこと(「三木安正記念館」 http://www.asahide.ac.jp/memorial/ 二〇二二年二月四日閲覧)。

(143)二六日にイスラエル全権公使とユーゴスラヴィア全権公使の信任状捧呈が行われた(『昭和天皇実録』同日条)。

(144)秩父宮死去の関係で二月五日に延期され、NHKラジオ第二放送で一三時一五分から録音されたものが放送された。

(145)細川護貞「真相天皇に達せず——高松宮を中心にした終戦秘録」(『改造』三四巻一号、一九五三年一月号)。『朝日新聞』一九五二年一二月一二日付朝刊に「本日発売」の広告あり。

(146)中野重治「その身につきまとう」(『改造』三四巻一号、一九五三年一月号)。昭和天皇や立太子礼を批判的に扱った。

(147)巻末の「「拝謁記」一覧表」の14のノートの冒頭(一二月二四日条)にメモが挟まっており、「緒方と二十日会見の節談合　一、外務省顧問　~~ロンドンの為　陛下には~~　二、皇室経済法施行法改正　。妃殿下　寡婦の場合殿下と同額　。一般ベースアップ　。内廷費増額　予算案関係　大蔵省意見　三、王冠問題　四、警衛のこと」とある。

(148)一九四六年六月六日から七日に千葉県に行幸した際には、銚子市や千葉市など、千葉県北部にしか訪問をしていなかった。

(149)麝香間祗候は、明治維新直後、その功労者で職を退いた者をこの資格で優遇したことから、華族や親任官の地位にあった官吏を優遇する資格となった。錦鶏間祗候は、勅任官を五年以上勤めたか勲三等以上の功労のあった華族や官吏を優遇するため一八九〇年に設けられた資格。麝香間祗候の次に位置する。麝香間、錦鶏間は京都御所の部屋の名前に由来。

(150)宮中顧問官は、一八八五年に典範や儀式などについて宮内大臣の諮問をうける官職として設置され、一九四五年に廃止された。

(151)帝室技芸員は、皇室による美術工芸作家の保護と制作の奨励を目的として一八九〇年に設けられた顕彰制度で、一九四四年まで七九名が任命された(皇室事典編集委員会編著『皇室事典』角川学芸出版、二〇〇九年、三〇一頁)。

(152)李承晩韓国大統領は一九五三年一月五日から七日まで来日し、

吉田首相と会談した。この会談はクラーク極東米軍司令官の仲介によるものであった(「李大統領訪日のねらい」『朝日新聞』一九五三年一月七日付朝刊)。

一九五三(昭和二八)年

(153) 「秩父宮様の御遺体を解剖　御遺書によって「結核対策の一助に…」と」(『朝日新聞』一九五三年一月八日付朝刊)。

(154) 生理学者の加藤元一慶應義塾大学教授が「神経麻酔部位の不減衰伝導学説」によって一九二七年に帝国学士院賞を受賞したことをきっかけに、学説に反対する石川日出鶴丸京都帝国大学教授などとの間で、新聞や雑誌を通じて論争になったことを指す(「楽屋の時人4　加藤元一博士の巻」『読売新聞』一九二七年三月一七日付朝刊)。

(155) 桂文楽(八代目)によれば、三遊亭金馬(三代目)、柳家小さん(五代目)と鵠沼に弔問に行ったところ、秩父宮妃から遺骸の前で落語をしてほしいと依頼を受けた。金馬は逃げてしまったが、文楽は「曽我打丸」、小さんは「親子三人の馬鹿」を演じたという(桂文楽「宮さまの御便所で立往生」藤間哲夫編『人の子秩父宮』協和出版、一九五三年)。

(156) 魏の司馬懿が隴西を平定し、次に蜀に攻め込もうとしたときに、曹操が話したとされる言葉。一つの望みが叶うと次の望みが生まれ、際限がないことを指す。

(157) 「声　奇妙な宮中服」(『東京新聞』一九五三年一月一三日付)。東京新聞は当時夕刊紙。

(158) 「声　人格無視の宮内官僚」(同右)。

(159) 「病歴発表を待つ　国民の親近感を増すもの」(同右)。

(160) 「「今国会中に倒閣」石橋氏　大阪で記者団に言明」(『朝日新聞』一九五三年一月一三日付夕刊)。

(161) 小笠原三九郎は元々農林大臣として第四次吉田内閣に入閣していたが、池田勇人通産相の辞任によって、通産相に配置換えになっていた。

(162) 第三巻「解説」参照。

(163) 注59参照。

(164) 一九五二年一一月二八日条参照。

(165) ドジャン駐日フランス大使は、駐日外交団の首席であった。「フランス大使　モーリス・E・ドジャン氏　外交団総代の文化人」(『朝日新聞』一九五二年六月七日付夕刊)。

(166) 宮東孝行の可能性が高い。宮東は敗戦直後に新日本党を創立(「今次敗戦ノ素因ヲナス議会ト官僚ニ」(広告)『読売報知新聞』一九四五年九月一三日付)、衆議院選挙と参議院選挙にたびたび立候補したが落選、その間一九四九年には住宅営団関係者が住むアパートを無断で自分の所有物のように称して新たな居住者を連れてくるというトラブルを起こし(「師走の街に深刻な住宅難　無断で〝寮〟を乗ッ取る　浮浪者収容所と居住権の争い」『読売新聞』一九四九年一二月二〇日付夕刊)、一九五一年六月に元公爵岩倉具栄を会長に明治神宮昭和会を設立し、寄付金を詐取したとして逮捕されている(「明治神宮をかつぐ　サギの新日本自由党総裁検挙」同紙一九五一年六月二三日付朝刊)。

(167) 和辻哲郎『日本倫理思想史』(下)(岩波書店、一九五二年)。

(168) 『新訂増補国史大系』第一巻(吉川弘文館、一九五二年)のこと。黒板勝美編となっているが、一九四六年の黒板の死後、丸山らが引き継いだ(「朝日賞の人たち①「新訂増補国史大系」の完成　国史大系編修会」『朝日新聞』一九六四年一月四日付夕刊)。

(169) 秩父宮邸は空襲で焼失していたため、秩父宮夫妻は上京時に宮内庁長官官邸に宿泊していた。

(170) 「青鉛筆」(『朝日新聞』一九五三年一月二一日付朝刊)。

(171) 一九二一年のワシントン軍縮会議において、日本は主力艦の保有比率の対米英七割を主張したが、米英は米英日の比率を五：五：三にすると主張し、日本側が妥協したこと。

(172) Kenneth YASUDA, *Myriad leaves (the Manyōshū): complete English translation in twenty books in original metre with text in Manyō characters and rōmaji*, Hosokawa Shoten, 1949.

(173) 『日本読書新聞』一九五三年一月一九日、三面に細川護貞『情報天皇に達せず　高松宮秘録』上巻・下巻(同光社磯部書房、一九五三年)の広告があり、あおり文句に「情報問題に関連して天皇と高松宮大激論！」とある。なお正式なサブタイトルは「細川日記」であり、「高松宮秘録」としているのは宣伝のためと思われる。

(174) 一九二二年に来日したエドワード皇太子(のち八世)のこと。

(175) 韓国は日本と国交は回復していないが、新年に際し天皇との謁見を希望した(『昭和天皇実録』一九五三年一月二八日条)。

(176) 米国陸軍第四四二連隊戦闘団は日系人で構成された部隊。第二次世界大戦での勇戦で名高い。ハワイには国立太平洋記念墓地がある。

(177) 『昭和天皇実録』一九一二年四月一四日条。

(178) 東久邇成子は二月一日に出産した(『昭和天皇実録』同日条)。

(179) 英語のpatent(特許)のことと考えられるので、その人物しかできないという意味であろう。

(180) 奈良県丹波市町(現天理市)の天理大学附属天理図書館を訪問し、天理教真柱中山正善らの案内で古典籍などを視察した(『昭和天皇実録』一九五一年一一月一八日条)。

(181) たとえば、河井の日記には一九五三年一月二九日条に「高尾秘書課長を訪ひ、秩父宮妃殿下の御生活費不足を補充するの急要を告げて、皇室経済法施行法改正案の提出を促す。課長は、長官の意向は即時提出を憚るが如くなりと伝へしに由り、政府をして提案せしむるの決意を告げて退出す」との記述がある(尚友倶楽部編『河井弥八日記　戦後篇三』信山社、二〇一八年、一八四頁)。

(182) 「皇太子さまカブキ見物」(『朝日新聞』一九五三年二月一一日付夕刊)。皇太子はこの時、初めて歌舞伎を見学した。

(183) トルーマン大統領在任中、娘がスウェーデンを訪問した際、拳銃を帯びた三人のボディーガードの行動が批判の対象になったこと。"Miss Truman's Bodyguards Called 'Gorillas' By Swedish Press; Incident Denied to U. S.", *New York Times*, Aug. 20, 1952, p. 12.

(184) 「米軍機の発砲は当然　外務省見解　明かにソ連機　一切の責任、侵犯国に」(『読売新聞』一九五三年二月一七日付朝刊)。

(185) バークレー副大統領は、一九五一年一一月二五日から一二月三日まで日本に滞在。天皇は二八日に引見(『昭和天皇実録』一九五一年一一月二八日条)。

(186) 宮廷列車専用ホームがあり、静養に出かける際などに利用されていた。

(187) 「極東の〝番犬〟お断り　コロンビア大学で　安倍能成氏が講演」(『朝日新聞』一九五二年一二月六日付朝刊)。

(188) 一九五二年一〇月一六日の信任状捧呈式で対面(『昭和天皇実録』同日条)。

(189) 一九三三年から大日本山林会は、神武天皇祭の四月三日前後の二～四日を「愛林日」と定め、植樹行事を行っていた。戦後に復活した際、天皇が来場できるように三日を避けて四日に植樹行事を行っていたが、遠方に行けないなどの不都合が生じていた。一九五四年からは、日程が四日よりも遅くずらされることになった。

(190) 前掲高宮『天皇陛下』一六四、一六七頁。

(191) 高松宮は、昭和天皇が英国王からガーター勲章を授与された答礼などのため、一九三〇年四月二一日から三一年六月一一日まで、欧州、米国などを外遊した。

(192) 昭和天皇(一九〇一年生)、秩父宮(一九〇二年生)、高松宮(一九〇五年生)に対し、三笠宮は大正天皇即位後の一九一五年生まれ。

(193) 草原克豪『新渡戸稲造　1862-1933――我、太平洋の橋とならん』(藤原書店、二〇一二年)第七章。

(194) 朝日新聞社が堂本印象に依頼していた、アイゼンハワーに大統領就任祝いとして贈る屏風「春の恵み」が完成し、披露会が帝国ホテルで二六日午後に行われた(「ア大統領へびょうぶ　堂本印象氏の労作　盛大にひろう会」『朝日新聞』一九五三年二月二七日付朝刊)。

(195) この日午前、昭和天皇は日本鉄鋼連盟会長渡辺義介(八幡製鉄社長)から日本の鉄鋼事情について進講をうけた(『昭和天皇実録』同日条)。

(196) 一九五二年四月九日、日本航空「もく星」号が消息を絶ち、翌日に伊豆大島の三原山で機体が発見され、三鬼を含めた乗客が亡くなった(『朝日新聞』一九五二年四月一〇日付号外)。

(197) 久邇朝融の最終軍歴は海軍中将であるため、山梨か田島が間違えているものと思われる。

(198) 渡辺銕蔵『憲法改正の要点』(渡辺経済研究所、一九五三年)。

(199) 牧野が死去したのは一九四九年一月二五日のため、同年一月二三日に行われた第二四回衆議院議員総選挙のことと思われる。

日本国憲法が公布されてから二回目の総選挙という意味か。

(200) 第二次吉田内閣で大蔵大臣に抜擢されるものの、一九四八年一二月一三日に衆議院予算委員会へ泥酔状態で出席、廊下で山下春江衆議院議員に抱きつくなどの問題を起こし、大臣を辞職、次の選挙での立候補の断念にも追い込まれた(『朝日新聞』一九四八年一二月一四日付号外、同年一二月二六日付朝刊)。

(201) 二月二八日の衆議院予算委員会で、吉田首相が質問中の西村栄一に「バカヤロウ」と暴言を吐いたことに対し野党が吉田首相に対する懲罰動議を提出(「首相暴言に懲罰動議提出　予算の見込たたず　議長あっせん」『朝日新聞』一九五三年三月一日付朝刊)、三月二日の衆議院本会議で、広川弘禅農相率いる広川派を含む与党自由党の反吉田派の欠席により可決された(「吉田懲罰可決、民同・広川派衆院本会議を欠席」同紙同年三月二日付夕刊)。そのため、広川は即日農相を罷免された(「広川氏、農相を罷免さる」同紙同年三月三日付朝刊)。

(202) 該当記事は不明。木村は回想で、当時「何故あわてるのか」と焦る広川を止めようとしたと述べている(木村公平「ワンマン礼賛」『政界往来』二〇巻六号、一九五四年六月、二〇二頁)。

(203) 四月一〇日に小倉満子は退職し、今城誼子が女官に任命された。

(204) 一九五二年一二月一日に開館した(「国立近代美術館店開き　〝お役所〟臭くはない、モダーンな設計　美術映画を毎日上映」『朝日新聞』同日付朝刊)。

(205) ブラジルの日系人社会では日本の敗戦を事実として受け入れない「勝ち組」と、受け入れた「負け組」との間で分断が生じ、暴力事件に発展して死者も出ていた(宮尾進『臣道聯盟――移民空白時代と同胞社会の混乱』サンパウロ人文科学研究所、二〇〇三年)。

(206) 松原は戦争で中断していたブラジル移民計画の再開に尽力。八年計画で四〇〇〇戸、二万人を移住させる計画であった。「ブラジル移民　松原安太郎」(紀の国の先人たち、和歌山県ふるさとアーカイブ、https://wave.pref.wakayama.lg.jp/bunka-archive/senjin/matubara.html　二〇二二年二月九日閲覧)。

(207) 芸者が背負っている借金を代わりに支払って、その芸者を自由な身にすること。

(208) 『昭和天皇実録』一九四九年三月七日条。中江兆民に関する進講を受けた。

(209) ハイアライとは大理石の壁に球をぶつけ合うヨーロッパ発の競技で、日本では公営競技として実施しようとする動きが一九五〇年代にあり、国会に法案が提出され議論されていた(「ハイアライ(回力球)とは」『朝日新聞』一九五三年二月一七日付朝刊)。

(210) 誕生寺は日蓮の生家跡に建てられた日蓮宗大本山。石橋湛山の父杉田湛誓(日布)は総本山久遠寺法主を務めた。湛山も日蓮宗を熱心に信仰していたことで知られる(増田弘『石橋湛山』ミネルヴァ書房、二〇一七年、第一章)。

(211) 外交官の加瀬俊一は二人いるが、その内の一人(一八九七〜

一九五六)は当時駐メキシコ大使で日本にいないので、もう一人(一九〇三〜二〇〇四、のち初代国連大使)と判断できる。

(212) 一九五〇年、ラティモアはジョセフ・マッカーシーから共産主義者として告発されるものの、逆にマッカーシーが批判されて告発は却下される。しかし、ジョンズ・ホプキンス大学での講義が許可されなくなるなど、その立場を失った(黒川修司『赤狩り時代の米国大学』中公新書、一九九四年)。

(213) 宇佐美毅は一九三七年一月から一九四〇年一月まで内務省神社局に勤務した。

(214) 一九三一年の財団法人尾張徳川黎明会の設立のことを指すか。

(215) 一九五一年一一月一三日、京都府天橋立の宿泊地である玄妙庵へ徒歩で向かう途中に、新聞カメラマンから直接ポーズを依頼され、天皇が気軽に応じたこと。現地の新聞に好意的に報じられた(「思わず拝した科学者天皇さま　道端の草をお手に　玄妙庵へおひろい　写真班へお気軽にポーズ」『京都新聞』一九五一年一一月一四日付朝刊)。

(216) 「帰還へ御寄付　三笠宮さま」(『朝日新聞』一九五三年三月一三日付朝刊)。記事によれば、日赤に三笠宮が来て、カンパを寄せたほか、阿部行蔵平和連絡会総務局長の希望で、帰国打合せ代表団に寄せる感謝メッセージを書き残した。

(217) 三月一四日、衆議院本会議で内閣不信任案が可決され、解散総選挙となった(「衆議院ついに解散　不信任案十一票差で可決四月十九日に総選挙」『朝日新聞』一九五三年三月一五日付朝刊)。

(218) 千葉県への行幸啓は五月六日から八日に行われた。

(219) 西本願寺門主大谷光照の母紝子は貞明皇后妹。

(220) 佛光寺門主渋谷有教の母篷子は貞明皇后妹。

(221) 三月二四日死去(「メリー太皇太后三十一日御葬儀」『朝日新聞』一九五三年三月二六日付夕刊)。

(222) 「厚かましい前議員」(『毎日新聞』一九五三年三月二四日付朝刊)。ニューヨークで在留邦人が皇太子歓迎の準備をしていたところ、日本より「前参議院議員某と称する男の手紙が舞い込み」、そのなかに皇太子の「前衛」として渡米すること、元宮様の「K氏」などを同伴すると書かれていたことが記事に記されている。

(223) 跡地は現在東京都港区立青山中学校となっている(「陸軍大学校」国立国会図書館電子展示会『写真の中の明治・大正』https://www.ndl.go.jp/scenery/data/3/　二〇二二年一月五日閲覧)。

(224) 一九二七年に西勝造が創設した西式健康法のこと。

(225) 御文庫で、皇后とともに皇太子出航の模様のテレビ中継を見た(『昭和天皇実録』一九五三年三月三〇日条)。

(226) 日本放送協会に行幸し、テレビの放送実験を見学した(『昭和天皇実録』一九四九年三月二四日条)。

(227) 日中友好協会と日本平和連絡協議会のことを指す。中華人民共和国側の要望で日本政府ではなく、日赤も含めた民間三団体が交渉にあたった(「すったもんだの中共引揚」『経済往来』五巻四号、一九五三年)。

(228) 五月一三日に行われた。『昭和天皇実録』同日条。

(229) オーストラリアは在豪日本人戦犯の釈放に消極的な姿勢を示していた(「関係国の同意必要 豪外相言明 日本戦犯の仮釈放」『朝日新聞』一九五三年三月二八日付朝刊)。

(230) 赤道付近にあるマヌス島のことだと思われる。一九五〇年に豪州の戦犯法廷と収容所が置かれ、収容所の劣悪な環境が、帰国者による証言で問題となっていた(「酷すぎる重労働 マヌス戦犯第1号 広田元少将帰る」『読売新聞』一九五二年八月二九日付夕刊)。

(231) 前者は、「平和条約第十一条による刑の執行及び赦免等に関する法律」(昭和二七年法律第一〇三号、一九五二年四月二八日公布)、後者は、有罪となった戦犯の処遇について定めたサンフランシスコ平和条約の第一一条のこと。

(232) 三笠宮が監修したレコードに熊本の「五木の子守唄」を入れた意図を語った記事。記事の最後の方で「ジャーナリズムも日本が民主的に解放されるような努力をつゞけるべきだろう、皇太子さんばかりで騒ぐのが能じゃないね…」と述べている(「〝民主化のための民謡〟 レコードを監修の三笠宮さま語る」『時事新報』一九五三年四月四日付夕刊(三日発行))。

(233) 田島は外交団接待のため、四月七日から九日まで、三日連続で三里塚の御料牧場に出向いていた(「田島道治日記」同日条)。

(234) 前掲高宮『天皇陛下』の「政治・軍事篇」は、田中義一内閣の山東出兵、張作霖爆殺事件から書かれている。

(235) 現在の日本の金融情勢について、四月二二日に実施(『昭和天皇実録』同日条)。

(236) 中国大陸からの日本人の引揚やその援護状況について、五月一八日に実施(『昭和天皇実録』同日条)。

(237) エドウィン・ミュラー「王位も職業」(『リーダーズダイジェスト』第八巻第四号、一九五三年)。

(238) コールとは三月九日、ダルシーとは三月二〇日に引見(『昭和天皇実録』同日条)。本巻一九五三年三月五日条も参照。

(239) 久邇朝融はクラシック音楽の愛好家で、音楽関係者との交友もあり、音楽雑誌にも登場したことがある(前掲久邇邦昭『少年皇族の見た戦争』四四~四五頁、久邇宮朝融王「レコード回顧」『音楽の友』一九四七年一月号)。

(240) 中野好夫・大宅壮一・臼井吉見「愉しき毒舌「辻斬り」罷り通る」(『改造』三四巻四号、一九五三年四月号)。

(241) キリノ大統領の妻と子供が、太平洋戦争中に日本兵によって殺害されたこと。

(242) 「御歌 七首」(『改造』三一巻一号、一九五〇年一月号)。

(243) 戦犯の処遇緩和を目的とする「平和条約第十一条による刑の執行及び赦免等に関する法律」の改正法は一九五三年一月二二日に公布され、仮出所までの刑期を短縮可能としたり、一時出所期間の上限を五日から一五日に緩和するなどした。国会では大幅な処遇緩和が目指されたが、海外服役者の送還への悪影響を懸念する政府の意向で最小限度に留まった(「巣鴨戦犯の処遇緩和 共同提案・衆院可決へ」『朝日新聞』一九五二年一二月二四日付朝刊)。

(244) 戦前、海軍内部で唱えられた軍備論の相克をさす。ワシントン、ロンドン両軍縮会議では列強各国の艦船の保有比率を定めたが、海軍内部では加藤寛治らが早くから対米英戦備の方針として、比率主義ではなく、軍部平等主義の観点から共通最高量・均勢(パリティー)を要求すべきと唱えていた。満洲事変後の日米関係悪化により、海軍内部ではパリティー派が主流となり、軍縮条約の延長を希望する昭和天皇の考えと対立するようになっていった(麻田貞雄『両大戦間の日米関係』東京大学出版会、一九九三年)。

(245) スタンレー・ジョーンズによる日米和平案。開戦直前、ルーズヴェルト米大統領に対し、平和を訴える電報を天皇に送るよう働きかけたり、日本大使館からの依頼で大統領と面会し、和戦に関する意向を探るなど、日米開戦回避に動いた。そのほかニューギニアを日本に買収させることで開戦を回避する構想を有していたという(井口治夫「ハーバート・フーヴァー元大統領と日米戦争」『同志社アメリカ研究』三五号、一九九九年。小塩完次「賀川豊彦と世界連邦」『世連研究』第二五号、一九六八年、二五~二六頁。野村大使発東郷外相宛公電第一二五五号(アジア歴史資料センター Ref.B02030723800))。敗戦後、ジョーンズは昭和天皇と二度会見しているほか(『昭和天皇実録』一九四九年三月一八日条、五一年四月三〇日条)、天皇の通訳を務めた寺崎英成と知り合いだったこともあり、昭和天皇が「ニューギニア買収論」を知ることができたと考えられる。

(246) 山下奉文は、太平洋戦争初期のマレー作戦の指揮官(第二五軍司令官)として著名であった。戦後のマニラ戦犯裁判で死刑判決を受け、一九四六年二月二三日執行。

(247) 本間雅晴は、開戦後、第一四軍司令官としてアメリカ統治下にあったフィリピンを攻略、占領した。その後に起きた「バターン死の行進」の責任を追及され、戦後のマニラ戦犯裁判で死刑判決を受け、一九四六年四月三日に執行された。

(248) 「行方がわからぬ　皇太子さまのテープ・レコーダー」(『朝日新聞』一九五三年四月一六日付夕刊)。

(249) 一九二三年、虎ノ門事件(摂政宮暗殺未遂事件)で警視庁警務部長を懲戒免職になった正力に後藤が一〇万円を渡して『読売新聞』を経営させ、同紙は勢力を拡大した。この話は戦前から知られていて、たとえば、人物評論社編輯部『時代を創る者』財界人物編第四輯(人物評論社、一九三八年)七四頁、山浦貫一『近衛時代の人物』(高山書院、一九四〇年)二一五頁にある。

(250) GHQの日本国憲法草案には、存命中の華族は死去するまで地位を認めるとあったが、貴族院に反発する自由党などの政党政治家の反対によって、その条文が削除された(小田部雄次『華族』中公新書、二〇〇六年、二九一~二九六頁)。

(251) 一九四七年九月四日から六日、八日に行われた。那須御用邸を宿舎としていたことから可能となった。

(252) 四月二〇日に天皇・皇后が離任するマーフィー夫妻と娘の三人を招いて昼食を共にした(『昭和天皇実録』同日条)。

(253) 竹田恒徳は、日本スケート連盟会長の資格で、イタリアで行われる国際スケート連盟総会出席の為に、一五日に日本を出発した(「竹田会長イタリアへ」『読売新聞』一九五三年四月一六日付朝刊)。

(254) 「皇太子さまを待つ英国」(『朝日新聞』一九五三年四月二〇日付朝刊)。記事には、デイリーエキスプレスが元捕虜による反対の動きを報じたことが記されている。

(255) 「党派別当選者数」(『朝日新聞』一九五三年四月二〇日付夕刊)によれば、定数四六六のところ、自由党一九九、改進党七六、左社七二、右社六六、分派自由党三五、労農党五、共産党一などとなり、与党自由党は過半数をとれなかった。

(256) 小磯内閣の際に、汪兆銘政権の考試院(立法院)副院長の繆斌が、重慶の国民党政権との和平交渉の情報を日本にもたらした。小磯首相や緒方情報局総裁は賛成したが、重光外相は強硬的に反対。結果的に内閣不一致となり小磯内閣が総辞職した。

(257) 関屋貞三郎元宮内次官などが中心となり、元宮内省、宮内府、宮内庁部局長以上の旧側近首脳を集めた「顧問機関」として一九四七年に結成した会(茶谷誠一『象徴天皇制の成立――昭和天皇と宮中の「葛藤」』NHKブックス、二〇一七年、六三～六四頁)。

(258) 「〝連立より合同を〟 緒方副総理 改進党に誘いの水 受入れを用意 一問一答」(『読売新聞』一九五三年四月二一日付朝刊)など。

(259) 一九五二年一〇月に浜松で開校した保安隊航空学校のことだと思われる(「生まれゆく日本空軍 浜松の保安隊航空学校」『読売新聞』一九五三年三月一八日付朝刊)。

(260) 英国ニューカッスルにある造船会社アームストロング社に、日本海軍が主要な軍艦を多く発注していた(山本睦「ニューカッスル発日本行き――日英関係史におけるアームストロング社製艦船にまつわる記号性」『言語文化』一〇巻一号、二〇〇七年)。

(261) 一九三八年三月三日、衆議院国家総動員法案特別委員会において、説明員である陸軍省軍務局員の佐藤賢了中佐が自説を長々と展開したため、苛立った宮脇長吉などが発言の中断を求めたヤジを発し、佐藤が「黙れ」と一喝したことで議事が紛糾した(古川隆久『戦時議会』吉川弘文館、二〇〇一年、四六頁)。太平洋戦争開戦時の陸軍省軍務局軍務課長、のち軍務局長を務め、A級戦犯として東京裁判で終身刑となって服役中。

(262) 「平和条約第十一条による刑の執行及び赦免等に関する法律」第二四条の「一時出所」の制度を使って拘置所外に出ていたときの行動のことと思われる。

(263) 最終的には二八日午前一〇時半からとなった(『昭和天皇実録』同日条)。

(264) Sirなどの尊称を持っていない人という意味。

(265) 第二次ボールドウィン内閣で外相を務めたチェンバレンは、一九二五年にロカルノ条約を締結した功績からガーター勲章を授与された。

(266) 「小泉信三氏 ロンドンへ 皇太子の補佐役として 外遊中、来月十三日夫人と出発」(『毎日新聞』一九五三年四月二五日付朝刊)。

(267)『朝日新聞』が秩父宮の解剖をスクープしたことを指す。本巻一九五三年一月八日条を参照のこと。

(268)野党が政権獲得を狙って連立工作を行っていた(「野党各派で協議　活発化は来月早々まず党内の足固め」「吉田首相の退陣で保守安定政権を実現　分自党」『朝日新聞』一九五三年四月二八日付朝刊)。

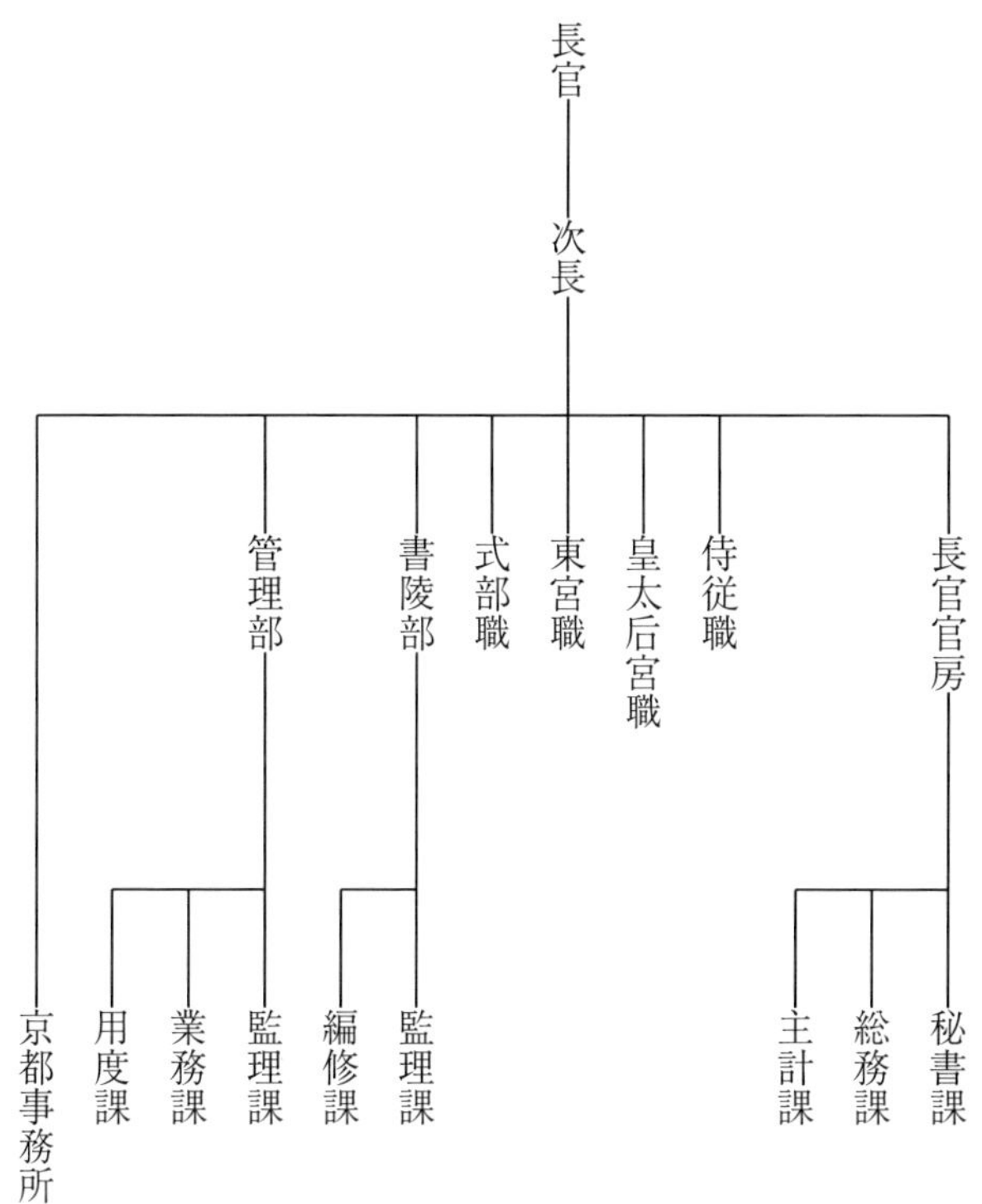

宮内庁機構図(1949年6月)

「機構・定員の変遷」宮内庁秘書課法規係「宮内庁関係機構法令(沿革)」第五分冊(情報公開請求にて入手)をもとに作成.

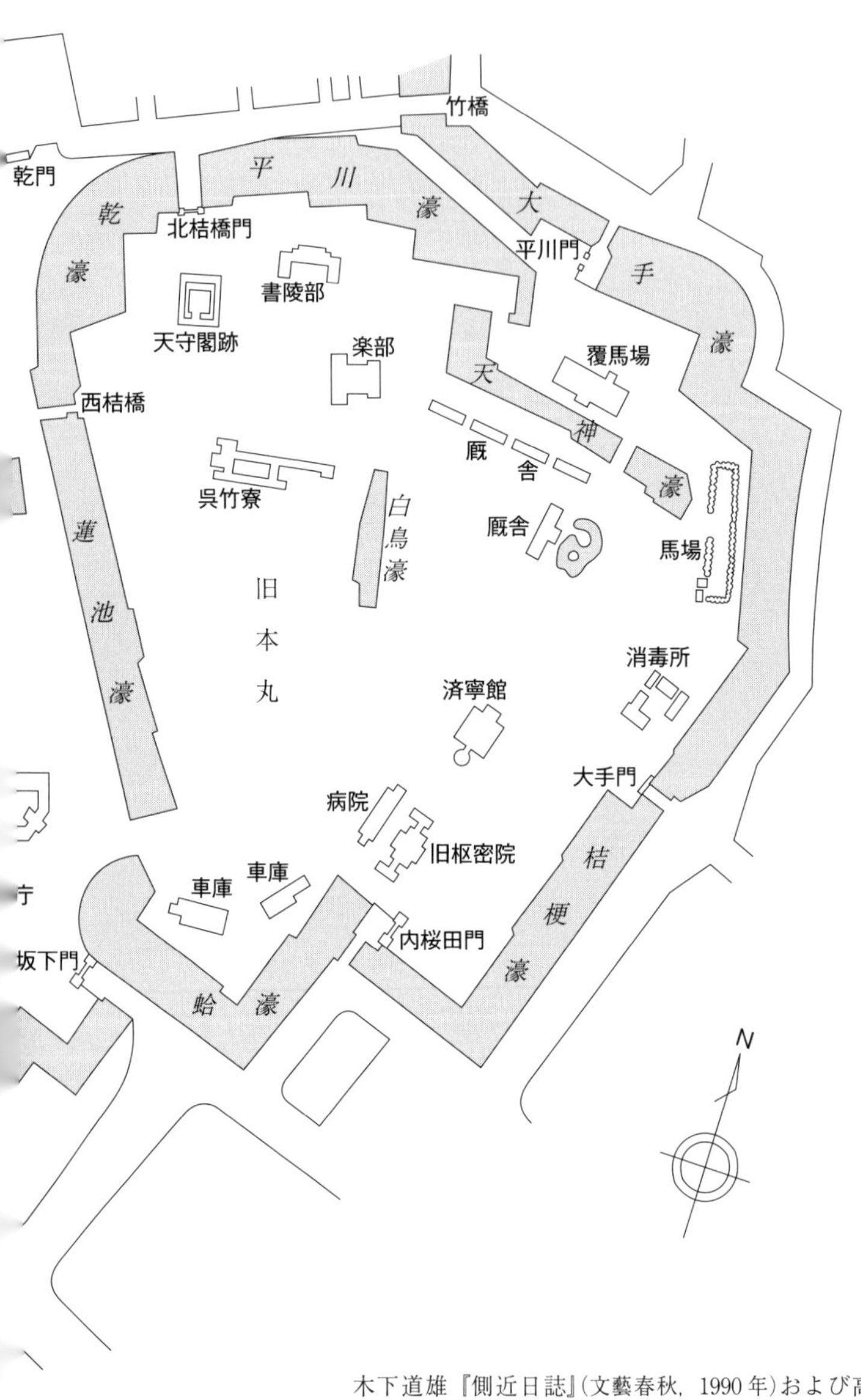

木下道雄『側近日誌』(文藝春秋，1990年)および高橋紘・粟屋憲太郎・小田部雄次編『昭和初期の天皇と宮中——侍従次長河井弥八日記』第1巻(岩波書店，1993年)に掲載の図をもとに作成.

1950年頃の皇居図

千鳥ヶ淵
北門
半
蔵
濠
馬場
望岳台
寒香亭
御文庫
（吹上御所）
花蔭亭
半蔵門
霜錦亭
瓢
池
下
道
御養
御写真
灌
濠
山
女官
生物学
御研究所
濾過池
賢所
宮中三殿
義宮御殿
仮賢所
参集所
上
道
灌
濠
宮殿
伏見櫓
桜
田
濠
振天府
鉄橋
正門
桜田門

旧皇族家系図（一九五三年四月末）

太字は一九四七年一〇月（皇籍離脱）当時の当主　●は故人　［　］は皇籍離脱前の称
故人については最終配偶者のみ記載した

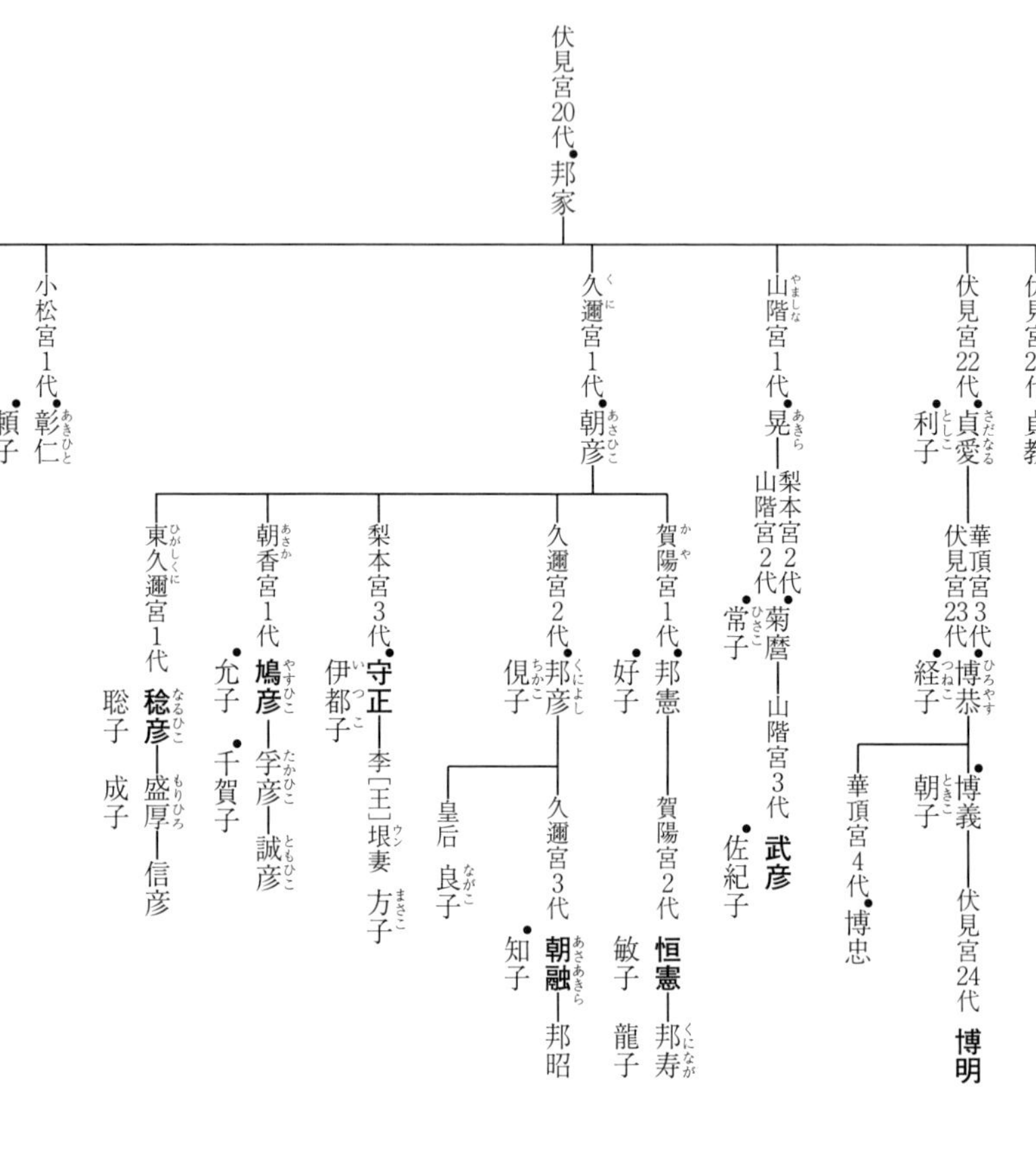

高橋紘・粟屋憲太郎・小田部雄次編『昭和初期の天皇と宮中——侍従次長河井弥八日記』第1巻（岩波書店，1993年）および霞会館華族家系大成編輯委員会編『平成新修旧華族家系大成』上巻（霞会館，1996年）に掲載の系図をもとに作成．

天皇家系図（一九五三年四月末）

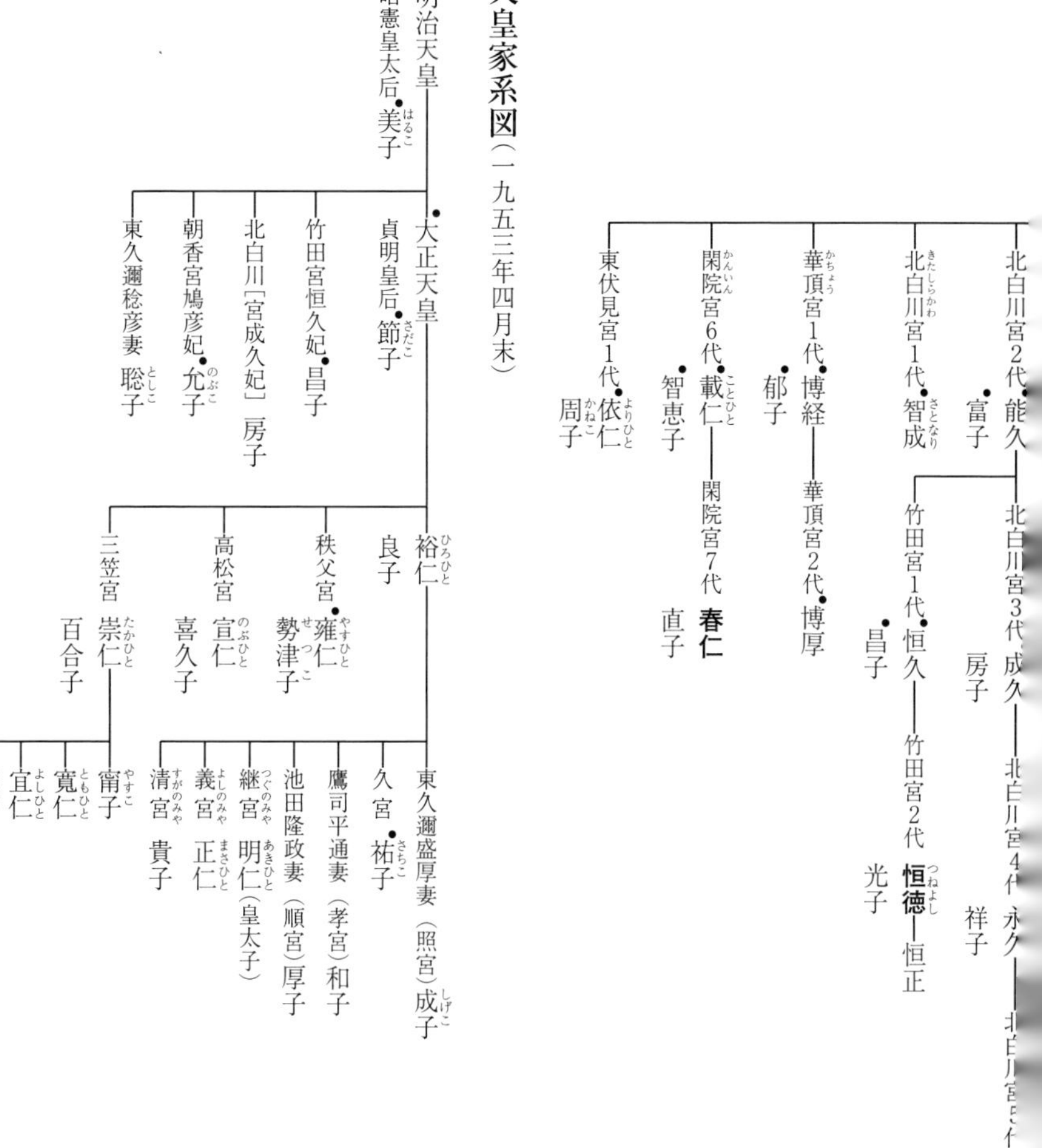

「拝謁記」一覧表

	形　態	書き方	表題(田島記載)	備　考
1	昭和24年衆議院手帖 (75mm×127mm)	横書き，カタカナとひらがなが混在	Ⅰ　昭和二十四年拝謁記 自二月三日至十二月二十九日	表紙に「Ⅰ 24」と記入．表題は表見返しの遊び頁に記入
2	東海銀行手帳(昭和25年) (72mm×126mm)	横書き，カタカナとひらがなが混在	昭和二十五年拝謁記Ⅰ 自一月二日至五月二十五日	表紙に「Ⅱ 25」と記入．表題は表見返しの遊び頁に記入，「日記ハ日銀※ノ二十五年分アリ」(※は日銀のマーク)と付記
3	職員手帳(昭和25年) (80mm×126mm)	横書き，カタカナとひらがなが混在	昭和二十五年拝謁記Ⅱ 自五月三十日至十月二十三日	表紙に「Ⅲ 25」と記入．表題は表見返しの遊び頁に記入
4	昭和25年衆議院手帖 (79mm×129mm)	横書き，カタカナとひらがなが混在	拝謁記Ⅲ　二十五年自十月三十一日至十二月二十八日 二十六年自一月二日至五月二十七日	表題は表見返し及び遊び頁に記入．遊び裏頁に「Ⅳ 25 26」と記入
5	東海銀行手帳(昭和26年) (73mm×119mm)	横書き，カタカナとひらがなが混在	拝謁記Ⅴ　昭和二十六年自五月二十九日至六月二十七日	表紙に「Ⅴ」と記入．表題は表見返しの頁に記入．遊び頁に「May29 July27」と記入(内容は7月27日まで)
6	高島屋ノート (A5判)	縦書き，ひらがな	(ロ)昭和二十六年自八月三日至九月四日半ば(1.)	表題は表紙に記入，赤字で㊙と付記
7	高島屋ノート	縦書き，ひらがな	(ハ)昭和二十六年自九月四日(中途)至九月二十二日(中途)(2.)	表題は表紙に記入，赤字で㊙と付記
8	高島屋ノート	縦書き，ひらがな	(ニ)昭和二十六年自九月二十二日至十月二十三日(3)	表題は表紙に記入，赤字で㊙と付記
9	高島屋ノート	縦書き，ひらがな	(ホ)自昭和二十六年十月三十日至同年十二月十四日(4)	表題は表紙に記入，赤字で㊙と付記
10	GNノート (B5判)	縦書き，ひらがな	(A)26.12.17-27.3.5	表題は表紙に記入．頁上部余白に見出しが書いてある
11	GNノート	縦書き，ひらがな	(B)27.3.5-27.4.30	表題は表紙に記入．頁上部余白に見出しが書いてある
12	GNノート	縦書き，ひらがな	(C)27.5.3-27.9.16	表題は表紙に記入
13	GNノート	縦書き，ひらがな	(D)27.9.19-27.12.19	表題は表紙に記入
14	GNノート	縦書き，ひらがな	(E)27.12.24-28.3.13	表題は表紙に記入
15	Tapecorder DIARY (昭和28年) (110mm×152mm)	横書き，ひらがな	拝謁記　自二十八年三月十四日至七月二十五日	表題は表見返しの遊び頁に記入
16	高島屋ノート	縦書き，ひらがな	(G)自昭和二八．八．一．至〃〃〃二七．	表題は表紙に記入
17	GNノート	縦書き，ひらがな	(F)28.9.11-28.11.11	表題は表紙に記入
18	GNノート	縦書き，ひらがな	(H)28.11.13-28.12.15	表題は表紙に記入

1～5，15は左開き，それ以外は右開き
「職員手帳」は印刷庁編集発行．宮内庁のものではなく中央省庁汎用のものか
GNノート＝ヂーエヌ紙製品社の製造したノート
表題の(イ)(ロ)(ハ)や(A)(B)(C)の記号は，孫の哲夫氏が整理のために書いたもの

解説

瀬畑源

一　第四巻の概要

初代宮内庁長官である田島道治が遺した「拝謁記」のうち、本巻は一九五二年七月から一九五三年四月までを収録する。

当該期の拝謁記は、基本的には縦書きの市販のノートを使っているが、一九五三年三月一四日から第五巻収録の七月二五日までは、「Tapecorder DIARY」と表紙にある、やや幅広の手帳に横書きで書かれている。裏表紙には東京通信工業(現ソニー、以下東通工と略記)のシンボルマークがついており、東通工の関係者からもらった手帳であることがわかる。[1]手帳の上部には日付を書く欄があるが、それにはほとんど従っておらず、詳細な昭和天皇とのやりとりを、これまでのノートと同様にページを跨いで記述している。

本巻に収録された時期は、講和条約が発効して日本が独立を回復し、第三巻の中心の話題であった「おことば」問題が解決した後にあたる。朝鮮戦争は休戦会談が続き、コミンフォルム批判以降、分裂、過激化した日本共産党が国民の信を失い、一九五二年一〇月の衆議院総選挙で議席がゼロとなる惨敗を喫し、国内の共産主義の脅威が弱まった。一方、公職追放されていた鳩山一郎や石橋湛山、岸信介といった政治家や元官僚たちが政界に復帰し、吉田茂政権の与党である自由党に入り、吉田を背後から脅かしていく。これまで占領下において、連合国軍最高司令官総司令部（GHQ／SCAP）からの支持の下に安定政権を築いていた吉田であったが、占領が終わり、その後ろ盾を失う中で、占領政策の修正、特に日本国憲法九条の改正を狙う改憲再軍備派が自由党内で力を持つようになっていく。一方、反基地闘争なども高まり、平和主義を尊重する国民からの支持を背景に、左派社会党が選挙のたびに大きく議席を伸ばしていく。

「ワンマン」と言われ、自分の信頼する側近を重用し、日米安全保障条約を重視する一方で憲法改正には慎重な吉田の政治手法は、野党の改進党、左派社会党、右派社会党だけでなく、自由党内部からも強い批判を受けた。吉田政権の政権基盤は、徐々に不安定になっていった。一九五三年三月には、吉田の失言から内閣不信任案が可決され、前回総選挙から半年ほどで、再度総選挙が行われることになる。このような政界の混乱の中で、天皇は保守分裂を嘆き続けることになる。

天皇の周辺では慶事と弔事が重なる。一九五二年一〇月に四女の順宮厚子内親王が結婚、一一月には皇太子明仁親王の成年式・立太子礼、そして翌年三月からのエリザベス英女王戴冠式参列のための外遊と慶事が続いた。一方、一九五三年一月には、体調を崩していた弟の秩父宮雍仁親王が死去した。

退位問題に決着もついたことから、天皇の戦争回顧談は次第に少なくなっていき、現在や未来について語ることが多くなるのがこの巻の特徴である。

二　宮内庁長官の職務

拝謁記で田島が天皇に報告している内容は、長官の職務に関わることが大半である。そこで、長官の職務を改めて説明しておきたい。

宮内庁長官は、宮内庁のすべての部局の頂点に立つ責任者である。長官、次長の下には「長官官房」「侍従職」「皇太后宮職」(一九五一年一二月廃止)、「東宮職」「式部職」「書陵部」「管理部」が置かれている(巻末「宮内庁機構図」を参照)。

宮内庁が他の行政機関と大きく異なる点は、「侍従職」「皇太后宮職」「東宮職」といった、天皇や皇族の生活をサポートする職が存在することである。特に、天皇・皇后を担当する侍従職の長である侍従長は、長官と同じく天皇の認証を必要とする認証官である。組織上、侍従長は長官の部下であるが、「オモテ」と「オク」と言われるように、侍従長は天皇のプライベートに関わる職務を担当するために天皇と直接話すことも多く、長官が踏み込みにくい独自の仕事の領域を持っていた。

その他、公的な儀式や外国交際、雅楽などを担当する「式部職」、皇室の戸籍にあたる皇統譜や皇室が引き継いできた古典籍、歴史的に重要な公文書、陵墓の管理などを担当する「書陵部」、皇室財産や施設管理などを担当する「管理部」がある。なお、皇室の祭祀を担当する「掌典職」が、かつては行政組織として存在したが、日本国憲法の政教分離原則によって、天皇が私的に職員を雇用する「内廷の組織」の形を取っている。

基本的に田島が天皇に報告している内容は、「長官官房」が担当している職務である。長官官房の職務は、宮内庁法(一九四九年六月の宮内庁発足時)第一条の三では、①機密に関すること、②職員の職階、任免、分限、懲戒、服務その他の人事並びに教養及び訓練に関すること、③長官の官印及び庁印を管守すること、④公文書の接受及び発送に関すること、⑤職員の福利厚生に関すること、⑥調査及び統計に関すること、⑦行幸啓に関すること、⑧賜与及び受納に関すること、⑨皇族に関すること、⑩皇室会議及び皇室経済会議に関すること、⑪経費及び収入の予算、決算及び会計並びに会計の監査に関すること、⑫前各号に掲げるものの外、宮内庁の所掌事務で他部局の所掌に属さない事務に関すること、とされている。

このうち、拝謁記に関係するものを説明する。②⑤は職員の人事、待遇についてである。特に田島は、東宮職や侍従職の人事を通して、職務の改善を図ろうと試みている。東宮職では、一九四九年二月に穂積重遠東宮大夫兼東宮侍従長を更迭し、小泉信三を教育常時参与、野村行一を穂積の後任としているが、「穂積の無責任では駄目故、小泉で代つて貰ふ」(一九五〇年七月五日(一回目)条、第一巻)と述べており、自分の信頼する小泉を皇太子教育の事実上の責任者に据え、小泉と連携してその改善を図ろうとしている。ただし、一九五〇年一〇月の鈴木一侍従次長の更迭など、侍従職の人事については、侍従の入江相政の日記に反発が書かれており、「オク」の領域に田島が介入することへの不満が侍従の中にあったことがうかがえる。(2) 田島は「宮内省の各部局割拠独立を直すこと〔中略〕宮内官の伝統的の不合理又は無駄は改めること」など、各部局のセクショナリズムの打破や不合理の改革が必要だと考えており(一九四九年一一月二八日(二回目)条、第一巻)、長く務めている宮内官僚との対立は避けられなかったと思われる。

④は職員の公文書の管理責任のことである。例えば、国事行為などの政府から天皇の裁可を求める公文書は、長官から天皇に提出されている。そのため、長官は政府と天皇とのパイプ役となることが求められた。また、拝謁記を読んでいると、日本国憲法上に規定のない首相や大臣の「内奏」の調整も田島が担当していたり、首相の意向を田島が聞きに行ったりしていることがわかる。

⑦の行幸啓については、国民体育大会や全国植樹祭といった毎年定例化するものや、全国巡幸で米国統治下の沖縄を除き唯一残った北海道行幸啓について、頻繁に天皇と相談していることがうかがえる。⑧は災害の際の見舞金などを内廷費から出すかどうか、天皇に許可を求めている。

拝謁記には、秩父宮雍仁親王、高松宮宣仁親王、三笠宮崇仁親王の皇弟のことが非常に多く出てくるが、これは長官が⑨の皇族の管理を担当しているためである。ただ、その延長上で、皇籍離脱をした旧皇族に関する問題の処理も行っている。第二巻の解説でもあるように、天皇は「皇室の家長」としての意識が強く、旧皇族、特に皇后の実家である久邇家と長女成子の嫁ぎ先である東久邇家を非常に心配しており、自ら両家の様子を田島に聞く姿も散見される。

本来、旧皇族の支援は田島の仕事の範疇外のことであるが、天皇はそのようには考えていなかったようである。田島が「翻て考へまするに、宮内庁の役人としまして、皇后様の御里方がどんな風になつても構はぬ、未然に予防せぬは矢張り職務の一部の怠りのやうにも存じまするが……」と話したところ、天皇から「それはそうだといふ様の意味の仰せ」があったとのことであり、皇后の実家の面倒を見ることも長官の職務だと天皇が考えていた可能性が高い(一九五二年一一月五日条)。特に久邇家は金銭的なトラブルを抱えることが多く、銀行家であった田島の力が必要だったのだろう。田島は友人の大協石油社長の高橋真男を顧問役として久邇に紹介したり、宮務監督役として山梨勝之進元学習院長を据えたりなどしている。天皇は皇籍離脱をした旧皇族達に対しては同情的であり、天皇の親類としての地位を失った人たちに、「栄典の一部として公爵、侯爵とか(いふ称号の意らし)いふものをやるといふ事は考へられぬか」といったような待遇改善の提案をしている(一九五三年四月二〇日条)。田島は難しいと応答しているが、天皇の旧皇族への配慮を、長官として忠実に受け止めていたのだと思われる。

⑩⑪は、皇族の結婚や皇室の財政などに関わる職務である。拝謁記には、昭和天皇の娘の結婚相手について、田島が天皇の意向を聞いている姿が散見される。皇太子の結婚についても、天皇は心配しすぎではないかと思える程であり、皇太子に好きな人がいるのではないかと「邪推」するほどであった(一九五二年一一月四日条)。田島は結局、長官辞任後も皇太子妃選定問題に関わることになる(3)。

財政問題については、天皇の私有財産である内廷費の管理だけでなく、皇太子の成年式・立太子礼や外遊、住居である御文庫の修理など、政府に予算を請求することが多くあり、田島はその都度天皇に具体的な説明を行っている。

田島の長官としての職務は、予算や政治が関係する皇室の公式活動の事務が主な担当だった。ただ、天皇の子の結婚問題のように、予算がかかる問題は長官が関わることになるため、「オモテ」と「オク」の仕事は明確に分かれているわけではなく、その職務は多岐にわたることになった。拝謁記を読む際には、田島が職務上関わった事項が何であるのか、田島の権限を踏まえた読み方が必要だと考える。

三　皇室の家長として

(一) 成年式・立太子礼

昭和天皇の娘の順宮厚子内親王の結婚と、皇太子明仁親王の成年式・立太子礼は、本来一九五一年に行われる予定であった。しかし、一九五一年五月の皇太后(貞明皇后)の急死により一年間の服喪期間に入り、延期されることになった。

一九五二年一〇月一〇日に元岡山藩主家の池田隆政と厚子の婚儀が行われた。ただし、昭和天皇は風邪で当日欠席している。

皇太子の成年式と立太子礼は、どのような形式で行うかが宮内庁内で議論された。すでに宇佐美毅次長は、成年式と立太子礼は国事で行うが、賢所で行う儀式は私事で行うと国会で答弁しており(4)、政教分離規定に抵触しない儀式のあり方が模索されていた。廃止された立儲令によれば、立太子礼の中心の儀式である「壺切の御剣」の天皇から皇太子への伝進は、賢所大前(かしこどころおおまえ)で行うことになっていた。掌典職は従来の通り賢所大前で行うべきだと主張したのに対し、式部職は国事にして賢所大前でやる必要はないと主張したため、田島は天皇の意見を求めた。なお、立太子礼の前に行われる成年式も、廃止された皇室成年式令によれば賢所大前で行うことになっていたが、これについては掌典職は賢所大前にはこだわっていなかったようである(5)。

田島は、皇太子嘉仁親王（大正天皇）の時には賢所大前で行っていないこと、立太子礼は歴史的には「従来皇太子様が典範で御生れながら極まらぬ御世としては決定を布告宣命する事に重点」が置かれた儀式であるが、皇室典範で皇位継承順が定まっている現在では、「国事として典範できまつてる事を大に宣布するといふ意味として宣命する」儀式であることを説明した。天皇は、歴代の事例を確認した上で、賢所大前で行っていないことが多いのであれば、「むしろ国事として国民の各層の人の居る所でやつた方がい丶やうに思ふ」と述べた（一九五二年七月一八日条）。

最終的には折衷案となり、宮中三殿に奉告する儀式は別とし、成年式の「加冠の儀」と立太子の宣言をする「宣制の儀」は憲法第七条第一〇号の「儀式」＝国儀として参列者の前で行い、壺切の御剣を伝進する「御剣伝進の儀」は別室で皇室行事として行われることになった。

国儀として行う以上、その参列者が問題となった。皇太子裕仁親王（昭和天皇）の時の参列者は、宮中席次を持つ者や勅任官などに限られたが、新憲法の下で行われるため、各国大公使や政府関係者、国会関係者だけでなく、地方公共団体や民間人代表者まで、幅広く参列者を広げることになった。最終的には約三〇〇人の招待者が発表となった。当時の新聞の中には、神事的な色彩を廃止し、各界代表などを混ぜたことを「明るい民主的な形」「皇室としては全く型破りの御儀」として歓迎したものもあった(6)。

ただ、国儀にしたが故に、皇太子の親族である旧皇族（皇籍離脱をした姉を含む）や、戦前の宮中席次が高かった「大臣（前官）礼遇」者は、儀式だけでなく、饗宴にも招待されないことになった（一九五二年一〇月一五日条）。旧皇族には、菊栄親睦会の非公式の内宴は開かれているが、天皇は「雑談的」と断りつつ、「順ちゃんの結婚式に比べると、今度の皇太子の式典の方は何だか暖かみがないやうだネー」と述べており（一九五二年一〇月一六日条）、厚子内親王の結婚と比較して、親族が排除されていることを残念に思っていたようである。

なお、参列者を決める際に、吉田首相と田島の間でトラブルが起きている。それは、中華民国（台湾）の蔣介石総統の特使として来日していた張群と、在日米軍司令官であるクラーク大将を招待する件である。田島は、クラークを呼んだ場合、大公使との序列の問題があるため、吉田と相談の上で呼ばないことにした(一九五二年一〇月一七日(一回目)条)。ところが、大公使ではない張群を、吉田が独断で式に招いたことが判明した(一九五二年一一月四日条)。田島は、大公使以外は呼ばないことを原則としてクラークを呼ばないとしたにもかかわらず、吉田が張群を招待したことに強い不満を持った。結果として、クラークよりも格下の張群が招待されたため、クラークも急遽招待することになった(一九五二年一二月一日、一九五三年一月一五日条に経緯あり)。田島は日記に、「張群御召しの問題、閣議のやり直しと辞職のことといふ。結局首相個人の軽率も、国家に関する故、目をつぶるの外なきも、筋を曲りなりに立てること」と書いており(「田島道治日記」一九五二年一一月一日条)、辞職を決意して退職願まで起草している(「田島道治日記」一九五二年一一月一六日条)。結局田島は辞任しなかったが、その後も、吉田の「勝手の思付きを致す傾向」(一九五二年一二月一日条)に、天皇も田島も苦慮することになる。

成年式・立太子礼は一一月一〇日、独立回復後初の国儀として大々的に報道され、皇太子の国民的な人気も高まった。立太子礼後の東宮仮御所までのパレードには、約五〇万人が沿道に集まったという[7]。儀式が事前に盛り上がっていることを天皇や田島も感じており、田島は「宮内庁側は一向消極的でありますのに、世間の関心は意外に大きいので驚いて居ります」と率直に語っている。天皇は「自然に一般に関心の高まるといふ事は誠に結構だ」と喜んでいるが、田島は一過性のもので終わらないでほしいと願っていたようである(一九五二年一一月七日(二回目)条)。また、皇太子への悪影響を感じたのか、田島は立太子礼の後、小泉と話し、「東宮様御人気自然におよろしく結構此上ありませんが、二十四日以後は元の大学生に還つて頂き、あまり世の中の人気の方面に御関係ない方がよろしいかと存じまして」と天皇に述べたが、天皇は「比較的御同感薄き御口調に拝す」との反応だった(一九五二年一一月二一日(一回目)条)。

（二）皇太子外遊

第三巻の解説にあるように、一九五二年二月に英国王ジョージ六世が死去し、エリザベス二世が即位した。戴冠式は一九五三年六月に行われることになり、皇太子が派遣されることになった。

皇太子の派遣を勧めたのは秩父宮である。一九五二年二月二〇日に秩父宮からの手紙を田島は受け取った。この手紙の存在は、秩父宮の公式伝記での勢津子妃の証言[8]で知られているが、二〇二二年初めに、田島家で家の片付けをしていた際、この手紙の原本が掛け軸に表装された形で偶然見つかった。一九五二年二月二九日（一回目）条（第三巻）で田島が天皇に「実は田島はそれまで想像も致しませんでしたが」と述べているように、おそらく田島自身に重要なことを気づかせた貴重な手紙と考えて表装したものと思われる。全文は第七巻に収録予定だが、秩父宮の主張の部分について引用をしておきたい。

一．キングジョージ六世の場合、各王室から参列された方は、成年以上の皇太子の居られたところは何れも皇太子であつた。

二．皇太子の海外旅行（留学）は口にするは容易であつても今の世界情勢では現実には其のチヤンスがなか〳〵ないと思はれる。徒らに将来を期待して悔とならむことが大切である。

皇太子の地位に鑑み、大学での勉学よりも世界を視ることの方が遥かに大きな価値のあることは今更云うまでもない。

三．戴冠式には各国王室の方々を始め、各国の代表的人物が多数集るから、それらの人々と知己になられることは大いに意義がある。

四．エリザベス二世と皇太子とは年齢も近く、親交を結ばれることは将来日英両国の親善の上に大変好都合であろう。

五．百聞は一見に若かず、民主的、コンスティチューショナル・モナクの有り方を直接学ばれることは新日本の皇太子にとつては、特に大切なことである。右から左に其真似は出来ないにしても。

六．式は盛大で、はれがましいが、外国を知らない皇太子でも決して恥をかゝれる様な心配はない。随員の人選に人を得るならば。

秩父宮は、一九二五〜二六年に英国に留学し、一九三七年のジョージ六世の戴冠式に参列した経験から、外遊することが、世界に視野を広げるためや立憲君主制（コンスティチューショナル・モナク）などの理解を高めるために重要だと考えており、エリザベス女王とも年齢の近い皇太子が親交を結ぶことや、各国の代表的な人物と知己になることの意義を主張した。また、留学の機会が得られるかは今後どうなるかわからず、今回を機に行うべきだとした。田島は二月二七日に秩父宮と面会し、具体的な話を聞いた。秩父宮はもし話が進まなければ、天皇に「直訴」するとまで言ったという（一九五二年二月二九日（一回目）条、第三巻）。

元々、天皇と田島は皇太子の外遊には賛成であり、その点について何回か話題にしている（一九四九年一一月二八日（一回目）条、第一巻、一九五一年九月二九日条、第二巻など）。田島によれば、秩父宮の提案に対し、田島と宇佐美次長は積極的、小泉と三谷隆信侍従長が消極的な立場であったという（一九五二年二月二九日（一回目）条、第三巻）。天皇はひとまず皇后と相談するとして引き取ったが、その日の午後に田島を呼んで、皇后は賛成であること、天皇も客観情勢や国民感情に配慮して問題ないならば行っても構わないという意見を伝えた（同日（二回目）条、第三巻）。

その後、田島は吉田首相に相談したところ、吉田は皇太子派遣に賛成し、随員として山梨元学習院長や松平信子東宮職参与の名前を挙げ、特に小泉を薦めたという（一九五二年三月五日（一回目）条、第三巻）。田島は、小泉は戦災による後遺症で顔に火傷があり、足も不自由なため無理と主張したようであるが、その後も吉田は小泉や山梨などに固執する発言を繰り返すようになる。天皇は随員の候補者を挙げる中で、三谷侍従長を推薦していた（同日（二回目）条、第三巻）。

外遊の検討が本格化するのは、英国から正式な戴冠式の招待があった一九五二年九月七日以降のことである。九月一四日、天皇が皇太子に派遣のことを話した（一九五二年九月一五日（一回目）条）。一一月七日の閣議で派遣が決定し、英国大使へ通知、女王の返事を受けて、翌八日に正式に公表された(9)。

吉田首相は小泉を首席随員にと望んだが、小泉は健康に自信がないとして辞退し、田島は三谷侍従長を推薦し、天皇の許可を得た（一九五二年一一月二七日条）。その後田島は吉田を説得し了承を得たが、吉田は小泉を別働隊として派遣し、皇太子の「御輔導」役とするべきだと主張した（一九五二年一二月一日条）。

当初天皇は、皇太子が船酔いしやすい体質から、飛行機がいいのではないかと述べたが、田島がインドやシンガポールなどのアジア経由になるのではないかと返答したところ、天皇は「それはいかん、それはいかん。それなら加奈陀を通り、そして絶対安全ならば飛行機もいゝといふ事だ」と強い反対の意思を示した（一九五二年一一月一二日条）。また、カナダへ飛行機で行く場合、ソ連領に近づく関係で不安があると天皇が難色を示したこともあり、太平洋は船で渡る計画となった（一九五二年一二月七日条）。一二月一六日には閣議決定で訪問先と随員が確定し、三月三〇日横浜港出発と発表された（一九五二年一二月一六日条）。

しかし、その後吉田が、決まったはずの行きの太平洋横断を飛行機にするべきだと主張し始めた。吉田側近の白洲次郎の入れ知恵だと、外遊の随員でもある松井明元首相秘書官（随員になるために外務省参事官に異動）は推測した。田島は手続きをきちんと踏んでいる以上、「職を賭しても動きませぬ」と松井に伝えた（一九五二年一二月二四日条）。そして吉田が天皇に内奏に来た際に、天皇が飛行機はおかしいと話したのに対し、吉田は飛行機をソ連領に近づかない南を通すとか、無謀なことを主張して自説を曲げなかった。拝謁記の書きぶりを見ても、天皇が興奮して吉田とのやりとりを田島に説明していることがわかり、田島が「今日の吉田は御思召に反し、無茶苦茶に自説に拘泥の様子、陛下も相当強く吉田に御当りになつた御様子に拝す」と観察するほどであった(一九五二年一二月二六日条)。天皇に反論して自説を曲げないほど、吉田は人の話を聞かなくなっていた。田島は緒方竹虎官房長官に電話をして、吉田を説得するように依頼した。緒方は「あなたがわるい」と吉田をたしなめた。結局、吉田は折れて、飛行機で行くべきだという自説を取り下げた(一九五三年一月八日条)。

なお吉田は、小泉を輔導役として派遣することを諦めておらず、第二次世界大戦後、大きく変わった欧米を小泉が見学することは、皇太子教育のために必要だとの論理を持ち出して、小泉の外遊を提案してきた。小泉も田島も、この意見は同意であったので天皇の許可を求めた。天皇は、「東宮ちやんとは全然別だといふ事をハツキリして貰はねば困る」と述べ、公私をきちんと分けることを主張した(一九五三年二月二三日条)。

皇太子は一九五三年三月三〇日、予定通り横浜港から外遊に出発した。ハワイでの歓迎を見て、天皇は「吉田のいつたやうな飛行機でなくてよかつたよ」と感想を述べた(一九五三年四月一〇日条)。

(三) 秩父宮の死去

秩父宮は一九四〇年に病に倒れて以来、静養に努めながら、限定的に公務を行っていた。しかし、一九五二年末に急速に体調が悪化した。副睾丸の手術をすることになっていたが、体調が思わしくなくて取りやめとなった。田島は医師の説明のためか、あえて楽観論を述べていたのかはわからないが、「大した事はない御様子」(一九五二年一二月一六日条)、「御手術を御急ぎにならなくとも手後れといふ事は決してない」(一九五二年一二月二四日条)と天皇に説明をしていた。

一九五三年正月に体調を崩して静養していた田島の元に、一月三日に秩父宮が重態となったという知らせが届いた。秩父宮の住む鵠沼へ天皇皇后が行幸啓を緊急で行う手配を進めたが、医師の八田善之進が、秩父宮が「shock」を受けて死期を悟ってしまうとして反対した結果、中止となった(「田島道治日記」一九五三年一月三日条)。翌日秩父宮は息を引き取った。入江侍従は「こんなことならやはり昨夜行幸になればよかつた」と嘆いた[10]。

その後の葬儀までの対応で、田島と入江など侍従との間に対立が生じている。田島は皇室喪儀令などの先例を重視するのに対し、入江は「情」を重視し、御舟入(納棺)や斂葬の儀(葬儀)に天皇を行幸させない田島を批判している[11]。天皇は田島の方針に同意をしているが、九日の弔問の方法については不満を持ち、儀式の時以外にはもっと柔軟に対応するべきだと苦言を呈しており、田島が率直に謝罪をしている(一九五三年一月一〇日条)。

この対立は、侍従という立場から、天皇のプライベートな意思に重点を置いて、柔軟に対応しようとする入江と、宮内庁の責任者として、前例に配慮しなければならない田島の、発想の違いに原因がある。田島は、本人の厳格な性格もあるのか、就任の挨拶の際に「廻り道はしても一旦きめたら不退転」の決意を語っている(一九四九年二月七日条、第一巻)。また、「所謂民主化の声に乗つて進み過ぎる事のないやう注意し、一歩進んで半歩退くが如き事は絶対にないやうに、一歩でよろしいと思ふても半歩進む。その代りは進んだらその方向で退く事はないといふ方針をとつて居ります」とも述べており(一九五三年一月一二日条)、変化を否定するわけではないが、慎重に行うべきだという姿勢を貫いた。天皇は、私情としては葬儀に行けないのを残念に思ったが、新しい考えを採り入れるときには慎重であるべきで、世論に迎合することが必ずしも良くなく、「よく社会通念の変化の由つて来る所を検討した上にして貰ひたい」と述べた(一九五三年一月一四日(二回目)条)。ここでの天皇の主張は、入江よりも田島に近かったと言えよう。

（四）皇太子教育

本巻の中で、天皇は皇太子教育において、二つの重要なことを話している。

一つ目は、皇太子を軍に仕官させなかった理由である。皇族身位令第一七条に「皇太子皇太孫ハ満十年ニ達シタル後陸軍及海軍ノ武官ニ任ス」とあり、一九四三年一二月に一〇歳に達した以後は任官が可能であった。任官した際に所属する予定の近衛師団第一連隊では、皇太子用の式壇を作っており、東条英機首相も戦意高揚のために天皇に任官を求めたとの逸話が残っている。[12]また、皇太子任官の準備として学習院に御用掛として赴任した陸軍の高杉善治によれば、山梨学習院長が、天皇が自分の体験から（一一歳で任官）、小さいうちから任官させるのは感心しないとして、中等科に進学した際に任官させる予定だと述べていたという。[13]ただ、山梨の話だと、遅らせるといっても二年間にすぎず、天皇の反対理由はあまり明確ではない。

拝謁記の中で天皇は、「私は武官程いやなものはないとしみじみ思つた。〔中略〕殆んど軍のスパイで、私の動静ある事ない事を伝へるだけの者でこんないやな者はない。それ故、立太子礼を行へば東宮職内に東宮武官が出来るから、私は立太子礼を成年後に延さうと終始考へてやつて来たので、戦争中からずつと其積りであつたのだ」と述べている（一九五二年一二月一八日（二回目）条）。天皇の発言から、侍従武官がそもそも皇太子の身の回りにいること自体に否定的であり、さらに成年後に立太子礼を延ばすということから、一八歳までは任官させないつもりであったことがわかる。天皇は即位直後の頃、夜遅くまで明かりがついていて皇后と麻雀をしている、などと軍の中で悪評を流されており、未だに怒りが収まらないのか、このエピソードが虚偽であることを、繰り返し強調する発言をしている（一九五〇年一一月七日条、第二巻、同年一二月二六日条、第二巻、一九五二年五月三〇日条、第三巻）。天皇は、皇太子を軍の監視から遠ざけようと考えていたのである。結果的に一九四五年八月の敗戦により軍が解体されたため、皇太子は任官をせずに済んだ。

二点目は、親子同居についての考え方である。皇太后や元老西園寺公望などが、皇太子は将来の天皇である以上、親が自分の思い通りに育てるべきではないと主張したことから、天皇・皇后の反対を押し切って、三歳の時から親元を離れて育てられた[14]。第一巻の解説にもあるように、拝謁記には天皇の子どもへの愛情に溢れる発言が多数収録されており、まさに「親バカ」と言っても良い程である。そして、天皇は子ども達との同居を常に望んでいたが、戦後になっても侍従次長であった木下道雄や鈴木一などに反対されたということを述べている。また、将来皇太子が結婚して東宮御所を建設する際には、子どもとの同居も検討対象だと田島が述べたことに反応して、皇太子で可能ならば、今未成年である清宮貴子内親王と自分たちとの同居は可能なはずだと主張した(一九五三年三月二一日条)。

ただ、その一方で、天皇が矛盾した発言をすることに、田島は戸惑いも覚えている。天皇は「私達のやうに別居で養育教育せられたものに比して、宮家(旧皇族の意味)では御同居で御育てになつた方々の方に問題の多いといふ事も考へて見なければならぬ。之は矢張りお甘かしになる為ではないかと思ふ」と、むしろ同居している方がダメだという主張を展開している(同日条)。また、別の日には、同居が認められなかった理由を「実際上奉仕の観念と教育の観念とがどうしても矛盾する面がある為駄目だといふ事だつた」と述べている(一九五三年四月一〇日条)。つまり、同居した場合、側近が子どもたちに「教育」のために怒ったりすることが、「奉仕」の精神から難しいということである。田島は、「同居希望を仰せにはなりつゝも、一面別居の方教育上よきにあらずやとの強い疑問(? 或は別居の方よしとの念)を一面心中に潜在的に御抱持になるものか、此際表はれ来たものかと拝察せらる」と天皇の考えを推測しており(同日条)、必ずしも同居に諸手を挙げて賛成ということでもないと受け止めている。これまで、天皇は一貫して親子同居を求めてきたと考えられており、右記の発言は天皇の異なる一面を浮き彫りにしている。

四　吉田政権の不安定化

講和条約へ向けての動きが進む中で、公職追放されていた政治家や官僚たちが追放を解除された。特に吉田にとって脅威であったのは鳩山一郎である。そもそも吉田が一九四六年五月に最初に首相に就いたのは、就任予定であった鳩山がGHQ民政局によって公職追放を受けたためである。吉田は否定しているが、鳩山は回想で、追放が解除された時には吉田が総裁の座を鳩山に返上するとの約束をしたと主張している[15]。鳩山は一九五一年八月に追放を解除されたが、直前に病に倒れ、政界復帰が遅れた。

そこで吉田は、一九五二年八月、鳩山派の動きが大きくなる前に、突如として解散総選挙に踏み切った（抜き打ち解散）。鳩山は総裁の明け渡しを要求したが吉田は拒否し、同じ自由党であるにもかかわらず、鳩山と吉田が別々に選挙本部を立ち上げるなど、対立が先鋭化していった[16]。この自由党の内紛劇に対し、天皇は「がつかりしたよ」と述べている（一九五二年九月一九日条）。

天皇の鳩山や岸信介に対する評価は、あまり高いとは言えない。鳩山は張作霖爆殺事件が起きた田中義一内閣の内閣書記官長であり、東条内閣の閣僚であった岸は軍人との関係が深いと見ており、山梨勝之進などの海軍穏健派よりも先に、彼らが追放解除されるのはおかしいと述べている（一九五一年六月八日条、第二巻）。拝謁記を見ていても、東条内閣や東久邇宮稔彦王内閣の外相であった重光葵や、首相を務めた元外交官の芦田均などは評価が高いが、鳩山や岸の名前を天皇はほとんど口にしていない。

そもそも、天皇と田島の政治家への人脈は、必ずしも広いとは言えないようである。象徴として政治権力を剝奪された天皇は、政府関係者以外との接触が難しく、天皇の意向を受けた長官も、閣僚以外の政治家と接触することが難しかった。吉田の長期政権が続く中で、吉田本人や吉田側近であった緒方などに情報源は限定されており、鳩山派の関係者と田島はあまり連絡を取れていないことが拝謁記からは見てとれる。

そのため、自由党内部の権力闘争に対して、昭和天皇はやきもきしながらぼやくことしかできなかった。除名されていた自由党に一九五三年一月一三日に復帰した石橋湛山は、その日に吉田政権を打倒すべきだと公言するありさまであり、天皇は「今の自由党なども、国家といふよりは党略に重きを置くやうだし、又それ以上個人の利害に関係してるやうに思はれる」と嘆いた。政党内閣が強力であった田中義一内閣の時は、右翼や青年将校が政党は国家本位でないと憤慨して行動を起こしたが、今は共産党が同じようなことを行うのではないかと心配している。田島は「本当に一番憂国の方の様に思はる」と天皇の心をおもんぱかっている(一九五三年一月一四日(二回目)条)。

一九五三年二月二八日に右派社会党の西村栄一衆議院議員へ答弁した際の失言を機に、吉田首相への懲罰委員会の動議が、三月二日に広川弘禅農相などの離反によって可決された。さらに、三月一四日には内閣不信任案も可決されることになり、吉田は衆議院を解散した(バカヤロー解散)。四月一九日の総選挙において、与党自由党は、鳩山派が分裂したこともあり、過半数を確保できなかった。

選挙翌日、自由党の過半数割れが確実となったとの報道を受けて、天皇は、吉田が重光率いる改進党と連立内閣を作るべきだとし、「吉田と重光と連絡してやるとい丶と思ふ。私が一口いへるとい丶のだがなー」と述べて、田島にたしなめられている(一九五三年四月二〇日条)。しかし次の日、天皇から同様の内容を緒方に「そうといはずに伝へてくれ」との依頼には素直に同意している(一九五三年四月二一日条)。田島は二二日に緒方と面会し、その結果を天皇に報告している(一九五三年四月二四日条)。

天皇も田島も、吉田政権が続くことを願っていたようである。吉田は不規則発言が多くなっていたとはいえ、定期的に天皇の下へ内奏に来ており、政治のことを知りたがる天皇の信頼は厚かった。天皇は政治権力を剝奪されたことは理解していても、政権への不満から、たびたび自分の意思を吉田らに伝えたいとの発言を繰り返している。マーフィー駐日米国大使が離日時に発した、「米国へ行つてアイゼンハワー大統領とあふとい丶」との社交辞令と思われる言葉を本気に受け止めている天皇に、田島は驚いている(一九五三年四月二一日条)。天皇の統治権総攬者としての意識は、必ずしも抜けきっているわけではなかった。そうであるが故に、吉田が代わった後、果たして同じような対応を次の政権がするのか、天皇は不安を抱えていたのではないか。

五　宮内庁の人材確保の困難

田島が長官として苦労している点の一つに、宮内庁への人材のリクルートの問題がある。もともと宮内省時代から、主要実務を担う幹部は、内務省や大蔵省などから人材を連れて来ており、自前で幹部を育てる仕組みが存在していなかった(17)。

宮内庁の給与は低かったようであり、実務を担う官僚が外部へと流出している。栄木忠常東宮職事務主管は私経済上の問題から弁護士に、城富次書陵部長も裁判官に転じた。総務課長から東京管区経済調査庁に転職した犬丸実は、収入が二倍以上になったようであり、田島は「惜しい人がやめて資格のある後継者なき」ことに困っている(一九五〇年三月一一日条、第一巻)。待遇の悪さもあり、後任をリクルートすることも容易ではなく、総務課長の後任探しでは二人に断られ、なんとか警察から人を推薦してもらって確保した(一九五〇年六月一三日条、第一巻)(18)。

宮内庁は保守的な対応をすることが多く、世論からの批判を受けやすい行政機関であり、天皇の戦後巡幸の際にも、天皇と国民の間を疎隔する存在として批判されることが多かった(19)。田島は「宮内庁縮少後、博物館総長のやうな位置もなくなり、又世間が何となく宮内庁などはといふ空気の為かあまり人が参りませず」と述べており、宮内庁の縮小による名誉あるポストの削減と社会からの評判の悪さが、リクルートのしにくさに繋がっていると考えていた(一九五二年三月二二日(一回目)条、第三巻)。

　また、田島は宮内官僚になりたがらない理由として、国民の皇室への感情が変わってきていることも指摘している。「勿論一般国民が象徴として仰ぐといふ点は之は全く別のもので、一般の尊敬は他に例なき事でありますが、之は漠然たる感情だけのもので、実際具体的に皇室の御為に尽したいといふ制度になりますると宮家と違はぬ事ではないか」とし、国民は天皇を象徴として仰いではくれるが、実際に自分が皇室のために尽くすかは別のことであると分析する。さらに、「多年勤務の人は下級の人には可なり多くありまするが、幹部高級の人は皆他の役所等より転じましたもので、皇室の百年の永遠に亘る大本とか人事の重要なるものとかを皇室を本位に真剣に考へる人の制度といふものはない仕組で、将来の為め心配な気持ちが致します」とし、幹部を他の行政機関からリクルートしないとまわらない仕組みになっている宮内庁の人事システムは、皇室の事を真剣に考える人を育てて幹部に据えられるような仕組みになっていないため、将来的に優秀な人材を確保できない可能性があることを危惧している(一九五三年四月二〇日条)。

　現在の宮内庁の状況を見ていると、この田島の危惧は当たっていたように思われる。主要幹部は他の行政機関からの出向組(ポストも固定化)で占められ、長官は旧内務省の流れを汲む行政機関の事務次官・長官経験者に限定され、長期に侍従を務める人は減少し続けている。政治家も国民も、天皇を象徴と仰いで敬意を示す人は多いが、皇位継承問題が深刻化しているにもかかわらず、火中の栗を拾って皇室典範を改正しようとする人は少数に留まる。

　皇室と国家を一体として考える人は減少し、天皇の権力の剝奪にともない宮内庁の職務の魅力は減退し、結果的に天皇制の実務面での運営に大きな困難を生じさせることになったのではないか。田島にはその先見の明はあった。ただ田島の力ではどうにもならないことでもあったように思われる。

　次の第五巻(拝謁記の最終巻)では、田島が辞任するまでの経緯が描かれる。田島はどのような思いで職を全うしたのかが描かれることになるだろう。

付記：本研究はＪＳＰＳ科研費２０Ｈ０１３１７の助成を受けたものです。

（1）東通工の創業者の一人である井深大の妻の父・前田多門が田島の友人であったことから、東通工の設立に銀行家として田島は大きく関わった。宮内府長官に就任する前まで相談役、長官辞任後は監査役、会長、相談役を務めた。加藤恭子『田島道治――昭和に「奉公」した生涯』（ＴＢＳブリタニカ、二〇〇二年）第二四章。

（2）茶谷誠一『象徴天皇制の成立――昭和天皇と宮中の「葛藤」』（ＮＨＫブックス、二〇一七年）第五章（３）。

（3）前掲『田島道治』第二五章。

（4）『第十三回国会衆議院予算委員会第一分科会議録』第三号、一九五二年二月二二日、一頁。

（5）なお、貞明皇后死去前の計画では、加冠の儀と壺切の御剣の伝進は賢所大前で行い、国事は新規立案するとのことであった（一九五一年三月一二日条、第二巻）。

（6）「あす立太子の礼　加冠・宣制の御儀　型破り　各界代表も参列」（『朝日新聞』一九五二年一一月九日付朝刊）。

（7）「火の渦　人の波　奉祝一色」（『毎日新聞』一九五二年一一月一一日付朝刊）。

（8）『雍仁親王実紀』（吉川弘文館、一九七二年）八一〇～八一一頁。

（9）「皇太子殿下を御差遣　英国女王の戴冠式に」（『朝日新聞』一九五二年一一月九日付朝刊）。

（10）入江為年監修、朝日新聞社編『入江相政日記』第三巻（朝日新聞社、一九九〇年）一九五三年一月四日条。

（11）同前、一九五三年一月五日、九日、一〇日、一三日条。

（12）橋本賢次「連隊歴史夜話（二）」（『全国近歩一会報』第四四号、一九九一年二月）。

（13）「日光の皇太子さま――陛下の周辺・その三」（読売新聞社編・発行『昭和史の天皇』第五巻、一九六八年）五七～五九頁。また、高松宮の日記にも同様の記述がある。高松宮宣仁親王『高松宮日記』第六巻（中央公論社、一九九七年）六五～六七頁。

（14）森暢平『近代皇室の社会史――側室・育児・恋愛』（吉川弘文館、二〇二〇年）第三章。

（15）吉田茂『回想十年』第一巻（新潮社、一九五七年）一三八～一三九頁、鳩山一郎『鳩山一郎回顧録』（文藝春秋新社、一九五七年）

五五〜五七頁。

(16)　池田慎太郎『現代日本政治史　第二巻　独立完成への苦闘』(吉川弘文館、二〇一二年)一八〜二〇頁。

(17)　デイビッド・A・タイタス『日本の天皇政治――宮中の役割の研究』大谷堅志郎訳(サイマル出版会、一九七九年)第二章。

(18)　ちなみに、この時以後、総務課長は警察庁から出向した職員が二〜三年務めることが慣例となっている。拙稿「人事から見た宮内庁史」(河西秀哉編『戦後史のなかの象徴天皇制』吉田書店、二〇一三年)。

(19)　拙稿「象徴天皇制における行幸――昭和天皇「戦後巡幸」論」(前掲『戦後史のなかの象徴天皇制』)。

「拝謁記」公刊にあたって

ＮＨＫは、約二〇〇年ぶりとなる天皇の退位に際し、上皇さまが上皇后さまとともに歩まれた昭和から平成にかけての激動の歳月を、側近・学友などの証言や秘蔵映像、新たに発掘した資料などから振り返り見つめ直すため、報道・制作が一体となって取材し、その結果を、いくつかのスクープと、四回シリーズの特別番組「天皇　運命の物語」という形で結実させた。

こうした中で巡り会った初代宮内庁長官田島道治の「拝謁記」は、存在をうかがわせる情報はあったものの公開されたことはなく、宮内庁が「昭和天皇実録」を編纂する過程でも出てこなかった、いわば「幻の超一級史料」であり、二〇一八年秋に吉見直人氏とともに田島家に伺い原本を初めて目にした時の衝撃は、今も忘れられない。

取材班は、先行研究にあたるとともに、古川隆久・茶谷誠一・冨永望・瀬畑源の四氏に協力を求め、約九カ月かけて解読と分析を進めた。さらに、「昭和天皇実録」編纂に関わった元宮内庁職員や政治史・軍事史などの専門家、それに海外の識者にも意見を求めたうえで、二〇一九年八月から九月にかけて、ニュース番組やＷＥＢ記事で報じ、ＮＨＫスペシャル「昭和天皇は何を語ったのか〜初公開・秘録「拝謁記」〜」とＥＴＶ特集「昭和天皇は何を語ったのか〜初公開〝拝謁記〟に迫る」を放送した。

本書の公刊にあたって、ＮＨＫは、田島家、解読・分析にあたった研究者グループ、それに岩波書店と協議のうえ、一連の取材・制作の過程で作られた史料解読結果のテキストデータや史料原本のデジタルスキャンデータなどを提供した。昭和天皇の実像に迫る第一級史料の分析をさらに進め、今後の歴史研究の進展に貢献することが、最も公共の利益にかなうとともに、この貴重な史料を託してくださった田島家の思いに応える道だと判断したからだ。本書が多くの人に、昭和という時代や戦後の日本の歩みへの理解を深め、そこに連なる「今」を考える手がかりとして活用されることを願ってやまない。

ＮＨＫ報道局社会部副部長（二〇一九年報道当時）

鈴木高晴

［「拝謁記」翻刻・編集］

田島恭二（たじま　きょうじ）

1917年生．田島道治次男．東京帝国大学文学部卒業後，岩波書店，満鉄調査部，朝日新聞社に勤務．2013年死去．

［編集委員］

古川隆久（ふるかわ　たかひさ）

1962年生．日本大学文理学部教授．『昭和天皇――「理性の君主」の孤独』（中公新書，2011年）ほか．

茶谷誠一（ちゃだに　せいいち）

1971年生．志學館大学人間関係学部教授．『象徴天皇制の成立――昭和天皇と宮中の「葛藤」』（NHKブックス，2017年）ほか．

冨永　望（とみなが　のぞむ）

1974年生．公益財団法人政治経済研究所研究員．『昭和天皇退位論のゆくえ』（吉川弘文館，2014年）ほか．

瀬畑　源（せばた　はじめ）

1976年生．龍谷大学法学部准教授．『平成の天皇制とは何か――制度と個人のはざまで』（共編，岩波書店，2017年）ほか．

河西秀哉（かわにし　ひでや）

1977年生．名古屋大学大学院人文学研究科准教授．『近代天皇制から象徴天皇制へ――「象徴」への道程』（吉田書店，2018年）ほか．

舟橋正真（ふなばし　せいしん）

1982年生．公益財団法人政治経済研究所研究員．『「皇室外交」と象徴天皇制1960～1975年――昭和天皇訪欧から訪米へ』（吉田書店，2019年）ほか．

昭和天皇拝謁記――初代宮内庁長官田島道治の記録 4
拝謁記 4 昭和 27 年 7 月〜28 年 4 月

2022 年 6 月 9 日 第 1 刷発行

著 者 田島道治（たじまみちじ）

発行者 坂本政謙

発行所 株式会社 岩波書店
〒 101-8002 東京都千代田区一ツ橋 2-5-5
電話案内 03-5210-4000
https://www.iwanami.co.jp/

印刷・理想社 カバー・半七印刷 製本・牧製本

© 田島圭介 2022
ISBN 978-4-00-026594-2 Printed in Japan

昭和天皇拝謁記——初代宮内庁長官田島道治の記録

全七巻・A5判・上製カバー・平均三一二頁

＊第一巻　**拝謁記1**　昭和二四年二月〜二五年九月
総説／古川隆久　解説／茶谷誠一　定価三三〇〇円

＊第二巻　**拝謁記2**　昭和二五年一〇月〜二六年一〇月
解説／河西秀哉　定価三三〇〇円

＊第三巻　**拝謁記3**　昭和二六年一一月〜二七年六月
解説／冨永　望　定価三三〇〇円

＊第四巻　**拝謁記4**　昭和二七年七月〜二八年四月
解説／瀬畑　源　定価三三〇〇円

第五巻　**拝謁記5**　昭和二八年五月〜二八年一二月
解説／舟橋正真

第六巻　**田島道治日記**　宮内(府)庁長官在任期＋関連時期
解説／冨永　望

第七巻　**関連資料**
解説／茶谷誠一・舟橋正真

＊は既刊

岩波書店刊

定価は消費税10％込です
2022年6月現在